绝密★启用前

全国硕士研究生招生考试
经济类专业学位联考综合能力试题
密押卷 1

(科目代码：396)
考试时间：8：30—11：30

考生注意事项

1. 答题前，考生须在试题册指定位置上填写考生姓名和考生编号；在答题卡指定位置上填写报考单位、考生姓名和考生编号，并涂写考生编号信息点。
2. 选择题的答案必须涂写在答题卡相应题号的选项上，非选择题的答案必须书写在答题卡指定位置的边框区域内。超出答题区域书写的答案无效；在草稿纸、试题册上答题无效。
3. 填(书)写部分必须使用黑色字迹签字笔或者钢笔书写，字迹工整、笔迹清楚；涂写部分必须使用 2B 铅笔填涂。
4. 考试结束，将答题卡和试题册按规定交回。

考生编号															
考生姓名															

一、**数学基础**：第1～35小题，每小题2分，共70分。下列每题给出的五个选项中，只有一个选项是最符合试题要求的。请在答题卡上将所选项的字母涂黑。

1. 设函数 $f(x)=\int_0^{\sin x}\sin(at^2)\mathrm{d}t$，$g(x)=x^3+x^4$，若当 $x\to 0$ 时，$f(x)$ 与 $g(x)$ 为等价无穷小，则 $a=(\quad)$.

   (A) 1   (B) 2   (C) 3   (D) 4   (E) 5

2. $\lim\limits_{x\to\infty}\left(\dfrac{x+a}{x-a}\right)^{2x}=\dfrac{1}{e}$，则 $a=(\quad)$.

   (A) 0   (B) $\dfrac{1}{2}$ (C) $-\dfrac{1}{2}$

   (D) $\dfrac{1}{4}$ (E) $-\dfrac{1}{4}$

3. 已知 $f(x)$ 在 $(-\infty,+\infty)$ 内连续，$g(x)$ 在 $x=x_0$ 处间断，则下列说法正确的是($\quad$).

   (A) $\dfrac{g(x)}{f(x)}$ 必为连续函数   (B) $g[f(x)]$ 必有间断点

   (C) $f[g(x)]$ 为连续函数   (D) $f(x)+g(x)$ 必有间断点

   (E) $f(x)g(x)$ 必为连续函数

4. 设 $f(x)=\begin{cases}\dfrac{x-\sin x}{x^3},&x\neq 0\\ a,&x=0\end{cases}$，在 $x=0$ 处连续，则 $a=(\quad)$.

   (A) $-\dfrac{1}{6}$ (B) 1   (C) 0

   (D) $\dfrac{1}{6}$ (E) $\dfrac{1}{3}$

5. 曲线 $e^{x-y}+3xy-\dfrac{1}{e}=0$ 在 $x=0$ 处对应的切线方程为($\quad$).

   (A) $y=(3e-1)x-1$ (B) $y=(3e-1)x+1$ (C) $y=(3e+1)x-1$

   (D) $y=(3e+1)x+1$ (E) $y=(3e+1)x+2$

6. 已知 $y=y(x)$ 由 $x^2y^2+2-e^x-y=0$ 确定，则 $\left.\dfrac{\mathrm{d}y}{\mathrm{d}x}\right|_{x=0}=(\quad)$.

   (A) e (B) 1   (C) 0

   (D) -1 (E) $-e$

7. 设函数 $f(x)=\begin{cases}e^x-1,&x\geq 1,\\ 2x+2,&x<1,\end{cases}$ 则 $\mathrm{d}\{f[f(x)]\}|_{x=0}=(\quad)$.

   (A) 0   (B) $e\mathrm{d}x$ (C) $2e\mathrm{d}x$

   (D) $(2e-2)\mathrm{d}x$ (E) $2e^2\mathrm{d}x$

8. $y=x^3-6x^2+9x-4$，则下列说法正确的是（　　）.

(A)$x=1$ 时，y 有极小值 0 (B)$x=1$ 时，y 有极大值 0

(C)$x=3$ 时，y 有极大值 -4 (D)$x=3$ 时，y 有极小值 4

(E)$x=0$ 时，y 有极小值 -4

9. 设函数 $f(x)$ 在 $(-\infty,+\infty)$ 上可导，且 $f(x)+f'(x)>0$，则有（　　）.

(A)$e^2 f(1)>f(-1)$ (B)$e^2 f(1)<f(-1)$ (C)$e^2 f(1)=f(-1)$

(D)$ef(1)<f(0)$ (E)$ef(0)<f(-1)$

10. 已知函数 $f(x)$ 二阶可导，$f'(x_0)=f''(x_0)=0$，$f'''(x_0)>0$，则下列说法正确的是（　　）.

(A)$f'(x_0)$ 是 $f'(x)$ 的极大值 (B)$f'(x_0)$ 是 $f'(x)$ 的极小值

(C)$f(x_0)$ 是 $f(x)$ 的极大值 (D)$f(x_0)$ 是 $f(x)$ 的极小值

(E)$(x_0, f(x_0))$ 不是曲线 $y=f(x)$ 的拐点

11. 已知 $f(x)$ 的一个原函数是 $\dfrac{\cos x}{x}$，则 $\int x f'(x) dx =$（　　）.

(A)$-\sin x+C$ (B)$\sin x+C$ (C)$-\sin x-\dfrac{\cos x}{x}+C$

(D)$-\sin x-\dfrac{2\cos x}{x}+C$ (E)$-\sin x+\dfrac{2\cos x}{x}+C$

12. $\int \sin^2 x \cos^3 x\, dx =$（　　）.

(A)$-\dfrac{1}{5}\sin^5 x-\dfrac{1}{3}\sin^3 x+C$ (B)$\dfrac{1}{5}\sin^5 x+\dfrac{1}{3}\sin^3 x+C$

(C)$-\dfrac{1}{5}\sin^5 x+\dfrac{1}{3}\sin^3 x+C$ (D)$\dfrac{1}{5}\cos^5 x+\dfrac{1}{3}\cos^3 x+C$

(E)$-\dfrac{1}{5}\cos^5 x-\dfrac{1}{3}\cos^3 x+C$

13. $\int_{-2}^{2}(x^{2021}+1)\cos x\, dx =$（　　）.

(A)2^{2042} (B)$2^{2042}\cos 2$ (C)0

(D)$2\sin 2$ (E)$2^{2042}\sin 2$

14. 已知 $\int_0^2 f(x)dx=3$，$\int_0^{-1} f(x)dx=1$，则 $\int_{-1}^2 f(x)dx=$（　　）.

(A)0 (B)1 (C)2

(D)3 (E)4

15. $\dfrac{d}{dx}\int_{\frac{1}{x}}^{\ln x} f(t)dt=$（　　）.

(A)$\dfrac{1}{x}f(\ln x)+\dfrac{1}{x^2}f\left(\dfrac{1}{x}\right)$ (B)$f(\ln x)-f\left(\dfrac{1}{x}\right)$

(C) $\dfrac{1}{x}f(\ln x)-\dfrac{1}{x^2}f\left(\dfrac{1}{x}\right)$ (D) $\dfrac{1}{x^2}f(\ln x)+\dfrac{1}{x^3}f\left(\dfrac{1}{x}\right)$

(E) $\dfrac{1}{x}f(\ln x)-f\left(\dfrac{1}{x}\right)$

16. 设 $I=\int_0^{\frac{\pi}{4}}\dfrac{\sin x}{x}\mathrm{d}x$,$J=\int_0^{\frac{\pi}{4}}\dfrac{x}{\sin x}\mathrm{d}x$,则( ).

(A) $I<\dfrac{\pi}{4}<J$ (B) $I<J<\dfrac{\pi}{4}$ (C) $\dfrac{\pi}{4}<I<J$

(D) $J<\dfrac{\pi}{4}<I$ (E) $J<I<\dfrac{\pi}{4}$

17. 设 $f(x)$ 为连续函数且满足关系式 $\int_0^{x^3+1}f(t)\mathrm{d}t=x^2$,则 $f(9)=($).

(A) $\dfrac{1}{3}$ (B) 1 (C) 0 (D) -1 (E) 3

18. 设 $f(u,v)$ 为二元可微函数,$z=f(\sin(x+y),\mathrm{e}^{xy})$,则 $\dfrac{\partial z}{\partial x}=($).

(A) $f_1'\sin(x+y)+f_2'\mathrm{e}^{xy}$ (B) $f_1'\cos(x+y)+f_2'\mathrm{e}^{xy}$

(C) $f_1'\cos(x+y)+yf_2'\mathrm{e}^{xy}$ (D) $f_1'\cos(x+y)+xf_2'\mathrm{e}^{xy}$

(E) $f_1'\sin(x+y)+yf_2'\mathrm{e}^{xy}$

19. 已知 $z=x\mathrm{e}^{\sin(x-y)}$,则 $\dfrac{\partial z}{\partial y}\bigg|_{\left(\frac{\pi}{2},-\frac{\pi}{2}\right)}=($).

(A) 0 (B) $\dfrac{\pi}{4}$ (C) $\dfrac{\pi}{2}$

(D) $-\dfrac{\pi}{2}$ (E) $-\dfrac{\pi}{4}$

20. 方程 $(x+1)z-y^2=x^2f(x-z+y)$ 确定函数 $z=z(x,y)$,则 $\mathrm{d}z\big|_{(0,1)}=($).

(A) $-\mathrm{d}x-2\mathrm{d}y$ (B) $-\mathrm{d}x+2\mathrm{d}y$ (C) $\mathrm{d}x-2\mathrm{d}y$

(D) $\mathrm{d}x+2\mathrm{d}y$ (E) $\mathrm{d}x+\mathrm{d}y$

21. $z=x^4+y^4-x^2-2xy-y^2$,则下列说法正确的是( ).

(A) $(0,0)$ 为极大值点 (B) $(0,0)$ 为极小值点 (C) $(1,1)$ 为极大值点

(D) $(1,1)$ 为极小值点 (E) $(-1,-1)$ 为极大值点

22. 函数 $f(x,y)=x^2+xy+y^2-3x-6y$,则函数( ).

(A) 无极值 (B) 在 $(0,3)$ 处取得极小值

(C) 在 $(0,3)$ 处取得极大值 (D) 在 $(3,0)$ 处取得极小值

(E) 在 $(3,0)$ 处取得极大值

23. 设三阶矩阵 $A=(\alpha, 2\gamma_2, 3\gamma_3)$, $B=(\beta, \gamma_2, \gamma_3)$, 其中 $\alpha, \beta, \gamma_2, \gamma_3$ 是三维列向量, 且已知 $|A|=18$, $|B|=2$, 则 $|A+B|=($).

(A) 20 (B) 24 (C) 36 (D) 60 (E) 72

24. 设 $\begin{vmatrix} 3 & -5 & 2 & 1 \\ 1 & 1 & 0 & -5 \\ 1 & 1 & 1 & 1 \\ 2 & -4 & -1 & -3 \end{vmatrix}$ 中第一行元素的代数余子式为 $A_{11}, A_{12}, A_{13}, A_{14}$, 则 $A_{11}-A_{12}+A_{13}-A_{14}=($).

(A) 38 (B) 19 (C) 0 (D) 7 (E) 14

25. 若矩阵方程 $\begin{pmatrix} 1 & 1 & -1 \\ 0 & 2 & 2 \\ 1 & -1 & 0 \end{pmatrix} X + \begin{pmatrix} 0 & 1 \\ 1 & 0 \\ 4 & 3 \end{pmatrix} = \begin{pmatrix} 1 & -1 \\ 1 & 1 \\ 2 & 1 \end{pmatrix}$, 则矩阵 $X=($).

(A) $\begin{pmatrix} -6 & -11 \\ 6 & 1 \\ -6 & 2 \end{pmatrix}$ (B) $\begin{pmatrix} -1 & -11 \\ 1 & 1 \\ -1 & 2 \end{pmatrix}$ (C) $\begin{pmatrix} 1 & 11 \\ -1 & -1 \\ 1 & -2 \end{pmatrix}$

(D) $\dfrac{1}{6}\begin{pmatrix} 6 & 11 \\ -6 & -1 \\ 6 & -2 \end{pmatrix}$ (E) $\dfrac{1}{6}\begin{pmatrix} -6 & -11 \\ 6 & 1 \\ -6 & 2 \end{pmatrix}$

26. 设 α 为三维列向量, α^T 是 α 的转置, 若 $\alpha\alpha^T=\begin{pmatrix} 1 & -1 & 1 \\ -1 & 1 & -1 \\ 1 & -1 & 1 \end{pmatrix}$, 则 $\alpha^T\alpha=($).

(A) -1 (B) 0 (C) 1 (D) 2 (E) 3

27. 设 $\alpha_1=\begin{pmatrix} 1 \\ 3 \\ -2 \end{pmatrix}$, $\alpha_2=\begin{pmatrix} 0 \\ 1 \\ 3 \end{pmatrix}$, $\alpha_3=\begin{pmatrix} 1 \\ a \\ b \end{pmatrix}$, $\alpha_4=\begin{pmatrix} 2\,018 \\ 2\,019 \\ 2\,030 \end{pmatrix}$, 若向量组 $\alpha_1, \alpha_2, \alpha_3, \alpha_4$ 线性相关, 则 a, b 的值为( ).

(A) $a=0, b\in \mathbf{R}$ (B) $a\in \mathbf{R}, b=0$ (C) $a=b=0$

(D) $a=1, b=0$ (E) $a\in \mathbf{R}, b\in \mathbf{R}$

28. 齐次线性方程组 $\begin{cases} \lambda x_1+x_2+\lambda^2 x_3=0, \\ x_1+\lambda x_2+x_3=0, \\ x_1+x_2+\lambda x_3=0 \end{cases}$ 的系数矩阵为 A, 存在三阶方阵 $B\neq O$, 使得 $AB=O$, 则( ).

(A) $\lambda=-2$ 且 $|B|=0$ (B) $\lambda=-2$ 且 $|B|\neq 0$ (C) $\lambda=1$ 且 $|B|=0$

(D) $\lambda=1$ 且 $|B|\neq 0$ (E) $\lambda=0$ 且 $|B|=0$

29. 设 $\boldsymbol{\alpha}_1=(1,2,1)^T$, $\boldsymbol{\alpha}_2=(-1,1,2)^T$ 可由 $\boldsymbol{\beta}_1=(1,0,a)^T$, $\boldsymbol{\beta}_2=(0,1,b)^T$ 线性表示, 则( ).

(A) $a=1$, $b=1$ (B) $a=1$, $b=-1$ (C) $a=-1$, $b=1$

(D) $a=-1$, $b=-1$ (E) $a=1$, $b=0$

30. 已知随机变量 X 的概率密度函数为 $f(x)=\begin{cases}2x, & 0<x<1, \\ 0, & 其他,\end{cases}$ 则 $P\left\{-1\leqslant X\leqslant\dfrac{1}{2}\right\}=($).

(A) $\dfrac{1}{8}$ (B) $\dfrac{1}{4}$ (C) $\dfrac{3}{8}$

(D) $\dfrac{1}{2}$ (E) $\dfrac{5}{8}$

31. 设 A, B 为随机事件, 已知 $P(A)=\dfrac{1}{4}$, $P(B|A)=\dfrac{1}{2}$, $P(A|B)=\dfrac{1}{3}$, 则 $P(A\cup B)=$ ( ).

(A) $\dfrac{1}{8}$ (B) $\dfrac{1}{4}$ (C) $\dfrac{3}{8}$

(D) $\dfrac{1}{2}$ (E) $\dfrac{5}{8}$

32. 设随机变量 X 服从正态分布 $N(\mu,\sigma^2)$, 且 $P\{X\leqslant 1\}=0.3$, $P\{X\geqslant 5\}=0.3$, 则 $\mu=($).

(A) 1.5 (B) 2 (C) 2.5

(D) 3 (E) 与 σ^2 有关

33. 设随机变量 X 服从均匀分布 $U(1,3)$, Y 服从二项分布 $B(10,0.4)$, 则 $E(2X+3Y)=($).

(A) 2 (B) 4 (C) 8

(D) 12 (E) 16

34. 设随机变量 X_1 的概率密度函数为 $f_1(x)=\begin{cases}4e^{-4x}, & x\geqslant 0, \\ 0, & x<0,\end{cases}$ 随机变量 X_2 的概率密度函数为 $f_2(x)=\begin{cases}2e^{-2x}, & x\geqslant 0, \\ 0, & x<0,\end{cases}$ 且 X_1 与 X_2 相互独立, 则 $D(X_1+X_2)=($).

(A) $\dfrac{1}{16}$ (B) $\dfrac{1}{4}$ (C) $\dfrac{1}{2}$ (D) $\dfrac{3}{16}$ (E) $\dfrac{5}{16}$

35. 已知随机变量 X 的分布律为 $\begin{array}{c|ccc}X & 1 & 3 & 5 \\ \hline P & a-d & a & a+d\end{array}$, 则 a 与 d 应满足( ).

(A) $a=\dfrac{1}{3}$, $d\geqslant\dfrac{1}{3}$ (B) $a=\dfrac{1}{3}$, $d\leqslant\dfrac{1}{3}$

(C) $a=\dfrac{1}{3}$, $|d|\leqslant\dfrac{1}{3}$ (D) $a=\dfrac{1}{3}$, $|d|\geqslant\dfrac{1}{3}$

(E) $a=\dfrac{1}{3}$, $d\geqslant 0$

二、逻辑推理：第36～55小题，每小题2分，共40分。下列每题给出的五个选项中，只有一个选项是最符合试题要求的。请在答题卡上将所选项的字母涂黑。

36. 甲、乙、丙、丁四位考生进入面试，他们的家长对面试结果分别作了以下的猜测：

    甲父："乙能通过。"

    乙父："丙能通过。"

    丙母："甲或者乙能通过。"

    丁母："乙或者丙能通过。"

    其中只有一人猜对了。

    根据以上陈述，可以推知以下哪项断定是假的？

    (A)丙母猜对了。　　　　　　(B)丁母猜错了。　　　　　　(C)甲没有通过。

    (D)乙没有通过。　　　　　　(E)丙没有通过。

37. 日本有机蔬菜的认证条件非常苛刻，要求种植有机蔬菜的土地3年以内没有使用过任何农药、化肥。日本有机蔬菜的售价只比普通蔬菜高20%～30%。而在中国，有机蔬菜的价格是普通蔬菜的数倍甚至10倍。这说明，中国的有机蔬菜种植业是暴利行业。

    以下哪项陈述是上述结论需要假设的？

    (A)日本普通蔬菜的价格没有偏高。

    (B)中国人对食品安全的普遍担忧导致有机蔬菜供不应求。

    (C)中国的有机蔬菜不比日本有机蔬菜的种植成本高。

    (D)中国普通蔬菜的价格是完全市场化的，其利润率是正常的。

    (E)中国有机蔬菜的质量不比日本好。

38. 室外音乐会的组织者宣布，明天的音乐会将如期举行，除非预报了坏天气或预售票卖得太少。如果音乐会被取消，将给已买票的人退款。尽管预售票已经卖得足够多，但仍有一些已买了票的人得到退款，这一定是预报了坏天气的缘故。

    下列哪项是该论述中含有的推理错误？

    (A)该推理认为如果一个原因本身足以导致一个结果，那么导致这个结果的原因只能是它。

    (B)该推理将已知需要两个前提条件才能成立的结论建立在仅与这两个条件中的一个有关系的论据的基础上。

    (C)该推理解释说其中一事件是由另一事件引起的，即使这两起事件都是由第三起未知事件引起的。

    (D)该推理把某一事件缺少一项发生的条件的证据当作了该事件不会发生的结论性证据。

    (E)该推理试图证明该结论的证据，实际上削弱了该结论。

39～40题基于以下题干：

某中学派出7位学生参加中学运动会，分别为：G、H、L、M、U、W、Z，分别参加跳高和铅球两个项目。每人恰好只参加一个项目，且满足以下条件：

(1)如果G参加跳高,则H参加铅球。

(2)如果L参加跳高,则M和U参加铅球。

(3)W参加的项目与Z不同。

(4)U参加的项目与G不同。

(5)如果Z参加跳高,则H也参加跳高。

39. 最多有几个学生一起参加跳高项目?

　　(A)2个。　　(B)3个。　　(C)4个。　　(D)5个。　　(E)6个。

40. 如果M和W都参加跳高项目,则以下哪项可以为真?

　　(A)G和L都参加跳高。　　　　　　　　(B)G和U都参加铅球。

　　(C)W和Z都参加铅球。　　　　　　　　(D)L和U都参加铅球。

　　(E)M和L都参加跳高。

41. 一只食量大的母牛一天需要被喂食10次以上,否则这只母牛就会患病。而如果一只公牛食量大并且一天被喂食10次以上,那么这只公牛就不会患病。

　　根据以上陈述,可以推断以下哪项为真?

　　(A)一只食量小的公牛患病了,这只公牛一定没有被一天喂食10次以上。

　　(B)一只食量大的母牛患病了,这只母牛一定没有被一天喂食10次以上。

　　(C)一只食量小的母牛没有患病,这只母牛一定被一天喂食10次以上。

　　(D)一只食量大的公牛没有患病,这只公牛一定被一天喂食10次以上。

　　(E)食量大的公牛患病,说明没有在一天被喂食10次以上。

42. 张老师在教育她的学生时说道:"不吃得苦中苦,怎成人上人?"她的学生王晓虎说:"您说谎,我爷爷吃了一辈子的苦,怎么没有成为人上人呢?"

　　王晓虎的话最适合反驳以下哪项?

　　(A)如果想成为人上人,就必须吃得苦中苦。

　　(B)如果吃得苦中苦,就可以成为人上人。

　　(C)只有吃得苦中苦,才能成为人上人。

　　(D)即使吃得苦中苦,也可能成不了人上人。

　　(E)即使成为人上人,也不是因为吃了苦中苦。

43. 中华女子学院的前身是1949年创建的新中国妇女职业学校,1995年更名为中华女子学院,2002年正式转制为普通高等学校。该校女生比男生多,在2019年下学期的高等数学期末考试中,该学校优秀的学生超过了一半。

　　如果上述断定都是真的,则以下哪项也必然是真的?

　　(A)女生优秀的比男生优秀的多。

　　(B)女生优秀的比男生不优秀的多。

　　(C)女生不优秀的比男生优秀的多。

(D)女生不优秀的比男生不优秀的多。

(E)女生不优秀的和男生优秀的一样多。

44. 朱元璋可以算是中国历史上最勤奋的皇帝之一,据记载,在洪武十七年——公元 1384 年 9 月 14 日到 21 日共 8 天的时间里,朱元璋共受理正式文件 1 666 件,处理官方事务 3 391 件。用实际行动证明了自己的遗诏"朕膺天命三十有一年,忧危积心,日勤不怠"。然而,即使是天下最勤奋的皇帝,也不可能处理完天下所有的事务。

以下哪个选项,最符合上述题干中的论述?

(A)处理完天下所有事务的人必定是天下最勤奋的皇帝。

(B)天下最勤奋的皇帝不一定能处理完天下所有的事务。

(C)天下最勤奋的皇帝有可能处理完天下所有的事务。

(D)天下最勤奋的皇帝必定处理不完天下所有的事务。

(E)不勤奋的皇帝连很少的事务都处理不完。

45. 有人说,工作的时候,我们要将重要事务放在主要位置,重要事务是必要条件,关系着一件事情成功与否,重要的事务没做好,一定不成功。但是,细节也是很重要的,细节是成功的充分条件,同样也与一件事情成功与否相关。一个成功的人是能够协调好重要事务与细节的关系的。

如果以上信息为真,则能推出以下哪项?

(A)成功并不代表着所有细节都处理好了。

(B)如果不成功则说明重要事务没有做好。

(C)成功的前提条件是既要做好重要事务,又要处理好细节。

(D)虽然处理好了细节,但没做好重要事务,也不一定成功。

(E)如果一个人做好了所有的重要事务,那么他一定会成功。

46. 一对中子星碰撞后抛出的碎片不仅合成了金、银等稳定元素,还合成了大量放射性元素,它们会衰变、裂变,释放出大量能量,将碎片自身加热,使其发光,最亮时虽然没有超新星那么亮,却可以达到新星亮度的一千倍左右,因此被称为千新星。2017 年 8 月,天文学家首次观测到双中子星并合前后发出的引力波,并在大约 10 小时后发现了中子星碎片形成的千新星现象,从而彻底证实了中子星并合可以合成大量重元素这个猜想。

由此可以推出以下哪项?

(A)超新星比新星更亮。

(B)引力波可以释放大量能量。

(C)千新星中含有大量的金、银元素。

(D)宇宙中的重元素都是由中子星碰撞后产生的。

(E)千新星的亮度保持不变。

47. 近年来,有犯罪前科并在三年内"二进宫"的人数逐年上升。有专家认为,其数量递增可能是由于我们的教育、改造体制存在缺陷，所以应当改革。我们需要一种既能帮助刑满释放人员融入社会又能监督他们的措施。

对以下哪个问题的回答，与评价该专家的观点不相干？

(A)刑满释放人员走出监狱的大门后是否无法就业，除重操旧业外别无选择？

(B)父母在监狱服刑的孩子的数量是不是多于父母已刑满释放的孩子的数量？

(C)在刑满释放之后，有关部门是否永久剥夺了曾犯重罪的人的投票权？

(D)政府是否在住房、就业等方面采取措施以帮助有犯罪前科的人重返社会？

(E)刑满释放人员走出监狱的大门后是否受到家庭和社会的歧视？

48. 某班准备开展元旦联欢活动，倡导男生与女生互选组成节目小组，要求每个女生只能选1位男生，而每位男生只能在选他的女生中选择1~2位组队。现有男生甲、乙、丙3人面对张、王、李、赵4位女生，已知：

(1)张、王2人中至少有1人选择甲。

(2)王、李、赵3人中至少有2人选择乙。

(3)张、李2人中至少有1人选择丙。

事后得知，互选顺利完成，每个女生均按自己心愿选到了男生，而每位男生也按要求选到了女生。

根据以上信息，可以得出以下哪项？

(A)男生甲选到了张。 (B)男生乙选到了赵。

(C)男生丙选到了李。 (D)男生甲选到了王。

(E)男生乙选到了王。

49. 孔子非常懂得饮食和养生的道理，《论语·乡党》就列出了很多"食"和"不食"的主张，比如"不时不食"，意思是不要吃反季节蔬菜。

以下哪项陈述是上述解释所必须依赖的假设？

(A)孔子在饮食方面的要求很高。

(B)孔子生活的时代既有当季蔬菜，也有反季节蔬菜。

(C)我们可以选择吃当季蔬菜，还是吃反季节蔬菜。

(D)饮食不仅滋养人的身体，还塑造人的心灵。

(E)当季的蔬菜符合自然规律。

50~51题基于以下题干：

在赛马比赛中，共有5位骑手：G、H、I、J、K，这5位骑手在各自的跑道上骑的赛马分别是5匹马之一：P、Q、R、S、T。

已知以下信息：

(1)G不是最先，就是最后到达终点。

(2)J总是先于K到达终点。

(3)H总是先于I到达终点。

(4)P总是最先到达终点。

(5)Q总是第二个到达终点。

(6)没有并列名次出现。

50. 如果K第二个且S第四个到达终点，那么以下哪项可能为假？

(A)J骑的马是P。　　　　(B)H骑的马是T。　　　　(C)I骑的马是S。

(D)G最后到达终点。　　(E)K骑的马是Q。

51. 以下哪项能够充分地确定骑手和赛马的准确顺序？

(A)H骑R比I骑S领先一个名次到达终点。

(B)H骑R比K骑T领先两个名次到达终点。

(C)I骑R比K骑S领先一个名次到达终点。

(D)J骑P比K骑S领先两个名次到达终点。

(E)J骑P比H骑S领先两个名次到达终点。

52. 英国医生约翰·斯诺的"污水理论"开启了流行病学研究的历史。1854年，伦敦爆发了大规模的霍乱，约翰·斯诺发现，大多数死亡病例都曾经饮用同一个水泵汲取的水，而使用其他水泵或水井的人最初都没有感染霍乱。后经调查发现，下水道的废水污染了那个水泵，从而引发了霍乱。

以下哪一项是约翰·斯诺的推理没有运用的方法或原则？

(A)在被研究现象出现的各个场合都存在的因素很可能是该现象的原因。

(B)在被研究现象不出现的各个场合都不出现的因素很可能不是该现象的原因。

(C)当被研究现象变化时，同步发生量变的那个因素很可能是该现象的原因。

(D)在被研究现象出现的场合与该现象不出现的场合之间的差异很可能是该现象的原因。

(E)通过归纳多个研究对象的特点，得出一般性结论。

53. 尼禄是公元1世纪的罗马皇帝，每一位罗马皇帝都喝葡萄酒，且只用锡壶和锡高脚酒杯喝酒。无论是谁，只要使用锡器皿去饮酒，哪怕只用过一次，也会导致中毒，而中毒总是导致精神错乱。

如果以上陈述都是真的，则以下哪项陈述也一定为真？

(A)那些精神错乱的人至少用过一次锡器皿去饮葡萄酒。

(B)不管他别的方面怎么样，罗马皇帝肯定是精神错乱的。

(C)使用锡器皿是罗马皇帝的特权。

(D)在罗马王朝的臣民中，中毒是一种常见现象。

(E)在罗马王朝的臣民中，精神错乱是一种常见现象。

54. 仙客来是一种著名的观赏花卉，在气候炎热的地带很难生长。在干旱的地区很难种植水稻。在某个国家的大部分地区，或者仙客来很容易生长，或者很容易种植水稻。

如果以上陈述为真，则以下哪一项陈述一定为假？

(A) 如果一个地区炎热，那么一定不干旱。

(B) 这个国家大部分地区的气候是寒冷的。

(C) 这个国家的某些地区既不炎热也不干旱。

(D) 在这个国家里不可能种植仙客来。

(E) 这个国家有一半的地区既干旱又炎热。

55. 营养学家：宣传任何一种保健品能治病都是骗人的。但是，对于饮食不规律的人群来说，服用某些保健品是必要的。

如果接受该营养学家的看法，则必须接受以下哪一项陈述？

(A) 对于饮食不规律的人群来说，有的保健品是能治病的。

(B) 已经生病的人不应服用保健品，因为保健品不能治病。

(C) 并不是所有的人都有必要服用保健品。

(D) 对于饮食规律的人群来说，服用任何保健品都是不必要的。

(E) 有些保健品是某些人有必要服用的。

三、写作：第56～57小题，每小题20分，共40分。请答在答题纸相应的位置上。

56. **论证有效性分析**：分析下述论证中存在的缺陷和漏洞，选择若干要点，写一篇600字左右的文章，对该论证的有效性进行分析和评论。（论证有效性分析的一般要点是：概念特别是核心概念的界定和使用是否准确并前后一致，有无各种明显的逻辑错误，论证的论据是否成立并支持结论，结论成立的条件是否充分等。）

"汇率是不可预测的"这几乎是国际财经界早已长期存在的共识，虽然经济及金融的模型和理论汗牛充栋，但实际上现实世界的错综复杂与不断变化还是使得包括汇率在内的许多经济现象并不能被准确预测。

最著名的例子是十几年前席卷全球、由美国次贷危机引起的全球金融危机，那场危机几乎没有经济学家预测到。汇率问题也是一样，连经济学家或分析师也预测不准，更不用说并不掌握理论基础和实践经验的外汇市场普通参与者。

换一个角度看，假设有一批人能准确地预测汇率，那他们针对汇率变化所采取的行动本身就将改变他们的预测结果。因此，从理论上来讲，长期准确预测汇率本就是不存在的。在现实当中，如果有人能长期准确地预测汇率，那他一定能借此成为世界上最有钱的人，然而这样的事情并没有发生。

赌汇率有时可以赌赢，会给企业带来额外的收益，但也有一半赌错的概率，会给企业带来实质性的损失，并且也不可能仅凭汇率让企业业绩一飞冲天；猜错的话，尤其是那种连续预测准确后的猜错，则会让企业毁于一旦。因为随着多次猜对赌赢，企业或个人对于预测汇率的信心会增加，杠杆会逐渐加大，这就是所谓的"久赌必输"。

我们对待汇率的正确态度应该是"汇率中性",也就是承认汇率的不可预测,并因此在贸易及融资等业务中放弃猜测及赌汇率等倾向性安排,只有这样才能使企业持有充足的资金,处于行业领先地位。

57. 论说文:根据下述材料,写一篇700字左右的论说文,题目自拟。

在上海举行的"潘谈会"上,SOHO中国董事长潘石屹谈到各地的抢人大战,他认为,年轻人能在大城市里工作,就不要到小地方去。年轻人到底应该留在"北上广深"还是回小县城呢?你的观点是什么?

答案速查

一、数学基础

1~5	(C)(E)(D)(D)(D)	6~10	(D)(E)(B)(A)(B)
11~15	(D)(C)(D)(C)(A)	16~20	(A)(A)(C)(C)(B)
21~25	(D)(B)(D)(A)(E)	26~30	(E)(E)(C)(C)(B)
31~35	(D)(D)(E)(E)(C)		

二、逻辑推理

36~40	(C)(A)(A)(C)(D)	41~45	(E)(B)(B)(D)(A)
46~50	(A)(B)(B)(B)(B)	51~55	(B)(C)(B)(E)(E)

三、写作

略

答案详解

一、数学基础

1.（C）

【解析】等价无穷小、洛必达法则、变限积分求导.

由 $f(x)$ 与 $g(x)$ 为等价无穷小，可知 $\lim\limits_{x\to 0}\dfrac{f(x)}{g(x)}=1$，则有

$$\lim_{x\to 0}\frac{f(x)}{g(x)}=\lim_{x\to 0}\frac{\int_0^{\sin x}\sin(at^2)\mathrm{d}t}{x^3+x^4}=\lim_{x\to 0}\frac{\cos x\cdot\sin(a\sin^2 x)}{3x^2+4x^3}$$

$$=\lim_{x\to 0}\frac{\sin(a\sin^2 x)}{3x^2+4x^3}=\lim_{x\to 0}\frac{a\sin^2 x}{3x^2+4x^3}=\lim_{x\to 0}\frac{ax^2}{3x^2+4x^3}$$

$$=\lim_{x\to 0}\frac{a}{3+4x}=\frac{a}{3}=1,$$

解得 $a=3$.

2.（E）

【解析】利用重要极限求解函数极限.

幂指函数求极限优先考虑是否为"1^∞"型极限式，一般应用第二重要极限，将极限式化为 $\lim\limits_{\square\to 0}(1+\square)^{\frac{1}{\square}}=e$ 或 $\lim\limits_{\square\to\infty}\left(1+\dfrac{1}{\square}\right)^{\square}=e$ 的形式，再计算，故有

$$\lim_{x\to\infty}\left(\frac{x+a}{x-a}\right)^{2x}=\lim_{x\to\infty}\left(1+\frac{2a}{x-a}\right)^{\frac{x-a}{2a}\cdot\frac{4ax}{x-a}}=e^{\lim\limits_{x\to\infty}\frac{4ax}{x-a}}=e^{4a}=e^{-1},$$

故 $a=-\dfrac{1}{4}$.

3.（D）

【解析】连续函数的性质.

反证法，若 $f(x)+g(x)$ 是连续函数，根据连续函数的性质，$g(x)=[f(x)+g(x)]-f(x)$ 也是连续函数，与题干条件矛盾，故 $f(x)+g(x)$ 不是连续函数，存在间断点，(D)项正确.

其余选项均可找出反例. 令 $f(x)=1$，$g(x)=\dfrac{1}{|x|}$，则(A)、(B)、(E)项均不正确；令 $f(x)=x$，$g(x)=\dfrac{1}{|x|}$，则(C)项不正确.

4.（D）

【解析】函数在一点处连续的条件.

由题干可知函数在 $x=0$ 处连续，根据函数在某点连续的条件 $\lim\limits_{x\to x_0}f(x)=f(x_0)$，可得

$$\lim_{x\to0}f(x)=\lim_{x\to0}\frac{x-\sin x}{x^3}=\lim_{x\to0}\frac{1-\cos x}{3x^2}=\lim_{x\to0}\frac{\sin x}{6x}=\frac{1}{6}=f(0),$$

所以，$f(0)=a=\dfrac{1}{6}$.

5.（D）

【解析】导数的几何意义.

将 $x=0$ 代入方程，可得 $e^{-y}-\dfrac{1}{e}=0$，即 $y=1$.

对方程两边求导，则有 $e^{x-y}(dx-dy)+3(ydx+xdy)=0$，将 $x=0$，$y=1$ 代入得

$$e^{-1}(dx-dy)+3dx=0\Rightarrow\frac{dy}{dx}=\frac{e^{-1}+3}{e^{-1}}=1+3e.$$

所以，曲线在 $x=0$ 处的切线方程过点 $(0,1)$，斜率为 $1+3e$，故切线方程为 $y-1=(3e+1)x$，即 $y=(3e+1)x+1$.

6.（D）

【解析】隐函数求导.

将 $x=0$ 代入方程，得 $y=1$. 方程两边对 x 求导，可得

$$2xy^2+2x^2y\cdot y'-e^x-y'=0,$$

将 $x=0$，$y=1$ 代入上式，解得 $y'\big|_{x=0}=\dfrac{dy}{dx}\bigg|_{x=0}=-1$.

7.（E）

【解析】复合函数求导.

因为 $d\{f[f(x)]\}\big|_{x=0}=f'[f(0)]\cdot f'(0)dx$，对 $f(x)$ 求导，得 $f'(x)=\begin{cases}e^x,&x\geq1\\2,&x<1,\end{cases}$ 可知

$f(0)=2$，$f'(0)=2$，$f'(2)=e^2$，

故 $d\{f[f(x)]\}|_{x=0}=2f'(2)dx=2e^2dx$.

8.（B）

【解析】一元函数极值.

因为 $y'=3x^2-12x+9$，令 $y'=0$，解得 $x=1$ 或 $x=3$，可知 y 的可能极值点为 $x=1$，$x=3$. 又因为 $y''=6x-12$，所以 $y''(1)=-6<0$，$y''(3)=6>0$，根据极值存在的第二充分条件，可知 $x=1$ 为函数的极大值点，极大值为 $y(1)=0$；$x=3$ 为函数的极小值点，极小值为 $y(3)=-4$.

9.（A）

【解析】构造函数、判断函数的单调性.

令 $F(x)=e^x f(x)$，$F'(x)=e^x f'(x)+e^x f(x)=e^x[f'(x)+f(x)]>0$，则 $F(x)$ 在 $(-\infty,+\infty)$ 上单调递增.

故 $F(1)>F(0)$，即 $ef(1)>f(0)$，排除(D)项；

$F(1)>F(-1)$，即 $e^1 f(1)>e^{-1}f(-1)$，则 $e^2 f(1)>f(-1)$，(A)项正确；

$F(0)>F(-1)$，即 $e^0 f(0)>e^{-1}f(-1)$，则 $ef(0)>f(-1)$.

综上所述，本题选(A).

【注意】本题关键点是构造函数. 根据题干给出的条件，常见的函数构造如下：

① 题干出现 $f(x)f'(x)$，则令 $F(x)=[f(x)]^2$，有 $F'(x)=2f(x)f'(x)$.

② 题干出现 $f(x)+f'(x)$，则令 $F(x)=e^x f(x)$，有 $F'(x)=e^x[f(x)+f'(x)]$.

③ 题干出现 $f(x)-f'(x)$，则令 $F(x)=\dfrac{f(x)}{e^x}$，有 $F'(x)=\dfrac{e^x[f'(x)-f(x)]}{e^{2x}}$.

10.（B）

【解析】函数的极值、拐点问题.

(A)、(B)项：根据极限存在的第二充分条件：函数 $y=f(x)$ 在 x_0 处二阶可导，且 $f'(x_0)=0$，若 $f''(x_0)>0$，则 $f(x_0)$ 是 $f(x)$ 的极小值.

本题 $f''(x_0)=0$，$f'''(x_0)>0$，则 $f'(x_0)$ 是 $f'(x)$ 的极小值，故(A)项错误，(B)项正确.

(C)、(D)项：由于 $f'(x_0)$ 是 $f'(x)$ 的极小值，且 $f'(x_0)=0$，可知 $f'(x)\geq 0$，即 $f(x)$ 单调递增，$f(x_0)$ 不是 $f(x)$ 的极值，故(C)项、(D)项错误.

(E)项：因为 $f'''(x_0)>0$，则在 x_0 的邻域内 $f'''(x)>0$，故 $f''(x)$ 在 x_0 的邻域内单调递增. 又 $f''(x_0)=0$，则 $f''(x)$ 在 x_0 的两侧异号，根据凹凸性判定定理可知，$(x_0,f(x_0))$ 是 $y=f(x)$ 的拐点.

【注意】二阶导数为 0，三阶导数不为 0 的点就是拐点.

11.（D）

【解析】分部积分法求不定积分．

因为 $\dfrac{\cos x}{x}$ 是 $f(x)$ 的一个原函数，故 $f(x)=\left(\dfrac{\cos x}{x}\right)'=\dfrac{-x\sin x-\cos x}{x^2}$．

利用分部积分公式，得

$$\int xf'(x)\mathrm{d}x=\int x\mathrm{d}f(x)=xf(x)-\int f(x)\mathrm{d}x$$

$$=x\dfrac{-x\sin x-\cos x}{x^2}-\dfrac{\cos x}{x}+C$$

$$=-\sin x-\dfrac{2\cos x}{x}+C.$$

12.（C）

【解析】第一换元积分法求不定积分．

应用第一换元积分法，结合公式 $\cos^2 x=1-\sin^2 x$，可得

$$\int \sin^2 x\cos^3 x\mathrm{d}x=\int \sin^2 x(1-\sin^2 x)\mathrm{d}\sin x=\int(\sin^2 x-\sin^4 x)\mathrm{d}\sin x$$

$$=\dfrac{1}{3}\sin^3 x-\dfrac{1}{5}\sin^5 x+C.$$

13.（D）

【解析】对称区间的定积分求解．

$[-2,2]$ 是关于原点对称的积分区间，故优先考虑函数的奇偶性，根据对称区间积分法则，有

$$\int_{-2}^{2}(x^{2021}+1)\cos x\mathrm{d}x=\int_{-2}^{2}(x^{2021}\cos x+\cos x)\mathrm{d}x=\int_{-2}^{2}\cos x\mathrm{d}x$$

$$=2\int_{0}^{2}\cos x\mathrm{d}x=2\sin x\Big|_{0}^{2}=2\sin 2.$$

14.（C）

【解析】定积分的概念、性质的应用．

根据定积分的定义和区间可加性，可知

$$\int_{-1}^{2}f(x)\mathrm{d}x=\int_{-1}^{0}f(x)\mathrm{d}x+\int_{0}^{2}f(x)\mathrm{d}x=-\int_{0}^{-1}f(x)\mathrm{d}x+\int_{0}^{2}f(x)\mathrm{d}x=3-1=2.$$

15.（A）

【解析】变限积分求导．

由变限积分求导公式，可得

$$\dfrac{\mathrm{d}}{\mathrm{d}x}\int_{\frac{1}{x}}^{\ln x}f(t)\mathrm{d}t=(\ln x)'f(\ln x)-\left(\dfrac{1}{x}\right)'f\left(\dfrac{1}{x}\right)=\dfrac{1}{x}f(\ln x)+\dfrac{1}{x^2}f\left(\dfrac{1}{x}\right).$$

【注意】变限积分求导公式：若 $F(x)=\int_{h(x)}^{g(x)}f(t)\mathrm{d}t$，则

$$F'(x)=g'(x)f[g(x)]-h'(x)f[h(x)].$$

16.（A）

【解析】定积分的保号性.

当 $x \in \left(0, \dfrac{\pi}{4}\right)$ 时，$0 < \sin x < x$，可得 $\dfrac{\sin x}{x} < 1 < \dfrac{x}{\sin x}$，根据定积分的保号性，则有

$$\int_0^{\frac{\pi}{4}} \dfrac{\sin x}{x} \mathrm{d}x < \int_0^{\frac{\pi}{4}} 1 \mathrm{d}x < \int_0^{\frac{\pi}{4}} \dfrac{x}{\sin x} \mathrm{d}x,$$

即 $I < \dfrac{\pi}{4} < J$.

17.（A）

【解析】积分变限函数求导.

方程两边同时对 x 求导，可得

$$\left(\int_0^{x^3+1} f(t) \mathrm{d}t\right)' = (x^2)' \Rightarrow 3x^2 f(x^3+1) = 2x,$$

令 $x = 2$，可得 $12f(9) = 4$，故 $f(9) = \dfrac{1}{3}$.

18.（C）

【解析】多元函数求一阶偏导数.

令 $u = \sin(x+y)$，$v = \mathrm{e}^{xy}$，则有

$$\dfrac{\partial z}{\partial x} = \dfrac{\partial z}{\partial u} \dfrac{\partial u}{\partial x} + \dfrac{\partial z}{\partial v} \dfrac{\partial v}{\partial x} = \dfrac{\partial z}{\partial u} \cos(x+y) + \dfrac{\partial z}{\partial v} \cdot y \mathrm{e}^{xy},$$

即 $\dfrac{\partial z}{\partial x} = f_1' \cos(x+y) + y f_2' \mathrm{e}^{xy}$.

19.（C）

【解析】具体二元复合函数的一阶偏导数.

因为 $z\left(\dfrac{\pi}{2}, y\right) = \dfrac{\pi}{2} \mathrm{e}^{\cos y}$，则 $z_y' = \dfrac{\pi}{2} \mathrm{e}^{\cos y}(-\sin y)$.

故 $\dfrac{\partial z}{\partial y}\bigg|_{\left(\frac{\pi}{2}, -\frac{\pi}{2}\right)} = z_y'\left(\dfrac{\pi}{2}, -\dfrac{\pi}{2}\right) = \dfrac{\pi}{2} \mathrm{e}^0 \left[-\sin\left(-\dfrac{\pi}{2}\right)\right] = \dfrac{\pi}{2}$.

20.（B）

【解析】全微分的计算.

方程两边同时对 x 求导，可得

$$z + (x+1)\dfrac{\partial z}{\partial x} = 2xf(x-z+y) + x^2\left(1 - \dfrac{\partial z}{\partial x}\right)f'(x-z+y),$$

当 $x = 0$，$y = 1$ 时，$z = 1$，代入上式，得 $\dfrac{\partial z}{\partial x} = -1$.

同理，方程两边同时对 y 求导，可得 $\dfrac{\partial z}{\partial y} = 2$. 根据全微分公式，可知 $\mathrm{d}z|_{(0,1)} = -\mathrm{d}x + 2\mathrm{d}y$.

21. (D)

【解析】多元函数极值.

求 z 对 x，y 的一阶偏导数，得 $\dfrac{\partial z}{\partial x}=4x^3-2x-2y$，$\dfrac{\partial z}{\partial y}=4y^3-2x-2y$，令 $\dfrac{\partial z}{\partial x}=0$，$\dfrac{\partial z}{\partial y}=0$，

解得 $\begin{cases}x=0,\\y=0\end{cases}$ 或 $\begin{cases}x=1,\\y=1\end{cases}$ 或 $\begin{cases}x=-1,\\y=-1.\end{cases}$ 故 $(0,0)$，$(1,1)$，$(-1,-1)$ 为 z 的可能极值点.

求 z 对 x，y 的二阶偏导数，得 $\dfrac{\partial^2 z}{\partial x^2}=12x^2-2$，$\dfrac{\partial^2 z}{\partial x \partial y}=-2$，$\dfrac{\partial^2 z}{\partial y^2}=12y^2-2$.

在 $(0,0)$ 点处，$A=\dfrac{\partial^2 z}{\partial x^2}\Big|_{(0,0)}=-2<0$，$B=\dfrac{\partial^2 z}{\partial x \partial y}\Big|_{(0,0)}=-2$，$C=\dfrac{\partial^2 z}{\partial y^2}\Big|_{(0,0)}=-2$，故 $AC-B^2=0$，在原点的邻域内取很小的值 $\varepsilon>0$，存在 $z(\varepsilon,0)<z(0,0)$，$z(-\varepsilon,\varepsilon)>z(0,0)$，因此 $(0,0)$ 不是极值点；

在 $(1,1)$ 点处，$A=\dfrac{\partial^2 z}{\partial x^2}\Big|_{(1,1)}=10>0$，$B=\dfrac{\partial^2 z}{\partial x \partial y}\Big|_{(1,1)}=-2$，$C=\dfrac{\partial^2 z}{\partial y^2}\Big|_{(1,1)}=10$，故 $AC-B^2>0$，因此 $(1,1)$ 为函数的极小值点；

在 $(-1,-1)$ 点处，$A=\dfrac{\partial^2 z}{\partial x^2}\Big|_{(-1,-1)}=10>0$，$B=\dfrac{\partial^2 z}{\partial x \partial y}\Big|_{(-1,-1)}=-2$，$C=\dfrac{\partial^2 z}{\partial y^2}\Big|_{(-1,-1)}=10$，故 $AC-B^2>0$，因此 $(-1,-1)$ 为函数的极小值点.

综上所述，本题选(D).

22. (B)

【解析】多元函数的极值问题.

求函数对 x，y 的一阶偏导、二阶偏导，分别为

$$\dfrac{\partial f}{\partial x}=2x+y-3,\quad \dfrac{\partial f}{\partial y}=x+2y-6,$$

$$A=\dfrac{\partial^2 f}{\partial x^2}=2,\quad B=\dfrac{\partial^2 f}{\partial x \partial y}=1,\quad C=\dfrac{\partial^2 f}{\partial y^2}=2.$$

令 $\begin{cases}\dfrac{\partial f}{\partial x}=0,\\ \dfrac{\partial f}{\partial y}=0\end{cases}\Rightarrow \begin{cases}2x+y=3,\\ x+2y=6,\end{cases}$ 解得 $\begin{cases}x=0,\\ y=3,\end{cases}$ 故函数 $f(x,y)$ 的可能极值点为 $(0,3)$.

在点 $(0,3)$ 处，$AC-B^2=4-1=3>0$ 且 $A=2>0$，故 $f(x,y)$ 在 $(0,3)$ 处取得极小值.

23. (D)

【解析】抽象行列式的计算.

由 $|\boldsymbol{A}|=|\boldsymbol{\alpha},2\boldsymbol{\gamma}_2,3\boldsymbol{\gamma}_3|=6|\boldsymbol{\alpha},\boldsymbol{\gamma}_2,\boldsymbol{\gamma}_3|=18$，可得 $|\boldsymbol{\alpha},\boldsymbol{\gamma}_2,\boldsymbol{\gamma}_3|=3$. 结合 $|\boldsymbol{B}|=|\boldsymbol{\beta},\boldsymbol{\gamma}_2,\boldsymbol{\gamma}_3|=2$，故有

$$|\boldsymbol{A}+\boldsymbol{B}|=|\boldsymbol{\alpha}+\boldsymbol{\beta},3\boldsymbol{\gamma}_2,4\boldsymbol{\gamma}_3|=12(|\boldsymbol{\alpha},\boldsymbol{\gamma}_2,\boldsymbol{\gamma}_3|+|\boldsymbol{\beta},\boldsymbol{\gamma}_2,\boldsymbol{\gamma}_3|)=12(3+2)=60.$$

24.（A）

【解析】行列式展开定理的应用、具体行列式的计算．

分别令 $a_{11}=1$，$a_{12}=-1$，$a_{13}=1$，$a_{14}=-1$，则

$$A_{11}-A_{12}+A_{13}-A_{14}=a_{11}A_{11}+a_{12}A_{12}+a_{13}A_{13}+a_{14}A_{14},$$

即为行列式 $D=\begin{vmatrix} 1 & -1 & 1 & -1 \\ 1 & 1 & 0 & -5 \\ 1 & 1 & 1 & 1 \\ 2 & -4 & -1 & -3 \end{vmatrix}$ 的值，计算可得

$$D=\begin{vmatrix} 1 & -1 & 1 & -1 \\ 0 & 2 & -1 & -4 \\ 0 & 2 & 0 & 2 \\ 0 & -2 & -3 & -1 \end{vmatrix}=\begin{vmatrix} 1 & -1 & 1 & -1 \\ 0 & 2 & -1 & -4 \\ 0 & 0 & 1 & 6 \\ 0 & 0 & -4 & -5 \end{vmatrix}=\begin{vmatrix} 1 & -1 & 1 & -1 \\ 0 & 2 & -1 & -4 \\ 0 & 0 & 1 & 6 \\ 0 & 0 & 0 & 19 \end{vmatrix}=38.$$

25.（E）

【解析】求解逆矩阵．

将原方程化为 $\begin{pmatrix} 1 & 1 & -1 \\ 0 & 2 & 2 \\ 1 & -1 & 0 \end{pmatrix} X = \begin{pmatrix} 1 & -2 \\ 0 & 1 \\ -2 & -2 \end{pmatrix}$，两边同时左乘 $\begin{pmatrix} 1 & 1 & -1 \\ 0 & 2 & 2 \\ 1 & -1 & 0 \end{pmatrix}^{-1}$，可得

$$X=\begin{pmatrix} 1 & 1 & -1 \\ 0 & 2 & 2 \\ 1 & -1 & 0 \end{pmatrix}^{-1}\begin{pmatrix} 1 & -2 \\ 0 & 1 \\ -2 & -2 \end{pmatrix}=\frac{1}{6}\begin{pmatrix} 2 & 1 & 4 \\ 2 & 1 & -2 \\ -2 & 2 & 2 \end{pmatrix}\begin{pmatrix} 1 & -2 \\ 0 & 1 \\ -2 & -2 \end{pmatrix}=\frac{1}{6}\begin{pmatrix} -6 & -11 \\ 6 & 1 \\ -6 & 2 \end{pmatrix}.$$

26.（E）

【解析】向量乘积的计算．

设 $\boldsymbol{\alpha}=(a,b,c)^T$，$\boldsymbol{\alpha}^T=(a,b,c)$，则

$$\boldsymbol{\alpha\alpha}^T=\begin{pmatrix} a^2 & ab & ac \\ ba & b^2 & bc \\ ca & cb & c^2 \end{pmatrix}=\begin{pmatrix} 1 & -1 & 1 \\ -1 & 1 & -1 \\ 1 & -1 & 1 \end{pmatrix} \Rightarrow \boldsymbol{\alpha}^T\boldsymbol{\alpha}=a^2+b^2+c^2=1+1+1=3.$$

27.（E）

【解析】具体向量组的线性相关性问题．

具体向量组的线性相关性求参数问题，首选矩阵法：若向量组所含向量的个数 m 不等于每个向量所含分量的个数，则利用矩阵法判定相关性，设向量组按列构成矩阵 $\boldsymbol{A}$，若 $r(\boldsymbol{A})<m$，向量组线性相关．

本题向量组个数为 4，且 $r(\boldsymbol{\alpha}_1,\boldsymbol{\alpha}_2,\boldsymbol{\alpha}_3,\boldsymbol{\alpha}_4)\leqslant 3<4$，向量组一定线性相关，与 a，b 的取值无关，故 $a\in\mathbf{R}$，$b\in\mathbf{R}$．

【注意】$n+1$ 个 n 维向量必线性相关．

28. (C)

【解析】齐次线性方程组解的性质、矩阵秩的性质.

由 $AB=O$, $B\neq O$ 可知, $Ax=0$ 有非零解, 本题中 A 为方阵, 故 $|A|=0$, 即

$$|A| = \begin{vmatrix} \lambda & 1 & \lambda^2 \\ 1 & \lambda & 1 \\ 1 & 1 & \lambda \end{vmatrix} = \begin{vmatrix} \lambda-1 & 0 & \lambda^2-\lambda \\ 1-\lambda & 0 & 1-\lambda^2 \\ 1 & 1 & \lambda \end{vmatrix} = (-1)^{(3+2)} \begin{vmatrix} \lambda-1 & \lambda^2-\lambda \\ 1-\lambda & 1-\lambda^2 \end{vmatrix}$$

$$= (-1) \begin{vmatrix} \lambda-1 & \lambda^2-\lambda \\ 0 & 1-\lambda \end{vmatrix} = (1-\lambda)^2 = 0,$$

可得 $\lambda=1$, $0<r(A)\leqslant 2$, 故 $r(B)\leqslant 3-r(A)<3$, 即 $|B|=0$.

【注意】也可以通过初等行变换法, 准确求出 $r(A)=1$, 故 $r(B)\leqslant 3-r(A)=2$, 即 $|B|=0$.

29. (C)

【解析】向量的线性表示.

$$(\boldsymbol{\beta}_1, \boldsymbol{\beta}_2, \boldsymbol{\alpha}_1, \boldsymbol{\alpha}_2) = \begin{pmatrix} 1 & 0 & 1 & -1 \\ 0 & 1 & 2 & 1 \\ a & b & 1 & 2 \end{pmatrix} \to \begin{pmatrix} 1 & 0 & 1 & -1 \\ 0 & 1 & 2 & 1 \\ 0 & b & 1-a & 2+a \end{pmatrix} \to \begin{pmatrix} 1 & 0 & 1 & -1 \\ 0 & 1 & 2 & 1 \\ 0 & 0 & 1-a-2b & 2+a-b \end{pmatrix}.$$

因为 $\boldsymbol{\alpha}_1$, $\boldsymbol{\alpha}_2$ 可由 $\boldsymbol{\beta}_1$, $\boldsymbol{\beta}_2$ 线性表示, 则 $r(\boldsymbol{\beta}_1, \boldsymbol{\beta}_2, \boldsymbol{\alpha}_1) = r(\boldsymbol{\beta}_1, \boldsymbol{\beta}_2, \boldsymbol{\alpha}_2) = r(\boldsymbol{\beta}_1, \boldsymbol{\beta}_2)$, 故有

$$\begin{cases} 1-a-2b=0, \\ 2+a-b=0 \end{cases} \Rightarrow \begin{cases} a=-1, \\ b=1. \end{cases}$$

30. (B)

【解析】连续型随机变量的概率密度.

由连续型随机变量概率的计算公式, 可得

$$P\left\{-1\leqslant X\leqslant \frac{1}{2}\right\} = \int_{-1}^{0} f(x)\mathrm{d}x + \int_{0}^{\frac{1}{2}} f(x)\mathrm{d}x = 0 + \int_{0}^{\frac{1}{2}} 2x\,\mathrm{d}x = x^2 \Big|_{0}^{\frac{1}{2}} = \frac{1}{4}.$$

31. (D)

【解析】概率的公式运算.

由 $P(A)=\dfrac{1}{4}$, $P(B|A)=\dfrac{1}{2}$, 利用条件概率公式, 可得 $P(AB)=P(B|A)P(A)=\dfrac{1}{2}\times\dfrac{1}{4}=\dfrac{1}{8}$, 又因为 $P(A|B)=\dfrac{1}{3}$, 所以 $P(B)=\dfrac{P(AB)}{P(A|B)}=\dfrac{3}{8}$.

故由加法公式得, $P(A\cup B)=P(A)+P(B)-P(AB)=\dfrac{1}{4}+\dfrac{3}{8}-\dfrac{1}{8}=\dfrac{1}{2}$.

32. (D)

【解析】常见的连续型分布.

已知正态分布的密度函数关于 $X=\mu$ 对称, 已知 $P\{X\leqslant 1\}=P\{X\geqslant 5\}=0.3$, 故 $\mu=\dfrac{1+5}{2}=3$.

33. (E)

【解析】数学期望的性质.

$X \sim U(1, 3)$，则 $E(X) = \dfrac{1+3}{2} = 2$；$Y \sim B(10, 0.4)$，则 $E(Y) = 10 \times 0.4 = 4$.

故由期望的性质，可得 $E(2X + 3Y) = 2E(X) + 3E(Y) = 2 \times 2 + 3 \times 4 = 16$.

34. (E)

【解析】常见分布的期望和方差.

若随机变量 X 服从参数为 λ 的指数分布，即 $X \sim E(\lambda)$，则概率密度函数为 $f(x) = \begin{cases} \lambda e^{-\lambda x}, & x \geq 0, \\ 0, & x < 0, \end{cases}$ 方差为 $D(X) = \dfrac{1}{\lambda^2}$.

故 $X_1 \sim E(4)$，$X_2 \sim E(2)$，$D(X_1) = \dfrac{1}{16}$，$D(X_2) = \dfrac{1}{4}$，因为 X_1 与 X_2 相互独立，则

$$D(X_1 + X_2) = D(X_1) + D(X_2) = \dfrac{1}{16} + \dfrac{1}{4} = \dfrac{5}{16}.$$

35. (C)

【解析】离散型随机变量分布律的性质.

根据分布律的正则性，可知 $\sum\limits_{k=1}^{\infty} p_k = a - d + a + a + d = 1$，解得 $a = \dfrac{1}{3}$.

根据分布律的非负性，可知 $\dfrac{1}{3} - d \geq 0$，$\dfrac{1}{3} + d \geq 0$，解得 $|d| \leq \dfrac{1}{3}$.

【注意】本题也可通过概率的性质快速求解，令 $d = 4$，此时 $a - d < 0$，不满足概率的非负性，排除(A)、(D)、(E)项，令 $d = -4$，$a + d < 0$，可排除(B)项，故选(C).

二、逻辑推理

36. (C)

【解析】母题9·真假话问题

将题干信息形式化：

甲父：乙。

乙父：丙。

丙母：甲∨乙。

丁母：乙∨丙。

如果甲父猜对了，那么丙母和丁母也都猜对了，与题干"只有一人猜对"矛盾；如果乙父猜对了，那么丁母也猜对了，与题干"只有一人猜对"矛盾。

故甲父和乙父都猜错了。

因此，乙和丙都没有通过面试，所以丁母猜错了，故只有丙母猜对，又因为乙没有通过面试，所以甲通过了面试。故(C)项正确。

37.（A）

【解析】母题 20·论证的假设

题干：日本有机蔬菜的价格只比普通蔬菜高 20%～30%，中国有机蔬菜的价格是普通蔬菜的数倍甚至 10 倍 —证明→ 中国有机蔬菜种植业是暴利行业。

题干涉及"有机蔬菜"与"普通蔬菜"的比较，中国有机蔬菜的价格是普通蔬菜的数倍甚至 10 倍，不一定是因为有机蔬菜的价格高，可能是普通蔬菜的价格低。同理，日本有机蔬菜的价格只比普通蔬菜高 20%～30%，不一定是因为有机蔬菜的价格低，可能是普通蔬菜的价格高。故(A)项必须假设。

(B)项，无关选项。

(C)项，不必假设，因为即使中国有机蔬菜的种植成本高一些，但由于价格太高，也可能是暴利的。

(D)项，无关选项。

(E)项，无关选项，题干只比较价格，没有比较质量。

38.（A）

【解析】母题 22·论证的评价

音乐会的组织者宣布：

①¬（预报坏天气∨预售票卖得太少）→音乐会举行。

②¬音乐会举行→退款。

由②可知，音乐会如果没有举行，就会退款。但"退款"后面没有箭头指向，不能推断出任何结论，说明已知"退款"并不能确定是因为"音乐会没有举行"，也可能是别的原因，故(A)项正确。

39.（C）

【解析】母题 17·其他综合推理题

将题干条件符号化：

(1) G 跳高→H 铅球＝G 铅球∨H 铅球。

(2) L 跳高→M 铅球∧U 铅球＝L 铅球∨(M 铅球∧U 铅球)。

(3) W 参加的项目与 Z 不同。

(4) U 参加的项目与 G 不同。

(5) Z 跳高→H 跳高。

由题干条件(1)可知，G 与 H 至少有一位参加铅球项目。

由题干条件(2)可知，L 参加铅球项目或者 M、U 都参加铅球项目。

由题干条件(3)可知，W 与 Z 恰有一位参加铅球项目。

由题干条件(4)可知，G 与 U 恰有一位参加铅球项目。

若使参加跳高项目的人数最多，则 G 参加铅球项目，H、U 参加跳高项目；L 参加铅球项目，M 和 U 参加跳高项目；W 或 Z 中有一人参加跳高项目。故最多有 4 个学生参加跳高项目。

40.（D）

【解析】母题17·其他综合推理题

使用选项排除法：

根据题干条件(2)可知，M跳高→L铅球，排除(A)、(E)项。

根据题干条件(3)可知，W跳高→Z铅球，排除(C)项。

根据题干条件(4)可知，U参加的项目与G不同，排除(B)项。

故(D)项正确。

41.（E）

【解析】母题2·联言、选言命题

将题干信息符号化：

①食量大的母牛：¬被喂食10次以上→患病。

②食量大的公牛：被喂食10次以上→¬患病。

(E)项，食量大的公牛：患病→¬被喂食10次以上，是题干信息②的逆否命题，为真。

(A)、(B)、(C)、(D)项均不能确定推出。

42.（B）

【解析】母题4·假言命题的负命题

张老师：¬吃得苦中苦→¬人上人。

王晓虎：吃得苦中苦∧¬人上人，与"吃得苦中苦→人上人"矛盾，故王晓虎的话反驳的是(B)项。

43.（B）

【解析】母题33·数量关系的推理

题干已知下列信息：

①该校女生比男生多。

②该校优秀的学生超过了一半。

由题干信息①可知，不优秀女生＋优秀女生＞不优秀男生＋优秀男生。

由题干信息②可知，优秀女生＋优秀男生＞不优秀女生＋不优秀男生。

两式相加得：不优秀女生＋优秀女生＋优秀女生＋优秀男生＞不优秀男生＋优秀男生＋不优秀女生＋不优秀男生。

化简得：优秀女生＞不优秀男生。

故(B)项正确。

44.（D）

【解析】母题7·简单命题的负命题

题干：天下最勤奋的皇帝也不可能处理完天下所有的事务。

等价于：天下最勤奋的皇帝也必然有事务处理不完。

即：天下最勤奋的皇帝必然处理不完天下所有的事务，(D)项正确。

45.（A）

【解析】母题1·充分与必要

将题干信息符号化：

①成功→做好重要事务。

②处理好细节→成功。

③成功的人→协调好重要事务与细节的关系。

将题干信息②、①串联得：④处理好细节→成功→做好重要事务。

(A)项，由题干信息④可知，"成功"后面没有箭头指向"处理好细节"，故"成功并不代表着所有细节都处理好了"，正确。

(B)项，题干信息①逆否得：┐做好重要事务→┐成功，"┐成功"后面没有箭头指向，故不能推出此项。

(C)项，由题干信息④可知，"成功"的前提条件是"做好重要事务"，故不能推出此项。

(D)项，由题干信息②可知，"处理好细节"就一定可以"成功"，故此项错误。

(E)项，由题干信息①可知，"做好重要事务"后面没有箭头指向，故不能推出此项。

46.（A）

【解析】题型21·论证的推论

(A)项，题干指出"千新星虽然没有超新星那么亮，却可以达到新星亮度的一千倍左右"，说明超新星比新星更亮，可以推出。

(B)项，题干仅仅指出"大量放射性元素会衰变、裂变，释放出大量能量"，未提及引力波是否可以释放能量，不能推出。

(C)项，题干指出"一对中子星碰撞后抛出的碎片合成了金、银元素"，但是不能证明千新星中含有金、银元素，不能推出。

(D)项，题干指出"天文学家证实了中子星并合可以合成大量重元素"，但是不代表宇宙中的重元素"都是"中子星碰撞后产生的，不能推出。

(E)项，题干指出千新星最亮时没有超新星亮，但是不确定其亮度是否保持不变，故此项不能推出。

47.（B）

【解析】母题22·论证的评价

专家的观点：①有犯罪前科并在三年内"二进宫"的人数逐年上升，可能是由于我们的教育、改造体制存在缺陷，所以应当改革。

②我们需要一种既能帮助刑满释放人员融入社会又能监督他们的措施。

(A)项，如果回答为"是"，说明确实需要帮助刑满释放人员就业，则支持专家的观点，否则，削弱专家的观点。

(B)项，无关选项，题干说的是刑满释放人员，此项说的是在监狱服刑人员和刑满释放人员的孩子的情况。

(C)项，如果回答为"是"，说明确实需要帮助刑满释放人员获得投票权，则支持专家的观点，否则，削弱专家的观点。

(D)项，如果回答为"否"，说明刑满释放人员确实需要在重返社会中获得帮助，则支持专家的观点，否则，削弱专家的观点。

(E)项，如果回答为"是"，说明确实需要帮助刑满释放人员免受家庭和社会的歧视，支持专家的观点，否则，削弱专家的观点。

48.（B）

【解析】母题16·复杂匹配题

将题干信息整理如下图1-1所示：

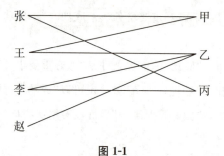

图1-1

由上图可知，张选择的是甲∨丙，王选择的是甲∨乙，李选择的是乙∨丙，因为赵在3位男生中只选择了乙，根据题干"每个女生均按自己心愿选到了男生"，可得：赵选择的是乙。
且题干中已知"每位男生也按要求选到了女生"，故乙选到的一定是赵。其余的不一定。
故(B)项正确。

49.（B）

【解析】母题20·论证的假设

题干：孔子建议不要吃反季节蔬菜，因此，孔子非常懂得饮食和养生的道理。
(B)项，必须假设，措施可行，是上述解释成立的必要前提。
(C)项，不必假设，孔子讨论的是他自己所处的时代，而不是我们的时代。
其余各项均不必假设。

50.（B）

【解析】母题13·排序题

因为K第二个到达终点，根据题干信息(2)可知，J第一个到达终点。
根据题干信息(1)可知，G是最后一个（即第五个）到达终点。
根据题干信息(3)可知，H是第三个到达终点，I是第四个到达终点。
故骑手到达终点的顺序（由快到慢）依次为：J、K、H、I、G。

根据题干信息(4)、(5)和"S第四个到达终点"可知，赛马到达的顺序为：P第一、Q第二、S第四，其余未定。

因此，J骑的是马P、K骑的是马Q、I骑的是马S。剩下的两位骑手：H、G；两匹马：R、T，无法确定匹配情况。

综上，(A)、(C)、(D)、(E)四项均一定为真，(B)项可能为假。

51.（B）

【解析】母题13·排序题

(A)项，无法判断骑手G的名次。

(B)项，由题意可知，赛马P和Q分别是第一个和第二个到达终点，再结合此项可知，H骑R只能是第三个到达终点，K骑T第五个到达终点，综上，G骑P是第一个到达终点，J骑Q是第二个到达终点，H骑R是第三个到达终点，I骑S是第四个到达终点，K骑T是第五个到达终点。

(C)项，无法判断骑手G的名次。

(D)项，由此无法断定I和G所骑的马是T和R中的哪一匹。

(E)项，由此无法断定I和G所骑的马是T和R中的哪一匹。

52.（C）

【解析】母题22·论证的评价

约翰·斯诺发现：

场合1：大多数饮用同一个水泵汲取的水的人，感染霍乱死亡。

场合2：使用其他水泵或者水井的人，没有感染霍乱。

(A)项，指出约翰·斯诺采用求同法比较感染霍乱的人，得出他们死亡的原因是饮用同一个水泵汲取的水。

(B)项，指出约翰·斯诺采用求同法比较没有感染霍乱的人，得出这些人没有感染霍乱的原因是饮用其他水泵或者水井的水。

(C)项，共变法，题干不涉及量变的问题，故此项是约翰·斯诺的推理没有运用的方法。

(D)项，指出约翰·斯诺采用求异法比较感染霍乱的人和没有感染霍乱的人，得出霍乱产生的原因就是饮用了被废水污染了的那个水泵的水。

(E)项，求同法和求异法等求因果的五种方法又叫归纳五法，因此，也可以说约翰·斯诺用了归纳法。

53.（B）

【解析】母题3·串联推理

将题干信息形式化：

①罗马皇帝→用锡壶和锡高脚酒杯喝酒。

②用锡器皿喝酒→中毒。

③中毒→精神错乱。

将题干信息①、②、③串联可得：罗马皇帝→用锡壶和锡高脚酒杯喝酒→中毒→精神错乱。

因此，(B)项为正确选项，其余各项均不一定为真。

54. (E)

【解析】母题5·二难推理

将题干信息形式化：

①炎热→仙客来难生长，等价于：仙客来容易生长→¬炎热。

②干旱→水稻难种植，等价于：水稻容易种植→¬干旱。

③在某个国家的大部分地区：仙客来容易生长∨水稻容易种植。

根据二难推理可知，某个国家的大部分地区：¬炎热∨¬干旱，其矛盾命题为：炎热∧干旱，故(E)项一定为假。

55. (E)

【解析】母题6·对当关系

题干：

①保健品能治病都是骗人的。

②对于饮食不规律的人群来说，服用某些保健品是必要的。

(A)项，与题干信息①矛盾。

(B)项，无关选项，题干仅涉及"饮食不规律的人群"。

(C)项，不必接受，此项等价于"有的人没有必要服用保健品"，与题干信息②为下反对关系，不影响题干的成立性。

(D)项，无关选项，题干仅涉及"饮食不规律的人群"。

(E)项，必须接受，若此项为假，则所有人都不需要服用保健品，题干信息②就无法成立了。

三、写作

56. 论证有效性分析

【谬误分析】

①美国次贷危机是因次级抵押贷款而引发的金融危机，它的产生有很多原因，但与汇率变动关系不大。因此，由"不能准确预测次贷危机"，并不必然推出"不能准确预测汇率"，此处存在不当类比。

②材料认为"针对汇率变化所采取的行动将改变他们的预测结果"，这存在一个前提，就是这些预测者的行为能够显著地影响全球或者是某国的汇率情况，这一前提是不成立的。

③材料认为"如果有人能长期准确地预测汇率，那他一定能借此成为世界上最有钱的人"，并不妥当。因为对汇率的预测能力和赚钱能力之间并不等同，要想通过对汇率的准确预测来赚钱，需要预测者有资本或其他资源，而预测者的这些资源未必充足。

④由"多次猜对汇率"推出"杠杆逐渐增大"进而得出"企业毁于一旦"的结论存在滑坡谬误。"多次猜对汇率"的企业也不一定会逐步增加杠杆，此外，企业未必会赌上全部身家，所以即使赌输了也可能不会"毁于一旦"。

⑤"放弃猜测及赌汇率等倾向性安排"可能并非合理建议。首先，此建议成立的前提是"汇率不可预测"，而这一前提材料并没有做出充分的论证。其次，在汇率持续走高或持续走低时，通过一些合理的安排是可以帮助企业节约成本、提高利润的。另外，"倾向性安排"可能不仅仅是"猜测汇率"，未必要全盘否定。

参考范文

汇率是不可准确预测的吗?

吕建刚

上述材料试图论证"汇率是不可准确预测的",从而说明不应该针对汇率做出倾向性安排,然而其论证过程存在多处逻辑谬误,分析如下:

首先,材料由"不能准确预测次贷危机",推出"不能准确预测汇率",此处存在不当类比。美国次贷危机是因次级抵押贷款而引发的金融危机,它的产生有很多原因,但与汇率变动关系不大。

其次,材料认为"针对汇率变化所采取的行动将改变他们的预测结果",这存在一个前提,就是这些预测者的行为能够显著地影响全球或者是某国的汇率情况,这一前提是不成立的。

再次,材料认为"如果有人能长期准确地预测汇率,那他一定能借此成为世界上最有钱的人",并不妥当。因为对汇率的预测能力和赚钱能力之间并不等同,要想通过对汇率的准确预测来赚钱,需要预测者有资本或其他资源,而预测者的这些资源未必充足。

最后,"放弃猜测及赌汇率等倾向性安排"可能并非合理建议。第一,此建议成立的前提是"汇率不可预测",而这一前提材料并没有做出充分的论证。第二,在汇率持续走高或持续走低时,通过一些合理的安排是可以帮助企业节约成本、提高利润的。另外,"倾向性安排"可能不仅仅是"猜测汇率",未必要全盘否定。

综上所述,材料的论证存在多处逻辑漏洞,"汇率是不可准确预测的"这一结论的真实性有待商榷。

(全文共528字)

57. 论说文

 参考范文

胸怀远见,方得长久

老吕助教 港姐

"留在'北上广深'还是回小县城?"每个人的职业生涯都会经历这样的困惑。在我看来,要想有一个理想的发展,必须选择一个理想的环境,正如潘石屹所言,年轻人该留在大城市里,胸怀远见,方得长久。

机会和资源是大城市里最宝贵的财富。根据科斯定理，资源会更多地流向能合理利用它的人手中，所以大城市能够聚集优质资源，资源能够吸引人才，人才可以创造需求，需求意味着机会。而且对于一线城市来说，"强者愈强"的优势累积将会吸引更多优质资源导入，如此循环往复，会将一线城市与其他城市差距拉大。

　　大城市具有良好的奋斗环境。荀子有言："居必择乡，游必就士"。环境对人的发展影响深远，大多数人为了在大城市立足，每天两点一线，"996"已是常态。虽然生活节奏快、压力大，但每个人为了生存都斗志昂扬。在奋斗的年纪能与一群有梦想、敢拼搏的人为伍，就不会松懈对自我的管理和要求，不会心安理得地懒散颓废。

　　然而，在大城市生活并非轻而易举。首先，大城市生活压力大，初期工资只够解决温饱，普通人在大城市站稳脚跟都十分困难，更别提买房买车。其次，虽然大城市有丰富的资源，但相对于人类无限增长的需求而言，资源仍然是相对不足的，并非每个人都能得到同样的优质资源。

　　事实上，得失不应仅仅用金钱衡量。选择大城市实质上是一个赌局，这里最宝贵的和最不值钱的都是机会，只要你攒够了"赌资"，遇到了机会，大可孤注一掷。成了，你能获得大把的资源和财富；不成，总归获得了宝贵的人生经验，之后收拾心情厚积薄发，或者选择放弃回到小县城也未尝不可。

　　眼界决定境界，它往往影响乃至决定一个人能走多远，行多稳，能干多大的事，挑多重的担。年轻人应该胸怀远见，在广袤的天地施展才华。

（全文共 694 字）

根据题干信息(4)、(5)和"S第四个到达终点"可知，赛马到达的顺序为：P第一、Q第二、S第四，其余未定。

因此，J骑的是马P、K骑的是马Q、I骑的是马S。剩下的两位骑手：H、G；两匹马：R、T，无法确定匹配情况。

综上，(A)、(C)、(D)、(E)四项均一定为真，(B)项可能为假。

51.（B）

【解析】母题13·排序题

(A)项，无法判断骑手G的名次。

(B)项，由题意可知，赛马P和Q分别是第一个和第二个到达终点，再结合此项可知，H骑R只能是第三个到达终点，K骑T是第五个到达终点，综上，G骑P是第一个到达终点，J骑Q是第二个到达终点，H骑R是第三个到达终点，I骑S是第四个到达终点，K骑T是第五个到达终点。

(C)项，无法判断骑手G的名次。

(D)项，由此无法断定I和G所骑的马是T和R中的哪一匹。

(E)项，由此无法断定I和G所骑的马是T和R中的哪一匹。

52.（C）

【解析】母题22·论证的评价

约翰·斯诺发现：

场合1：大多数饮用同一个水泵汲取的水的人，感染霍乱死亡。

场合2：使用其他水泵或者水井的人，没有感染霍乱。

(A)项，指出约翰·斯诺采用求同法比较感染霍乱的人，得出他们死亡的原因是饮用同一个水泵汲取的水。

(B)项，指出约翰·斯诺采用求同法比较没有感染霍乱的人，得出这些人没有感染霍乱的原因是饮用其他水泵或者水井的水。

(C)项，共变法，题干不涉及量变的问题，故此项是约翰·斯诺的推理没有运用的方法。

(D)项，指出约翰·斯诺采用求异法比较感染霍乱的人和没有感染霍乱的人，得出霍乱产生的原因就是饮用了被废水污染了的那个水泵的水。

(E)项，求同法和求异法等求因果的五种方法又叫归纳五法，因此，也可以说约翰·斯诺用了归纳法。

53.（B）

【解析】母题3·串联推理

将题干信息形式化：

①罗马皇帝→用锡壶和锡高脚酒杯喝酒。

②用锡器皿喝酒→中毒。

③中毒→精神错乱。

将题干信息①、②、③串联可得：罗马皇帝→用锡壶和锡高脚酒杯喝酒→中毒→精神错乱。

因此，(B)项为正确选项，其余各项均不一定为真。

54. (E)

【解析】母题5·二难推理

将题干信息形式化：

①炎热→仙客来难生长，等价于：仙客来容易生长→¬炎热。

②干旱→水稻难种植，等价于：水稻容易种植→¬干旱。

③在某个国家的大部分地区：仙客来容易生长∨水稻容易种植。

根据二难推理可知，某个国家的大部分地区：¬炎热∨¬干旱，其矛盾命题为：炎热∧干旱，故(E)项一定为假。

55. (E)

【解析】母题6·对当关系

题干：

①保健品能治病都是骗人的。

②对于饮食不规律的人群来说，服用某些保健品是必要的。

(A)项，与题干信息①矛盾。

(B)项，无关选项，题干仅涉及"饮食不规律的人群"。

(C)项，不必接受，此项等价于"有的人没有必要服用保健品"，与题干信息②为下反对关系，不影响题干的成立性。

(D)项，无关选项，题干仅涉及"饮食不规律的人群"。

(E)项，必须接受，若此项为假，则所有人都不需要服用保健品，题干信息②就无法成立了。

三、写作

56. 论证有效性分析

【谬误分析】

①美国次贷危机是因次级抵押贷款而引发的金融危机，它的产生有很多原因，但与汇率变动关系不大。因此，由"不能准确预测次贷危机"，并不必然推出"不能准确预测汇率"，此处存在不当类比。

②材料认为"针对汇率变化所采取的行动将改变他们的预测结果"，这存在一个前提，就是这些预测者的行为能够显著地影响全球或者是某国的汇率情况，这一前提是不成立的。

③材料认为"如果有人能长期准确地预测汇率，那他一定能借此成为世界上最有钱的人"，并不妥当。因为对汇率的预测能力和赚钱能力之间并不等同，要想通过对汇率的准确预测来赚钱，需要预测者有资本或其他资源，而预测者的这些资源未必充足。

④由"多次猜对汇率"推出"杠杆逐渐增大"进而得出"企业毁于一旦"的结论存在滑坡谬误。"多次猜对汇率"的企业也不一定会逐步增加杠杆，此外，企业未必会赌上全部身家，所以即使赌输了也可能不会"毁于一旦"。

⑤"放弃猜测及赌汇率等倾向性安排"可能并非合理建议。首先，此建议成立的前提是"汇率不可预测"，而这一前提材料并没有做出充分的论证。其次，在汇率持续走高或持续走低时，通过一些合理的安排是可以帮助企业节约成本、提高利润的。另外，"倾向性安排"可能不仅仅是"猜测汇率"，未必要全盘否定。

绝密★启用前

全国硕士研究生招生考试
经济类专业学位联考综合能力试题
密押卷 2

(科目代码：396)

考试时间：8：30—11：30

考生注意事项

1. 答题前，考生须在试题册指定位置上填写考生姓名和考生编号；在答题卡指定位置上填写报考单位、考生姓名和考生编号，并涂写考生编号信息点。
2. 选择题的答案必须涂写在答题卡相应题号的选项上，非选择题的答案必须书写在答题卡指定位置的边框区域内。超出答题区域书写的答案无效；在草稿纸、试题册上答题无效。
3. 填(书)写部分必须使用黑色字迹签字笔或者钢笔书写，字迹工整、笔迹清楚；涂写部分必须使用 2B 铅笔填涂。
4. 考试结束，将答题卡和试题册按规定交回。

考生编号	
考生姓名	

一、**数学基础**：第 1～35 小题，每小题 2 分，共 70 分。下列每题给出的五个选项中，只有一个选项是最符合试题要求的。请在答题卡上将所选项的字母涂黑。

1. $\lim\limits_{x\to 0}\dfrac{e^{\sin x}-e^{x}}{\tan^{3}x}=($).

   (A) 0　　(B) $\dfrac{1}{6}$　　(C) $-\dfrac{1}{6}$　　(D) $\dfrac{1}{3}$　　(E) $-\dfrac{1}{3}$

2. 设对任意的 x，总有 $\varphi(x)\leqslant f(x)\leqslant g(x)$，且 $\lim\limits_{x\to\infty}[g(x)-\varphi(x)]=0$，则 $\lim\limits_{x\to\infty}f(x)($).

   (A) 存在且一定等于零　　(B) 存在但不一定等于零　　(C) 一定不存在

   (D) 不一定存在　　(E) 以上选项均不正确

3. $\lim\limits_{x\to 0^{+}}(1-\cos x)^{\frac{1}{\ln x}}=($).

   (A) e　　(B) 0　　(C) 1　　(D) e^{2}　　(E) e^{-2}

4. 设 $\alpha=\int_{0}^{x}\sin t^{2}\mathrm{d}t$，$\beta=\int_{0}^{x^{2}}\tan\sqrt{t}\,\mathrm{d}t$，$\gamma=\int_{0}^{x}(1-\cos t)\mathrm{d}t$，则当 $x\to 0^{+}$ 时（　）.

   (A) α 是 β 的高阶无穷小　　(B) β 是 γ 的高阶无穷小

   (C) α 与 β 是等价无穷小　　(D) β 与 γ 是等价无穷小

   (E) α 与 β 与 γ 均为同阶无穷小，但不等价

5. 设 $f(x)$ 在 $x=1$ 处可导，且 $\lim\limits_{x\to 1}\dfrac{f(x)-f(1)}{2x-2}=\dfrac{1}{2}$，则 $f'(1)=($).

   (A) -1　　(B) 1　　(C) 0　　(D) $\dfrac{1}{2}$　　(E) 2

6. 曲线 $y=x^{3}-3x^{2}+3x+1$ 在其拐点处的切线方程为（　）.

   (A) $y=0$　　(B) $x=0$　　(C) $y=1$　　(D) $x=1$　　(E) $y=2$

7. 方程 $x^{3}-3x+a=0$ 只有两个相异的实根，则 $a=($).

   (A) 2　　(B) -2　　(C) 2 或 -2

   (D) 1 或 -1　　(E) 0

8. 设函数 $y=y(x)$ 由方程 $e^{x+y}+\cos xy=2$ 确定，则 $\left.\dfrac{\mathrm{d}y}{\mathrm{d}x}\right|_{x=0}=($).

   (A) 0　　(B) 1　　(C) -1　　(D) 2　　(E) -2

9. 设 $f(x)=\begin{cases}e^{x},&x\leqslant 1,\\ ax+b,&x>1\end{cases}$ 在 $x=1$ 处可导，则（　）.

   (A) $a=e$，$b=0$　　(B) $a=0$，$b=e$　　(C) $a=e$，$b=1$

   (D) $a=1$，$b=e$　　(E) $a=0$，$b=0$

10. 设 $y=f\left(\dfrac{x-1}{x+1}\right)$，$f'(x)=\arctan x^{2}$，则 $\left.\dfrac{\mathrm{d}y}{\mathrm{d}x}\right|_{x=0}=($).

    (A) $-\dfrac{\pi}{2}$　　(B) $-\dfrac{\pi}{4}$　　(C) 0　　(D) $\dfrac{\pi}{4}$　　(E) $\dfrac{\pi}{2}$

11. 若 $y=f(x)$ 在 x_0 的某邻域内连续可导,且满足 $f'(x_0)>0$, $f''(x_0)>0$, 记 $\Delta x>0$, $\Delta y=f(x_0+\Delta x)-f(x_0)$, 则( ).

(A) $\Delta y>0>\mathrm{d}y$ 　　　　　　(B) $\Delta y>\mathrm{d}y>0$ 　　　　　　(C) $\Delta y=\mathrm{d}y>0$

(D) $\Delta y<\mathrm{d}y<0$ 　　　　　　(E) $\Delta y<0<\mathrm{d}y$

12. 设连续函数 $f(x)$ 满足 $\dfrac{\mathrm{d}}{\mathrm{d}x}\displaystyle\int_1^{2x}f(t)\mathrm{d}t=4x\mathrm{e}^{-2x}$, 则 $f(x)$ 的一个原函数 $F(x)=$( ).

(A) $(x+1)\mathrm{e}^{-x}$ 　　　　　　(B) $-(x+1)\mathrm{e}^{-x}$ 　　　　　　(C) $(x-1)\mathrm{e}^{-x}$

(D) $-(x-1)\mathrm{e}^{-x}$ 　　　　　　(E) $x\mathrm{e}^{-x}$

13. $\displaystyle\int_{-1}^{1}(\sqrt{x^2+1}+x)^2\mathrm{d}x=$( ).

(A) 0 　　(B) 1 　　(C) $\dfrac{4}{3}$ 　　(D) $\dfrac{10}{3}$ 　　(E) $\dfrac{14}{3}$

14. 设 $F(x)$ 是 $x\cos x$ 的一个原函数,则 $\mathrm{d}F(x^2)=$( ).

(A) $2x^2\cos x\,\mathrm{d}x$ 　　　　　　(B) $2x^3\cos x\,\mathrm{d}x$ 　　　　　　(C) $2x^2\cos x^2\,\mathrm{d}x$

(D) $2x^3\cos x^2\,\mathrm{d}x$ 　　　　　(E) $2x^3\sin x^2\,\mathrm{d}x$

15. $\displaystyle\int_0^1\dfrac{x}{\sqrt{1-x^2}}\mathrm{d}x=$( ).

(A) 0 　　(B) $\dfrac{\pi}{2}$ 　　(C) $\dfrac{\pi}{4}$ 　　(D) $\dfrac{3\pi}{4}$ 　　(E) 1

16. $\displaystyle\lim_{x\to 0}\dfrac{\displaystyle\int_0^{x^2}\mathrm{e}^t\mathrm{d}t-x^2}{\arcsin x^4}=$( ).

(A) 1 　　(B) 2 　　(C) 0 　　(D) $\dfrac{1}{2}$ 　　(E) $\dfrac{1}{4}$

17. 由曲线 $y=2^x$, $y=x^2$, $x=0$, $x=2$ 所围成的图形绕 x 轴和 y 轴旋转一周后所得旋转体的体积之和为( ).

(A) $\dfrac{47}{\ln 2}\pi-\dfrac{72}{5}\pi$ 　　　　(B) $\dfrac{47}{\ln 4}\pi-\dfrac{6}{(\ln 2)^2}\pi-\dfrac{72}{5}\pi$ 　　　　(C) $\dfrac{6}{(\ln 2)^2}\pi+\dfrac{72}{5}\pi$

(D) $\dfrac{15}{\pi\ln 4}-\dfrac{32}{5}\pi$ 　　　(E) $\dfrac{16}{\ln 2}\pi-\dfrac{6}{(\ln 2)^2}\pi-8\pi$

18. 设 $f(x)$ 在区间 $[a,b]$ 上, 有 $f(x)>0$, $f'(x)<0$, $f''(x)>0$, 记 $S_1=\displaystyle\int_a^b f(x)\mathrm{d}x$, $S_2=f(b)(b-a)$, $S_3=\dfrac{1}{2}[f(a)+f(b)](b-a)$, 则有( ).

(A) $S_1<S_2<S_3$ 　　　　　　(B) $S_3<S_1<S_2$ 　　　　　　(C) $S_2<S_3<S_1$

(D) $S_2<S_1<S_3$ 　　　　　　(E) $S_1<S_3<S_2$

19. $z=x\mathrm{e}^{\sin(x-y)}$, 则 $\dfrac{\partial z}{\partial y}\bigg|_{\left(\frac{\pi}{2},-\frac{\pi}{2}\right)}=$( ).

(A) 0 　　(B) $-\dfrac{\pi}{2}$ 　　(C) 1 　　(D) $\dfrac{\pi}{2}$ 　　(E) π

20. 设 $f(x,y)=x^y$，则 $\dfrac{\partial^2 f}{\partial x \partial y}=(\quad)$.

(A) $xy+yx\ln x$ (B) $x^{y-1}+yx^{y-1}\ln x$ (C) $x^{y-1}-x^y\ln x$

(D) $x^y+yx^y\ln x$ (E) $x^y\ln x$

21. 函数 $f(x,y)=\cos\dfrac{x}{y}$ 在点 $(\pi,2)$ 处的全微分为( ).

(A) $-\dfrac{1}{4}(2dx+\pi dy)$ (B) $-\dfrac{1}{4}(2dx-\pi dy)$ (C) $\dfrac{1}{4}(2dx+\pi dy)$

(D) $\dfrac{1}{4}(2dx-\pi dy)$ (E) $\dfrac{1}{2}(2dx+\pi dy)$

22. 二元函数 $z=x^3-4x^2+2xy-y^2$，则下列说法正确的是( ).

(A) $(0,0)$ 是极大值点 (B) $(0,0)$ 是极小值点 (C) $(2,2)$ 是极大值点

(D) $(2,2)$ 是极小值点 (E) z 没有极值点

23. A，B，C 都是三阶方阵，则 $(A^{-1}BC^{-1})^{-1}=(\quad)$.

(A) $A^{-1}BC$ (B) $A^{-1}BC^{-1}$ (C) $AB^{-1}C$

(D) CBA (E) $CB^{-1}A$

24. 设 A 为三阶非零矩阵，A_{ij} 为 a_{ij} 的代数余子式，且 $A_{ij}=a_{ij}(i,j=1,2,3)$，则( ).

(A) $|A|=0$ (B) $|A|=1$ (C) $|A|<0$

(D) $A=E$ (E) $|A|=-1$

25. 行列式 $\begin{vmatrix} 1 & 0 & 2 & -1 \\ 0 & 2 & 1 & 0 \\ 1 & -1 & 0 & 1 \\ 1 & 2 & 3 & 4 \end{vmatrix}=(\quad)$.

(A) 0 (B) 10 (C) 15 (D) -10 (E) -15

26. 设 A 为三阶方阵，E 为三阶单位矩阵，且 $(A-E)^{-1}=A^2+A+E$，则 $|A|=(\quad)$.

(A) 0 (B) 2 (C) 4 (D) 8 (E) 16

27. 设向量组 $\boldsymbol{\alpha}_1,\boldsymbol{\alpha}_2,\boldsymbol{\alpha}_3$ 线性无关，则下列向量组线性相关的是( ).

(A) $\boldsymbol{\alpha}_1-\boldsymbol{\alpha}_2,\boldsymbol{\alpha}_2-\boldsymbol{\alpha}_3,\boldsymbol{\alpha}_3-\boldsymbol{\alpha}_1$ (B) $\boldsymbol{\alpha}_1+\boldsymbol{\alpha}_2,\boldsymbol{\alpha}_2+\boldsymbol{\alpha}_3,\boldsymbol{\alpha}_3+\boldsymbol{\alpha}_1$

(C) $\boldsymbol{\alpha}_1-2\boldsymbol{\alpha}_2,\boldsymbol{\alpha}_2-2\boldsymbol{\alpha}_3,\boldsymbol{\alpha}_3-2\boldsymbol{\alpha}_1$ (D) $\boldsymbol{\alpha}_1+2\boldsymbol{\alpha}_2,\boldsymbol{\alpha}_2+2\boldsymbol{\alpha}_3,\boldsymbol{\alpha}_3+2\boldsymbol{\alpha}_1$

(E) $\boldsymbol{\alpha}_1-\boldsymbol{\alpha}_2,\boldsymbol{\alpha}_2+\boldsymbol{\alpha}_3,\boldsymbol{\alpha}_3-\boldsymbol{\alpha}_1$

28. 设 $A=\begin{pmatrix} 1 & -1 & 1 & 1 \\ 2 & 0 & 2 & 0 \\ 0 & a & 0 & -a \\ 1 & 1 & -1 & 1 \end{pmatrix}$，则线性方程组 $Ax=0$ 的基础解系中线性无关解的个数为( ).

(A) 3 (B) 2 (C) 1 (D) 0 (E) 与 a 的取值有关

29. 已知方程组 $\begin{cases} ax_1+2x_2+2x_3+2x_4=0 \\ 2x_1+ax_2+2x_3+2x_4=0 \end{cases}$ 与 $\begin{cases} 2x_1+2x_2+ax_3+2x_4=0 \\ 2x_1+2x_2+2x_3+ax_4=0 \end{cases}$ 有公共非零解,则一定有 $a=(\quad)$.

(A)2 或 6　　　　　　　　(B)-2 或 -6　　　　　　　　(C)0

(D)-2 或 6　　　　　　　(E)2 或 -6

30. 设随机变量 X 的密度函数为 $f(x)=\begin{cases} xe^{-x}, & x>0, \\ 0, & x\leq 0, \end{cases}$ 则 $P\{X>2\}=(\quad)$.

(A)$1-3e^{-2}$　　　　　　(B)$3e^{-2}$　　　　　　(C)$1-e^{-2}$

(D)e^{-2}　　　　　　　(E)$1-2e^{-2}$

31. 设随机变量 X 服从正态分布 $N(\mu,\sigma^2)$,则概率 $P\{|X-\mu|<\sigma\}(\quad)$.

(A)与 μ 有关,与 σ 无关　　　　　　(B)与 μ 无关,与 σ 有关

(C)与 μ,σ 无关　　　　　　　　　　(D)与 μ,σ 有关

(E)取值介于 $\left(0,\dfrac{1}{2}\right)$ 之间

32. 设随机变量 X,Y 相互独立,且 $X\sim N(1,2)$,$Y\sim N(-1,3)$,则 $X+Y$ 服从的分布为($\quad$).

(A)$N(1,5)$　　(B)$N(0,5)$　　(C)$N(0,13)$　　(D)$N(0,1)$　　(E)不确定

33. 设 A,B 为两个随机事件,若 $P(AB)=P(\overline{A}\,\overline{B})$,且 $P(A)=p$,则 $P(B)=(\quad)$.

(A)$1-p$　　(B)p　　(C)$(1-p)p$　　(D)0　　(E)p^2

34. 设随机变量 X 与 Y 相互独立,且 X 服从正态分布 $N(1,4)$,Y 服从 $(0,12)$ 上的均匀分布,则 $D(2X+Y)=(\quad)$.

(A)16　　(B)18　　(C)20　　(D)26　　(E)28

35. 随机变量 X 的分布为 $\begin{array}{c|ccccc} X & -2 & -1 & 0 & 1 & 2 \\ \hline P & 0.1 & 0.3 & 0.2 & 0.3 & 0.1 \end{array}$,则 $D(X-0.7)=(\quad)$.

(A)0　　(B)0.7　　(C)1.4　　(D)2.1　　(E)2.8

二、**逻辑推理**:第 36~55 小题,每小题 2 分,共 40 分。下列每题给出的五个选项中,只有一个选项是最符合试题要求的。请在答题卡上将所选项的字母涂黑。

36. 在某班级中,L 同学比 X 同学个子矮,Y 同学比 L 同学个子矮,但 M 同学比 Y 同学个子矮,所以,Y 同学比 J 同学个子矮。

必须增加以下哪一项陈述做前提,才能合乎逻辑地推出上述结论?

(A)J 同学比 L 同学个子高。

(B)X 同学比 J 同学个子高。

(C)L 同学比 J 同学个子高。

(D)J 同学比 M 同学个子高。

(E)J 同学与 M 同学一样高。

37. 污水处理要消耗大量电力。美国某大学的研究人员最近开发出一项新的微生物电池技术，使污水产出电力的效率比原来提高了10～50倍。运用这项技术，污水处理厂不仅可以实现电力自给，还可将多余的电力出售。可以期待，一旦这项技术投入商业运作，企业对污水处理的态度会变得积极主动，从而减轻污水排放引发的环境污染。

对以下哪个问题的回答与对上述判断的评估最具相关性？

(A)采用这种方式进行污水处理的技术转让和设备成本会不会很高？

(B)这种技术能否有效地处理化工厂污水中的重金属？

(C)这种污水处理方式会不会因释放甲烷而造成空气污染？

(D)环保部门是否会加大对企业排污情况的监管？

(E)这种微生物电池技术是否自主创新？

38. 在20世纪80年代以前，科尔马一直是法国的一个可以让人放下杂念放空自己静静心的安宁小镇。从60年代早期以来，它已成为法国干白葡萄酒主要产区，每年9月是为期两周最负盛名的科尔马酒节。在科尔马酒节期间，暴力犯罪和毁坏公物的行为在科尔马也急剧增加了。显然，这些社会问题产生的根源就在于科尔马酒节而导致的繁荣。

下面哪一项如果为真，则对上面的论证给予最强的支持？

(A)对他们的城市成为法国干白葡萄酒主要产区，科尔马的居民并不怎么感到遗憾。

(B)法国社会学家十分关注暴力犯罪和毁坏公物在科尔马的急剧增加。

(C)在科尔马没有举办酒节之前，小镇的暴力犯罪和毁坏公物一直保持着低水平。

(D)非暴力犯罪、毒品、离婚，在科尔马增加得与暴力犯罪和毁坏公物一样多。

(E)随着全球经济的发展和世界人口流动，暴力犯罪和毁坏公物的行为越来越多。

39. 在某个航班的全体乘务员中，飞机驾驶员、副驾驶员和飞行工程师分别是余味、张刚和王飞中的某一位。已知：副驾驶员是个独生子，钱挣得最少；王飞与张刚的姐姐结了婚，钱挣得比驾驶员多。

从以上陈述可以推出下面哪一个选项为真？

(A)王飞是飞行工程师，张刚是驾驶员。

(B)余味是副驾驶员，王飞是驾驶员。

(C)余味是驾驶员，张刚是飞行工程师。

(D)张刚是驾驶员，余味是飞行工程师。

(E)余味是飞行工程师，王飞是驾驶员。

40. 由于量子理论的结论违反直观，有些科学家对这一理论持不同看法。尽管他们试图严格地表明量子理论的断言是不精确的(即试图严格地证伪它)，但是发现，其误差在通常可接受的统计范围之内。量子理论的这些结果不同于与它相竞争的理论的结果，这表明接受量子理论是合理的。

以下哪一项原则最有助于表明上述推理的合理性？

(A)一个理论在被试图严格地证伪之前不应当被认为是合理的。

(B)只有一个理论的断言没有被实验所证伪，才可以接受这个理论。

(C)如果一个科学理论中违反直观的结论比与它相竞争的理论少，那么应该接受这个理论。

(D)如果试图严格地证伪一个理论，但该理论经受住了所有的考验，那么应该接受它。

(E)许多理论在被完全接受之前，都经历了漫长的被质疑的过程。

41. 博雅公司的总裁发现，除非从内部对公司进行改革，否则公司将面临困境。而要对公司进行改革，就必须裁减公司富余的员工。而要裁减员工，国家必须有相应的失业保险制度。所幸的是博雅公司所在的国家，其失业保险制度是健全的。

从上面的论述，可以确定以下哪项一定为真？

Ⅰ．博雅公司裁减了员工。

Ⅱ．博雅公司进行了改革。

Ⅲ．博雅公司摆脱了困境。

(A)只有Ⅰ。　　　　　　(B)只有Ⅱ和Ⅲ。　　　　　　(C)只有Ⅰ和Ⅱ。

(D)Ⅰ、Ⅱ和Ⅲ。　　　　(E)Ⅰ、Ⅱ和Ⅲ都不一定为真。

42. 有的足球运动员不会说英语，但所有的足球运动员都喜欢看美剧。

如果以上陈述为真，则以下哪项也一定为真？

(A)有些喜欢看美剧的人会说英语。

(B)有些会说英语的人不喜欢看美剧。

(C)有些喜欢看美剧的人不会说英语。

(D)有些会说英语的人喜欢看美剧。

(E)所有不会说英语的人都不喜欢看美剧。

43. 一般来讲，某种产品价格上涨会导致其销量减少，除非价格上涨的同时伴随着该产品质量的改进。在中国，外国品牌的葡萄酒是一个例外。很多外国品牌的葡萄酒价格上涨往往导致其销量增长，尽管那些品牌的葡萄酒的质量并没有什么改变。

如果以下陈述为真，则哪一项最好地解释了上述反常现象？

(A)许多消费者在决定购买哪种葡萄酒时，依据大众媒体所刊登的广告。

(B)定期购买葡萄酒的人对葡萄酒的品牌有固定的偏好。

(C)有的消费者消费能力很强，不在乎价格。

(D)葡萄酒零售商和生产者可以通过价格折扣来暂时增加某种葡萄酒的销量。

(E)消费者往往根据葡萄酒的价格来判断葡萄酒的质量。

44. 中国人民银行宣布，自2013年7月20日起全面放开金融机构贷款利率管制。然而，只有存款利率上限放开，才能真正实现利率市场化。如果政府不主动放弃自己的支配力，市场力量就难以发挥作用。一旦存款利率上限放开，银行间就会展开利率大战，导致金融风险上升。如果金融风险上升，则需要建立存款保险制度。

如果以上陈述为真，则以下哪项陈述也一定为真？

(A)随着改革的深入，中国迟早会真正实现利率市场化。

(B)只有建立存款保险制度,中国才能真正实现利率市场化。

(C)只要政府主动放弃自己的支配力,市场力量就可以发挥作用。

(D)只要建立起存款保险制度,就能有效地避免金融风险。

(E)如果有了存款保险制度,就能实现利率市场化。

45. 某中学自2010年起试行学生行为评价体系。最近,校学生处调查了学生对该评价体系的满意程度。数据显示:得分高的学生对该评价体系的满意度都很高。学生处由此得出结论:表现好的学生对这个评价体系都很满意。

根据以上论述可以推知,该校学生处的结论基于以下哪一项假设?

(A)得分低的学生对该评价体系普遍不满意。

(B)表现好的学生都是得分高的学生。

(C)并不是所有得分低的学生对该评价体系都不满意。

(D)得分高的学生受到该评价体系的激励,自觉改进了自己的行为方式。

(E)有的得分高的学生表现好。

46. 干旱和森林大火导致俄罗斯今年粮食歉收,国内粮价快速上涨。要想维持国内粮食价格稳定,俄罗斯必须禁止粮食出口。如果政府禁止粮食出口,俄罗斯的出口商将避免损失,因为他们此前在低价位时签署出口合同,若在粮价大幅上涨时履行合同,将会亏本。但是,如果俄罗斯政府禁止出口粮食,俄罗斯奋斗多年才获得的国际市场将被美国和法国所占有。

如果以上陈述为真,则以下哪项陈述也一定为真?

(A)如果俄罗斯今年不遭遇干旱和森林大火,俄罗斯政府就不会禁止粮食出口。

(B)如果今年俄罗斯维持国内粮食价格稳定,就会失去它的国际粮食市场。

(C)俄罗斯粮食出口商为避免损失会积极游说政府,促使其制定粮食出口禁令。

(D)如果俄罗斯禁止粮食出口,其国内的粮食价格就不会继续上涨。

(E)如果国际市场将被美国和法国所占有,说明俄罗斯禁止了粮食出口。

47. 经济的良性循环是指不过分依靠政府的投资,靠自身的力量来实现社会总供给和社会总需求的基本平衡,实现经济增长。近几年,我国之所以会出现经济稳定增长的态势,是靠政府加大投资实现的。

如果以上陈述为真,则最能支持以下哪项结论?

(A)只靠经济自身所产生的投资势头和消费势头就能实现经济的良性循环。

(B)经济的良性循环是实现社会总供给与总需求基本平衡的先决条件。

(C)如果过分依靠政府的投资,经济状况就会进行恶性循环。

(D)近年来,我国的经济增长率一直保持在7%以上。

(E)某一时期的经济稳定增长不意味着这一时期的经济已经转入良性循环。

48. 甲、乙、丙、丁四人涉嫌某案被传讯。

甲说:"作案者是乙。"

乙说:"作案者是甲。"

丙说:"作案者不是我。"

丁说:"作案者在我们四人中。"

如果四人中有且只有一个说真话,则以下哪项断定成立?

(A)作案者是甲。

(B)作案者是乙。

(C)作案者是丙。

(D)甲、乙、丙、丁四人都不是作案者。

(E)题干中的条件不足以断定谁是作案者。

49~50题基于以下题干:

某校有7名优秀的学生G、H、L、M、U、W和Z。暑假期间,学校将派他们去英国和美国考察。该校只有这7名学生参加这次活动,每人恰好去这两个国家中的一个,考虑到每个学生的特长,这次活动必须满足以下条件:

(1)如果G去英国,则H去美国。

(2)如果L去英国,则M和U都去美国。

(3)W所去的国家与Z所去的国家不同。

(4)U所去的国家与G所去的国家不同。

(5)如果Z去英国,则H也去英国。

49. 最多可以有几个学生一起去英国?

(A)2个。　　(B)3个。　　(C)4个。　　(D)5个。　　(E)6个。

50. 如果M和W都去英国,则以下哪一项可以为真?

(A)G和L都去英国。　　　　　　　　(B)G和U都去美国。

(C)H和Z都去英国。　　　　　　　　(D)L和U都去美国。

(E)Z和L都去英国。

51. 2013年伊始,北京就遭遇了持续多日的灰霾天气,空气污染引发的"北京咳"成为人们热议的话题之一。为了破解灰霾困境,有专家建议:从公交车、出租车和市政公用车辆开始,用电动车代替燃油车,以后再逐步推广到其他社会车辆。

如果以下陈述为真,则哪一项最为有力地质疑了上述专家的建议?

(A)从车辆购置和使用成本看,目前电动车相对于燃油车没有竞争优势。

(B)对英美两国电动车减排效果的研究表明,使用煤电的电动车总体上会导致更多的污染物排放。

(C)北京的电动车使用的是煤电,电动车用电会增加周边供电省份的电煤消耗和颗粒物排放,从而导致灰霾天气。

(D)治理大气环境污染是一项复杂的工程,单一的治理措施很难奏效。

(E)使用电动车对于改善北京交通的拥堵情况有较好的效果。

52. "万物生长靠太阳",这是多少年来人们从实际生活中总结出来的一个公认的事实。然而,近年来科学家们通过研究发现:月球对地球的影响远远大于太阳;孕育地球生命的力量,来自月球而非太阳。

以下哪项不能作为上述论断的证据?

(A) 在月照下,植物生长快且长得好,月照特别是对几厘米高、发芽不久的植物如向日葵、玉米等最有利。

(B) 当花枝因损伤而出现严重伤口时,月光能清除伤口中那些不能再生长的纤维组织,加快新陈代谢,使伤口愈合。

(C) 植物只有靠太阳光才能进行光合作用,动物也只有在阳光下才能茁壮成长。

(D) 月球在地球形成之初,影响地球产生了一个巨大磁场,屏蔽来自太空的宇宙射线对地球的侵袭。

(E) 科学家在太平洋加拉帕戈斯群岛附近的深海海底,发现并采集了红色的蠕虫、张开着壳的蛤、白色的蟹等,这可能与月照有关。

53. 在一场 NBA 总决赛中,勇士队教练科尔有如下要求:或者不使用三角进攻战术,或者使用跑轰战术;如果使用普林斯顿战术,则不能使用三角进攻战术;只有使用普林斯顿战术,才能使用跑轰战术。

如果以上信息为真,那么以下哪项也一定是真的?

(A) 使用普林斯顿战术。　　　　　　　(B) 使用跑轰战术。

(C) 不使用普林斯顿战术。　　　　　　(D) 不使用跑轰战术。

(E) 不使用三角进攻战术。

54. 2019 年,百度当选春晚红包互动平台,这也让春晚的红包合作方集齐了"BAT"。据百度统计,春晚期间,全球观众共参与百度 App 红包互动活动次数达 208 亿次;9 亿元现金被分成大大小小的红包抵达千家万户。近 3 年来,春晚的收视率之所以那么高,不必然是节目受到所有人的喜欢,也许是支付宝、微信、百度等合作方的红包刺激的原因。

如果以上信息为真,则以下哪一项也一定为真?

(A) 春晚的节目可能受到有些人的喜欢。

(B) 春晚的节目必然不是受到有些人的喜欢。

(C) 春晚的节目必然不是受到所有人的喜欢。

(D) 春晚的节目可能所有人都不喜欢。

(E) 春晚的节目可能没有受到有些人的喜欢。

55. 如果有足够丰富的合客人口味的菜肴和上档次的酒水,并且正式邀请的客人都能出席,那么一个宴会虽然难免有不尽如人意之处,但总的来说一定是成功的。张总举办的这次家宴准备了足够丰富的菜肴和上档次的酒水,并且正式邀请的客人悉数到场,因此,张总举办的这次家宴是成功的。

以下哪项对上述推理的评价最为恰当？

(A) 上述推理是成立的。

(B) 上述推理有漏洞，这一漏洞也类似地存在于以下推理中：如果保持良好的心情，并且坚持适当的锻炼，一个人的免疫能力就能增强。王老先生心情一向不错，但就是不爱锻炼，因此，他的免疫能力一定下降。

(C) 上述推理有漏洞，这一漏洞也类似地存在于以下推理中：一个饭店如果有名厨掌勺，并且广告到位，就一定有名气。鸿门楼饭庄在业内小有名气，因此，一定有名厨掌勺。

(D) 上述推理有漏洞，这一漏洞也类似地存在于以下推理中：如果来自西部并且家庭贫困，就能获得特别助学贷款。张珊是否家庭贫困尚在审核中，但她确实来自西部，因此，她一定能获得助学贷款。

(E) 上述推理有漏洞，这一漏洞也类似地存在于以下推理中：只有一个人有高尚的情操和丰富的学识，又有卓越的才华，这个人才能被称为优秀的人。李思有高尚的情操和丰富的学识，但才华还不够卓越，因此，李思不是优秀的人。

三、写作：第56～57小题，每小题20分，共40分。请答在答题纸相应的位置上。

56. 论证有效性分析：分析下述论证中存在的缺陷和漏洞，选择若干要点，写一篇600字左右的文章，对该论证的有效性进行分析和评论。（论证有效性分析的一般要点是：概念特别是核心概念的界定和使用是否准确并前后一致，有无各种明显的逻辑错误，论证的论据是否成立并支持结论，结论成立的条件是否充分等。）

　　2021年，我国第七次人口普查结果公布。调查显示，我国男性人口比女性多3 490万，这说明，我国男女人口数量差距持续扩大，单身将成为一种普遍现象。单身现象会对一个国家的经济发展产生影响，势必会拉动消费的增长。

　　首先，单身人士会增加陪伴类消费。人一旦单身，就会变得需要陪伴和关爱，那么他们就会花钱去消费，以便获得实际的或虚拟的陪伴，而宠物、游戏、动漫、直播等行业则刚好符合这种陪伴属性。

　　其次，单身人士会增加悦己类消费。单身的人没有来自家庭、子女教育消费的压力，一人吃饱全家不饿，因此其消费类型以个人消费为主。而目前适龄的单身人群中，许多均为独生子女，独生子女的消费观念更个性化，这不就意味着他们更愿意为自己而消费吗？

　　再次，单身人士喜欢投身于懒人模式消费。单身人群出于方便省时的消费动机，往往更喜欢吃些半成品加工的食物或外卖，因此单身人群更愿意线上购物，作为半成品食材的速冻食品或外卖的销量会有很大的增速。

　　最后，单身人士喜欢投身于提升类消费。随着社会竞争日益激烈，为了有更好的职业发展，单身人士热衷于自我提升，如职业技能培训、专业能力培训等，这就会提高其业务能力从而使其被企业提拔。因此在未来，教培产品消费有望实现新一轮增长。

　　（改编自《超两亿人单身，单身经济将为市场带来哪些商机？》，个人图书馆）

57. 论说文：根据下述材料，写一篇 700 字左右的论说文，题目自拟。

　　疫情发生以来，因为疫情的冲击，"云时代""云端见"成为各种文化场所和消费空间的流行形式。虽然这一转变始于无奈，但危机也推动一些文化产业找到了"新赛道"。疫情期间，布达拉宫进行了 1 388 年历史上首次直播，51 分钟里有 92 万网友"云游"布达拉宫，并登上了布达拉宫红宫顶层；甘肃省博物馆拿出此前极少亮相的"马踏飞燕"真品，三星堆秀出了"祭山图玉边璋"……

　　　　　　　　　　（节选自沈杰群《2020 年十大文化事件》，中国青年报，2020 年 12 月 22 日）

答案速查

一、数学基础

1～5	(C)(D)(D)(E)(B)	6～10	(E)(C)(C)(A)(E)
11～15	(B)(B)(D)(D)(E)	16～20	(D)(B)(D)(D)(B)
21～25	(B)(A)(E)(B)(E)	26～30	(B)(A)(C)(E)(B)
31～35	(C)(B)(A)(E)(C)		

二、逻辑推理

36～40	(A)(A)(C)(A)(D)	41～45	(E)(C)(E)(B)(B)
46～50	(B)(E)(E)(C)(D)	51～55	(C)(C)(E)(E)(D)

三、写作

略

答案详解

一、数学基础

1.（C）

【解析】利用等价无穷小替换和洛必达法则求解函数极限.

等价无穷小替换只能用于乘除法，不能用于加减法，故需先提取公因式，再进行等价无穷小替换，则有

$$\lim_{x\to 0}\frac{e^{\sin x}-e^x}{\tan^3 x}=\lim_{x\to 0}\frac{e^x(e^{\sin x-x}-1)}{x^3}=\lim_{x\to 0}\frac{e^{\sin x-x}-1}{x^3}=\lim_{x\to 0}\frac{\sin x-x}{x^3}=\lim_{x\to 0}\frac{\cos x-1}{3x^2}=-\frac{1}{6}.$$

2.（D）

【解析】极限存在性的判断.

设 $\varphi(x)=x$，$f(x)=x+e^{-|x|}$，$g(x)=x+2e^{-|x|}$，则满足题干 $\varphi(x)\leqslant f(x)\leqslant g(x)$，且 $\lim_{x\to\infty}[g(x)-\varphi(x)]=0$，但 $\lim_{x\to\infty}f(x)$ 不存在.

又设 $\varphi(x)=0$，$f(x)=e^{-|x|}$，$g(x)=2e^{-|x|}$，也满足题干 $\varphi(x)\leqslant f(x)\leqslant g(x)$，且 $\lim_{x\to\infty}[g(x)-\varphi(x)]=0$，但此时 $\lim_{x\to\infty}f(x)=\lim_{x\to\infty}e^{-|x|}=0$.

综上所述，$\lim_{x\to\infty}f(x)$ 不一定存在.

3.（D）

【解析】求"0^0"型极限.

将极限式转化为指数形式，进行等价变形为

$$\lim_{x\to 0^+}(1-\cos x)^{\frac{1}{\ln x}}=e^{\lim_{x\to 0^+}\frac{\ln(1-\cos x)}{\ln x}}=e^{\lim_{x\to 0^+}\frac{\frac{\sin x}{1-\cos x}}{\frac{1}{x}}}=e^{\lim_{x\to 0^+}\frac{x\sin x}{1-\cos x}}$$
$$=e^{\lim_{x\to 0^+}\frac{x^2}{\frac{1}{2}x^2}}=e^2.$$

4.（E）

【解析】无穷小的比较.

由无穷小比较的定义，可求 α 与 β 与 γ 之比的极限，有

$$\lim_{x\to 0^+}\frac{\alpha}{\beta}=\lim_{x\to 0^+}\frac{\int_0^x \sin t^2 dt}{\int_0^{x^2}\tan\sqrt{t}\,dt}=\lim_{x\to 0^+}\frac{\sin x^2}{2x\tan x}=\frac{1}{2},$$

$$\lim_{x\to 0^+}\frac{\beta}{\gamma}=\lim_{x\to 0^+}\frac{\int_0^{x^2}\tan\sqrt{t}\,dt}{\int_0^x(1-\cos t)dt}=\lim_{x\to 0^+}\frac{2x\tan x}{1-\cos x}=\lim_{x\to 0^+}\frac{2x^2}{\frac{x^2}{2}}=4,$$

故 α 与 β 与 γ 均为同阶无穷小，但不等价.

5.（B）

【解析】导数的定义.

根据导数的定义，可得 $\lim\limits_{x\to 1}\dfrac{f(x)-f(1)}{2x-2}=\dfrac{1}{2}\lim\limits_{x\to 1}\dfrac{f(x)-f(1)}{x-1}=\dfrac{1}{2}f'(1)=\dfrac{1}{2}$，解得 $f'(1)=1$.

6.（E）

【解析】函数的拐点以及导数的几何意义.

先求拐点，对方程分别求一阶导、二阶导，可得

$$y'(x)=3x^2-6x+3,\quad y''(x)=6x-6,$$

令 $y''=0$，求得 $x=1$，$y=2$，故拐点为$(1,2)$，将 $x=1$ 代入 $y'(x)$ 中，解得 $y'|_{x=1}=0$，即切线斜率为 0，所以过点$(1,2)$的切线方程为 $y=2$.

7.（C）

【解析】方程根的问题.

令 $y=x^3-3x+a$，并对 y 求导，可得 $y'=3x^2-3$，故当 $x=\pm 1$ 时，$y'=0$，可知函数 y 的单调增区间为$(-\infty,-1)$，$(1,+\infty)$，单调减区间为$(-1,1)$.

已知 $\lim\limits_{x\to -\infty}x^3-3x+a=-\infty$，$\lim\limits_{x\to +\infty}x^3-3x+a=+\infty$，结合图 2-1 可知

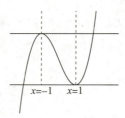

图 2-1

①当 $y(-1)<0$ 时，方程只有一个实根；

②当 $y(-1)=0$ 时，或者当 $y(1)=0$ 时，方程只有两个相异的实根；

③当 $y(-1)>0$，$y(1)<0$ 时，方程有三个互异实根.

综上所述，当 $y(-1)=2+a=0$ 或 $y(1)=-2+a=0$，即 $a=2$ 或 -2 时，方程只有两个相异的实根.

8.（C）

【解析】隐函数求导.

方法一：由题干可知 y 是 x 的函数，故方程两边同时对 x 求导，可得
$$e^{x+y}(1+y')-(y+xy')\sin xy=0.$$

对于方程 $e^{x+y}+\cos xy=2$，当 $x=0$ 时，可知 $y=0$. 将 $(0,0)$ 代入导数方程，得 $1+y'=0$，即 $y'=-1$，故 $\dfrac{dy}{dx}\bigg|_{x=0}=-1$.

方法二：令 $F(x,y)=e^{x+y}+\cos xy-2$，对 x 求偏导，可得 $F'_x=e^{x+y}-y\sin xy$；对 y 求偏导，可得 $F'_y=e^{x+y}-x\sin xy$.

由隐函数求导公式，可得 $\dfrac{dy}{dx}=-\dfrac{F'_x}{F'_y}=-\dfrac{e^{x+y}-y\sin xy}{e^{x+y}-x\sin xy}$，对于方程 $e^{x+y}+\cos xy=2$，当 $x=0$ 时，$y=0$，故将 $(0,0)$ 代入上述公式，得 $\dfrac{dy}{dx}\bigg|_{x=0}=-1$.

方法三：利用一阶全微分的形式不变性，可知 $e^{x+y}(dx+dy)-\sin xy \cdot (xdy+ydx)=0$，因为对于方程 $e^{x+y}+\cos xy=2$，当 $x=0$ 时，$y=0$，将 $(0,0)$ 代入上式，可得 $dx+dy=0$，即 $\dfrac{dy}{dx}\bigg|_{x=0}=-1$.

9.（A）

【解析】函数的可导与连续.

(1) 如果函数 $y=f(x)$ 在 x_0 处可导，则函数 $y=f(x)$ 在 x_0 处一定连续，故有
$$\lim_{x\to 1^+}f(x)=\lim_{x\to 1^+}(ax+b)=a+b,\ f(1)=e\Rightarrow a+b=e.$$

(2) 函数 $y=f(x)$ 在 x_0 处可导的充要条件是左、右导数都存在且相等，故有
$$\lim_{x\to 1^+}\frac{ax+b-e}{x-1}=\lim_{x\to 1^+}\frac{ax-a}{x-1}=a,$$
$$\lim_{x\to 1^-}\frac{e^x-e}{x-1}=\lim_{x\to 1^-}\frac{e(e^{x-1}-1)}{x-1}=e.$$

综上可得，$a=e$，$b=0$.

10.（E）

【解析】复合函数求导.

根据 $(f[g(x)])'=f'[g(x)]\cdot g'(x)$，可知

$$\frac{dy}{dx}=f'\left(\frac{x-1}{x+1}\right)\cdot\frac{(x+1)-(x-1)}{(x+1)^2}=\arctan\left(\frac{x-1}{x+1}\right)^2\cdot\frac{2}{(x+1)^2},$$

故 $\left.\dfrac{dy}{dx}\right|_{x=0}=\dfrac{\pi}{4}\cdot 2=\dfrac{\pi}{2}$.

11.（B）

【解析】一阶函数微分的性质.

由 $f'(x_0)>0$，$f''(x_0)>0$ 可知，在 x_0 的某邻域内 $f(x)$ 单调递增，且 $f(x)$ 为凹函数.

根据图像的性质及微分定义画出图像，如图 2-2 所示，可知 $\Delta y>dy>0$.

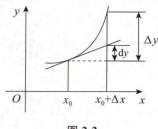

图 2-2

【注意】若做题过程中记不清凹函数的图像，可选用已知函数，如 $y=x^2$ 的图像来做题.

12.（B）

【解析】积分变限函数求导.

根据题意可知，$\dfrac{d}{dx}\displaystyle\int_1^{2x}f(t)dt=2f(2x)=4xe^{-2x}$，即 $f(x)=xe^{-x}$，故其原函数为

$$\int f(x)dx=\int xe^{-x}dx=-\int x\,de^{-x}=-xe^{-x}+\int e^{-x}dx=-(x+1)e^{-x}+C.$$

故当 $C=0$ 时，$F(x)=-(x+1)e^{-x}$ 为 $f(x)$ 的一个原函数.

13.（D）

【解析】对称区间的定积分求解.

将积分表达式展开，可得

$$\int_{-1}^1(\sqrt{x^2+1}+x)^2dx=\int_{-1}^1(2x^2+1)dx+2\int_{-1}^1 x\sqrt{x^2+1}\,dx,$$

因为积分区间 $[-1,1]$ 为对称区间，且在该区间上 $2x^2+1$ 为偶函数，$x\sqrt{x^2+1}$ 为奇函数，由奇偶函数在对称区间上积分的性质，可得

$$\int_{-1}^1(2x^2+1)dx+2\int_{-1}^1 x\sqrt{x^2+1}\,dx=2\int_0^1(2x^2+1)dx+0=\left.\frac{4}{3}x^3\right|_0^1+2=\frac{10}{3},$$

即 $\displaystyle\int_{-1}^1(\sqrt{x^2+1}+x)^2dx=\dfrac{10}{3}$.

【注意】当题中积分区间关于原点对称时，要考虑被积函数的奇偶性，然后利用奇偶函数在对称区间上积分的性质：$\displaystyle\int_{-a}^a f(x)dx=\begin{cases}0, & f(x) \text{为奇函数},\\ 2\displaystyle\int_0^a f(x)dx, & f(x) \text{为偶函数},\end{cases}$ 简化积分计算.

14.（D）

【解析】复合函数求微分．

根据题意，可知 $F'(x) = x\cos x$．

故 $dF(x^2) = F'(x^2) \cdot 2x\,dx = x^2 \cos x^2 \cdot 2x\,dx = 2x^3 \cos x^2\,dx$．

15.（E）

【解析】第一换元积分法求解定积分．

$$\int_0^1 \frac{x}{\sqrt{1-x^2}}\,dx = -\frac{1}{2}\int_0^1 \frac{d(1-x^2)}{\sqrt{1-x^2}} = -\frac{1}{2} \cdot 2\sqrt{1-x^2}\Big|_0^1 = 1.$$

16.（D）

【解析】洛必达法则、等价无穷小替换、积分变限函数求导．

观察极限为"$\dfrac{0}{0}$"型，故考虑用洛必达法则，有

$$\lim_{x\to 0}\frac{\int_0^{x^2} e^t\,dt - x^2}{\arcsin x^4} = \lim_{x\to 0}\frac{\int_0^{x^2} e^t\,dt - x^2}{x^4} = \lim_{x\to 0}\frac{2x e^{x^2} - 2x}{4x^3} = \lim_{x\to 0}\frac{x^2}{2x^2} = \frac{1}{2}.$$

17.（B）

【解析】利用定积分求解旋转体体积．

根据题意画出曲线所围成的图形，如图 2-3 所示，令 $y_1(x) = 2^x$，$y_2(x) = x^2 (x > 0)$．

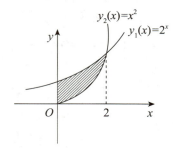

图 2-3

若图形绕 x 轴旋转，则旋转体的体积为 $V_x = \pi\int_a^b |[y_1(x)]^2 - [y_2(x)]^2|\,dx$，则有

$$V_x = \pi\int_0^2 |4^x - x^4|\,dx = \pi\left(\frac{1}{\ln 4}4^x\Big|_0^2 - \frac{1}{5}x^5\Big|_0^2\right) = \frac{15\pi}{\ln 4} - \frac{32}{5}\pi;$$

若图形绕 y 轴旋转，根据体积＝底面积×高，得旋转体的体积为 $V_y = \pi\int_a^b |y_1(x) - y_2(x)|\,dx^2 = 2\pi\int_a^b x|y_1(x) - y_2(x)|\,dx$，则有

$$V_y = 2\pi\int_0^2 x|2^x - x^2|\,dx = 2\pi\int_0^2 (x \cdot 2^x - x^3)\,dx = 2\pi\left(\int_0^2 x\,d\frac{2^x}{\ln 2} - \frac{1}{4}x^4\Big|_0^2\right)$$

$$= 2\pi\left(\frac{x \cdot 2^x}{\ln 2}\Big|_0^2 - \int_0^2 \frac{2^x}{\ln 2}\,dx\right) - 8\pi = \frac{16\pi}{\ln 2} - \frac{6\pi}{(\ln 2)^2} - 8\pi.$$

故 $V_x+V_y=\dfrac{15\pi}{\ln 4}-\dfrac{32\pi}{5}+\dfrac{16\pi}{\ln 2}-\dfrac{6\pi}{(\ln 2)^2}-8\pi=\dfrac{47\pi}{\ln 4}-\dfrac{6\pi}{(\ln 2)^2}-\dfrac{72\pi}{5}$.

【注意】求图形绕 y 轴旋转一周所得旋转体的体积时，也使用公式 $V_y=\pi\displaystyle\int_c^d\left|[x_1(x)]^2-[x_2(x)]^2\right|\mathrm{d}y$，但本题中，该积分不易求解，故考虑使用公式 $V_y=2\pi\displaystyle\int_a^b x\left|y_1(x)-y_2(x)\right|\mathrm{d}x$. 考生在做题时要根据题目情况灵活运用公式.

18.（D）

【解析】定积分的几何意义.

由题干知，曲线 $y=f(x)$ 在 $[a,b]$ 上单调递减且为凹函数，如图 2-4 所示.

$S_1=\displaystyle\int_a^b f(x)\mathrm{d}x$ 表示由 $y=f(x)$、$x=a$ 和 $x=b$ 与 x 轴所围成的曲边梯形的面积，即图中阴影部分的面积；

$S_2=f(b)(b-a)$ 表示的是与 S_1 同底，高为 $f(b)$ 的矩形的面积，即图中矩形 $ABCE$ 的面积；

$S_3=\dfrac{1}{2}[f(a)+f(b)](b-a)$ 表示的是底为 $f(a)$ 和 $f(b)$，高为 $(b-a)$ 的梯形面积，即图中梯形 $ABCD$ 的面积.

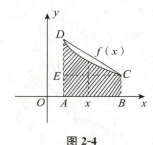

图 2-4

看图易知三个图形面积的大小关系为 $S_2<S_1<S_3$.

19.（D）

【解析】二元函数偏导数的计算.

$z=z(x,y)=x\mathrm{e}^{\sin(x-y)}$，$z\left(\dfrac{\pi}{2},y\right)=\dfrac{\pi}{2}\mathrm{e}^{\sin\left(\frac{\pi}{2}-y\right)}=\dfrac{\pi}{2}\mathrm{e}^{\cos y}$，所以 $z'_y\left(\dfrac{\pi}{2},y\right)=\dfrac{\pi}{2}\mathrm{e}^{\cos y}(-\sin y)$.

故 $\left.\dfrac{\partial z}{\partial y}\right|_{\left(\frac{\pi}{2},-\frac{\pi}{2}\right)}=z'_y\left(\dfrac{\pi}{2},-\dfrac{\pi}{2}\right)=\dfrac{\pi}{2}\left[-\sin\left(-\dfrac{\pi}{2}\right)\right]\mathrm{e}^{\cos\left(-\frac{\pi}{2}\right)}=\dfrac{\pi}{2}$.

20.（B）

【解析】求二元函数的二阶偏导数.

根据题意，先对 x 求偏导，可得 $\dfrac{\partial f}{\partial x}=yx^{y-1}$，再对 y 求偏导，则有

$$\dfrac{\partial^2 f}{\partial x\partial y}=\dfrac{\partial}{\partial y}\left(\dfrac{\partial f}{\partial x}\right)=x^{y-1}+yx^{y-1}\ln x.$$

21.（B）

【解析】全微分的计算．

函数 $f(x,y)=\cos\dfrac{x}{y}$ 对 x 求偏导，得 $\dfrac{\partial f}{\partial x}=-\dfrac{1}{y}\sin\dfrac{x}{y}$，对 y 求偏导，得 $\dfrac{\partial f}{\partial y}=\dfrac{x}{y^2}\sin\dfrac{x}{y}$．

故由全微分公式，有 $\mathrm{d}f=\dfrac{\partial f}{\partial x}\mathrm{d}x+\dfrac{\partial f}{\partial y}\mathrm{d}y=\dfrac{-y\mathrm{d}x+x\mathrm{d}y}{y^2}\cdot\sin\dfrac{x}{y}$，将 $(\pi,2)$ 代入，得

$$\mathrm{d}f=-\dfrac{1}{2}\mathrm{d}x+\dfrac{\pi}{4}\mathrm{d}y=-\dfrac{1}{4}(2\mathrm{d}x-\pi\mathrm{d}y).$$

22.（A）

【解析】求多元函数的极值．

$\dfrac{\partial z}{\partial x}=3x^2-8x+2y$，$\dfrac{\partial z}{\partial y}=2x-2y$，$A=\dfrac{\partial^2 z}{\partial x^2}=6x-8$，$B=\dfrac{\partial^2 z}{\partial x\partial y}=2$，$C=\dfrac{\partial^2 z}{\partial y^2}=-2$．

观察选项，讨论 $(0,0)$ 点和 $(2,2)$ 点，代入一阶偏导数可知，在两点处 $\dfrac{\partial z}{\partial x}=0$，$\dfrac{\partial z}{\partial y}=0$，均为可能极值点．

当 $x=0$，$y=0$ 时，$A=-8$，$B=2$，$C=-2$，$AC-B^2>0$ 且 $A<0$，故 $(0,0)$ 是极大值点，故（A）项正确．

当 $x=2$，$y=2$ 时，$A=4$，$B=2$，$C=-2$，$AC-B^2<0$，故 $(2,2)$ 不是极值点．

23.（E）

【解析】逆矩阵的性质．

根据逆矩阵的性质，可得 $(\boldsymbol{A}^{-1}\boldsymbol{B}\boldsymbol{C}^{-1})^{-1}=\boldsymbol{C}\boldsymbol{B}^{-1}\boldsymbol{A}$．

24.（B）

【解析】抽象行列式的计算、行列式按行展开定理．

$\boldsymbol{A}$ 为三阶非零矩阵，则 $|\boldsymbol{A}|=A_{11}a_{11}+A_{12}a_{12}+A_{13}a_{13}=a_{11}^2+a_{12}^2+a_{13}^2>0$，故 $\boldsymbol{A}$ 为可逆矩阵．

由 $A_{ij}=a_{ij}$，可得 $\boldsymbol{A}^\mathrm{T}=\boldsymbol{A}^*$，则有

$$|\boldsymbol{A}|=|\boldsymbol{A}^\mathrm{T}|=|\boldsymbol{A}^*|=||\boldsymbol{A}|\boldsymbol{A}^{-1}|=|\boldsymbol{A}|^2\Rightarrow|\boldsymbol{A}|=1 \text{ 或 } |\boldsymbol{A}|=0(\text{舍}).$$

25.（E）

【解析】具体行列式的计算．

对行列式进行初等变换，然后按照展开定理，降阶求解，可得

$$\begin{vmatrix}1&0&2&-1\\0&2&1&0\\1&-1&0&1\\1&2&3&4\end{vmatrix}=\begin{vmatrix}1&0&2&-1\\0&2&1&0\\0&-1&-2&2\\0&2&1&5\end{vmatrix}=\begin{vmatrix}2&1&0\\-1&-2&2\\2&1&5\end{vmatrix}=\begin{vmatrix}0&-3&4\\-1&-2&2\\0&-3&9\end{vmatrix}$$

$$=-1\times(-1)^{2+1}\begin{vmatrix}-3&4\\-3&9\end{vmatrix}=-15.$$

26.（B）

【解析】抽象行列式的计算．

由题意可知
$$(A-E)(A-E)^{-1}=(A-E)(A^2+A+E)=A^3-E=E,$$
故 $A^3=2E\Rightarrow|A^3|=|A|^3=|2E|=8\Rightarrow|A|=2.$

27.（A）

【解析】向量组的线性相关性．

将选项中的向量组写成 $\alpha_1,\alpha_2,\alpha_3$ 与一个矩阵乘积的形式，已知该矩阵为方阵，故可判断矩阵的行列式，若值为 0，则线性相关，反之，线性无关．

(A)项：$(\alpha_1-\alpha_2,\alpha_2-\alpha_3,\alpha_3-\alpha_1)=(\alpha_1,\alpha_2,\alpha_3)\begin{bmatrix}1&0&-1\\-1&1&0\\0&-1&1\end{bmatrix}$，由 $\begin{vmatrix}1&0&-1\\-1&1&0\\0&-1&1\end{vmatrix}=0,$

可知 $\alpha_1-\alpha_2,\alpha_2-\alpha_3,\alpha_3-\alpha_1$ 线性相关．

同理，(B)、(C)、(D)、(E)项转化为 $\alpha_1,\alpha_2,\alpha_3$ 乘以一个矩阵的形式后，矩阵的行列式均不等于 0，故其余都线性无关．

【注意】本题也可用相关性定义法．使用相关性的定义法时，要凑配系数，方法为：保留 α_1，努力消去 α_2,α_3，若最后结果为 **0**，则线性相关，反之线性无关．

(A)项：$(\alpha_1-\alpha_2)+(\alpha_2-\alpha_3)+(\alpha_3-\alpha_1)=0$，故 $\alpha_1-\alpha_2,\alpha_2-\alpha_3,\alpha_3-\alpha_1$ 线性相关；

(B)项：$(\alpha_1+\alpha_2)-(\alpha_2+\alpha_3)+(\alpha_3+\alpha_1)=2\alpha_1$，故线性无关；

(C)项：$(\alpha_1-2\alpha_2)+2(\alpha_2-2\alpha_3)+4(\alpha_3-2\alpha_1)=-7\alpha_1$，故线性无关；

(D)项：$(\alpha_1+2\alpha_2)-2(\alpha_2+2\alpha_3)+4(\alpha_3+2\alpha_1)=9\alpha_1$，故线性无关；

(E)项：$(\alpha_1-\alpha_2)+(\alpha_2+\alpha_3)-(\alpha_3-\alpha_1)=2\alpha_1$，故线性无关．

28.（C）

【解析】齐次线性方程组解的性质．

设 $r(A)=r$，则 $Ax=0$ 的任意 $n-r$ 个线性无关的解都是 $Ax=0$ 的基础解系，则有

$$A=\begin{bmatrix}1&-1&1&1\\2&0&2&0\\0&a&0&-a\\1&1&-1&-1\end{bmatrix}\to\begin{bmatrix}1&-1&1&1\\0&2&0&-2\\0&a&0&-a\\0&2&-2&0\end{bmatrix}\to\begin{bmatrix}1&-1&1&1\\0&2&0&-2\\0&0&0&0\\0&0&-2&2\end{bmatrix},$$

可知 $r(A)=r=3$，则 $Ax=0$ 的基础解系中线性无关解的个数为 $n-r=1$．

29.（E）

【解析】齐次线性方程组解的判定性质．

方程组 $\begin{cases}ax_1+2x_2+2x_3+2x_4=0,\\2x_1+ax_2+2x_3+2x_4=0\end{cases}$ 与 $\begin{cases}2x_1+2x_2+ax_3+2x_4=0,\\2x_1+2x_2+2x_3+ax_4=0\end{cases}$ 有公共非零解，等价于联立这

两个方程组所得到的新的齐次线性方程组 $\begin{cases} ax_1+2x_2+2x_3+2x_4=0, \\ 2x_1+ax_2+2x_3+2x_4=0, \\ 2x_1+2x_2+ax_3+2x_4=0, \\ 2x_1+2x_2+2x_3+ax_4=0 \end{cases}$ 有非零解，则该齐次线性

方程组的系数矩阵 A 的秩 $r(A)<4$，因为 A 为方阵，从而必有 $|A|=0$，故有

$$|A|=\begin{vmatrix} a & 2 & 2 & 2 \\ 2 & a & 2 & 2 \\ 2 & 2 & a & 2 \\ 2 & 2 & 2 & a \end{vmatrix}=\begin{vmatrix} a+6 & 2 & 2 & 2 \\ a+6 & a & 2 & 2 \\ a+6 & 2 & a & 2 \\ a+6 & 2 & 2 & a \end{vmatrix}=(a+6)\begin{vmatrix} 1 & 2 & 2 & 2 \\ 1 & a & 2 & 2 \\ 1 & 2 & a & 2 \\ 1 & 2 & 2 & a \end{vmatrix}$$

$$=(a+6)\begin{vmatrix} 1 & 2 & 2 & 2 \\ 0 & a-2 & 0 & 0 \\ 0 & 0 & a-2 & 0 \\ 0 & 0 & 0 & a-2 \end{vmatrix}=(a+6)(a-2)^3=0,$$

解得 $a=-6$ 或 $a=2$.

【注意】本题中，若 A 不是方阵，则可以对系数矩阵 A 进行初等行变换，将其化为阶梯形矩阵，再通过秩进行判定求解．

30.（B）

【解析】已知概率密度函数求连续型随机变量的概率．

根据连续型随机变量概率计算公式，可得

$$P\{X>2\}=\int_2^{+\infty}x\mathrm{e}^{-x}\mathrm{d}x=-\int_2^{+\infty}x\mathrm{d}\mathrm{e}^{-x}=-x\mathrm{e}^{-x}\Big|_2^{+\infty}+\int_2^{+\infty}\mathrm{e}^{-x}\mathrm{d}x$$

$$=2\mathrm{e}^{-2}-\mathrm{e}^{-x}\Big|_2^{+\infty}=3\mathrm{e}^{-2}.$$

31.（C）

【解析】正态分布的性质．

如果题目中出现了多个正态分布，或是讨论正态分布参数的变化时，一般选择将其标准化，即 $X\sim N(\mu,\sigma^2)$，则有 $\dfrac{X-\mu}{\sigma}\sim N(0,1)$.

$P\{|X-\mu|<\sigma\}=P\left\{\left|\dfrac{X-\mu}{\sigma}\right|<1\right\}=\Phi(1)-\Phi(-1)=2\Phi(1)-1$，$\Phi(1)$ 为定值，与 μ,σ 无关．

32.（B）

【解析】正态分布的性质．

由题可知，$E(X)=1,D(X)=2,E(Y)=-1,D(Y)=3$.

因为 X,Y 相互独立，故 $X+Y$ 仍服从正态分布，且

$$E(X+Y)=E(X)+E(Y)=0,$$
$$D(X+Y)=D(X)+D(Y)=5.$$

故 $X+Y$ 服从的分布为 $N(0,5)$.

33. (A)

【解析】概率的运算.

根据德摩根公式 $\overline{A}\,\overline{B}=\overline{A\cup B}$，可知

$$P(\overline{A}\overline{B})=P(\overline{A}\,\overline{B})=P(\overline{A\cup B})=1-P(A\cup B)=1-P(A)-P(B)+P(AB),$$

即 $1-P(A)-P(B)=1-p-P(B)=0$，$P(B)=1-p$.

34. (E)

【解析】方差的性质.

由题可知，$X\sim N(1,4)$，则 $D(X)=4$；$Y\sim U(0,12)$，则 $D(Y)=\dfrac{(12-0)^2}{12}=12$.

故 $D(2X+Y)=2^2 D(X)+D(Y)=4\times 4+12=28$.

35. (C)

【解析】离散型随机变量的方差.

由题意可得，$E(X)=-0.2-0.3+0+0.3+0.2=0$.

$E(X^2)=0.4+0.3+0+0.3+0.4=1.4$.

故由方差的性质可知，$D(X-0.7)=D(X)=E(X^2)-[E(X)]^2=1.4$.

二、逻辑推理

36. (A)

【解析】母题13·排序题

题干中的条件：L<X，Y<L，M<Y，即 M<Y<L<X。

题干中的结论：Y<J。

(A)项，J>L，再结合题干条件 Y<L，可得 Y<J，成立。

(B)项，X>J，再结合题干条件 Y<X，据此无法判断 Y 和 J 的关系。

(C)项，L>J，再结合题干条件 Y<L，据此无法判断 Y 和 J 的关系。

(D)项，J>M，再结合题干条件 M<Y，据此无法判断 Y 和 J 的关系。

(E)项，J=M，再结合题干条件 M<Y，可得 Y>J，与结论相反。

37. (A)

【解析】母题22·论证的评价

题干：一旦这项污水处理技术投入商业运作，企业对污水处理的态度会变得积极主动，从而减轻污水排放引发的环境污染。

(A)项，如果采用这项污水处理技术进行污水处理的技术转让和设备成本很高，企业出于成本考虑可能不会积极地处理污水；反之，则有利于企业更积极地处理污水。因此，此项问题的回答对评估的影响最大。

其余各项对评估的影响均不如(A)项大。

38．（C）

【解析】母题 25·因果关系的支持

题干：科尔马酒节期间，暴力犯罪和毁坏公物的行为也急剧增加了 ——证明→ 这些社会问题产生的根源就在于科尔马酒节而导致的繁荣。

（A）、（B）、（D）项，均为无关选项。

（C）项，没举办酒节时社会问题处于低水平，举办酒节时社会问题加剧，无因无果，支持题干的论证。

（E）项，另有他因，暴力犯罪和毁坏公物的行为越来越多，可能是因为全球经济的发展和世界人口流动，削弱题干。

39．（A）

【解析】母题 16·复杂匹配题

题干：

①副驾驶员是个独生子，钱挣得最少。

②王飞与张刚的姐姐结了婚，钱挣得比驾驶员多。

由题干②可知，王飞不是驾驶员，再由题干①、②可知，王飞不是副驾驶员，因此，王飞是飞行工程师。

由题干②可知，张刚有姐姐，结合题干①可知，张刚不是副驾驶员，因此，张刚是驾驶员。

故余味是副驾驶员。

所以，（A）项正确。

40．（D）

【解析】母题 19·论证的支持

题干：有的科学家试图证伪量子理论，但发现其误差在可接受的统计范围内，这说明接受量子理论是合理的。

（A）项，等价于：￢被试图严格地证伪→被认为合理，并未对题干进行搭桥，不能帮助完善推理。

（B）项，接受这个理论→没有被实验所证伪，混淆了充分必要条件，不能支持题干。

（C）项，题干中"量子理论的这些结果不同于与它相竞争的理论的结果"，指的是量子理论的误差在可接受范围内，而不是"违反直观的结论"是多还是少，无关选项。

（D）项，搭桥法，支持题干。

（E）项，无关选项。

41．（E）

【解析】母题 3·串联推理

题干已知下列信息：

①￢改革→面临困境。

②改革→裁减员工。

③裁减员工→失业保险制度。

④失业保险制度。

题干信息①逆否可得：⑤¬面临困境→改革。

将题干信息⑤、②、③串联得：¬面临困境→改革→裁减员工→失业保险制度。

因为"失业保险制度"后面没有箭头指向，推不出任何命题，故Ⅰ、Ⅱ、Ⅲ项均不一定为真。

故此题正确答案为(E)项。

42. (C)

【解析】母题3·串联推理

将题干信息形式化：

①有的足球运动员→¬英语，根据"有的"互换原则，可得：有的¬英语→足球运动员。

②足球运动员→美剧。

将题干信息①、②串联得：有的¬英语→足球运动员→美剧，根据"有的"互换原则，可得：有的美剧→¬英语。

即有些喜欢看美剧的人不会说英语，故(C)项正确。

其余各项均不一定为真。

43. (E)

【解析】母题28·找原因：解释题

待解释的现象：在质量不变的情况下，外国品牌的葡萄酒价格上涨而销量却增长。

(A)项，若要此项解释题干，必须得有一个前提：这些葡萄酒价格上涨的同时伴随着广告策略的改变。但我们无法从此项中确认此前提，因此，此项不能很好地解释题干。

(B)项，定期的购买无法解释葡萄酒"价格上涨而销量却增长"。

(C)项，不能解释，"有的"人的情况未必能说明大部分人或者所有人的情况；不在乎价格也无法解释葡萄酒"价格上涨而销量却增长"。

(D)项，价格折扣实际上是变相降价，因而无法解释葡萄酒"价格上涨而销量却增长"。

(E)项，消费者认为葡萄酒的价格越高质量越好，可以解释题干中的现象。

44. (B)

【解析】母题3·串联推理

将题干信息形式化：

①实现利率市场化→存款利率上限放开。

②¬政府主动放弃支配力→¬市场力量发挥作用。

③存款利率上限放开→利率大战→金融风险上升。

④金融风险上升→建立存款保险制度。

将题干信息①、③、④串联可得：实现利率市场化→存款利率上限放开→利率大战→金融风险上升→建立存款保险制度，故有：实现利率市场化→建立存款保险制度，即(B)项正确。

45．(B)

【解析】母题20·论证的假设

学生处："得分高"的学生对该评价体系的满意度都很高 —证明→ "表现好"的学生对这个评价体系都很满意。

(B)项，必须假设，搭桥法，建立"表现好的学生"和"得分高的学生"的联系。

其余各项显然均不必假设。

46．(B)

【解析】母题3·串联推理

将题干信息形式化：

①干旱和森林大火 —导致→ 粮食歉收∧国内粮价快速上涨。

②想维持国内粮食价格稳定→禁止粮食出口。

③禁止粮食出口→俄罗斯的出口商将避免损失。

④禁止粮食出口→国际市场将被美国和法国所占有。

将②、③串联得：⑤想维持国内粮食价格稳定→禁止粮食出口→俄罗斯的出口商将避免损失。

将②、④串联得：⑥想维持国内粮食价格稳定→禁止粮食出口→国际市场将被美国和法国所占有。

(A)项，不能推出，可真可假。

(B)项，想维持国内粮食价格稳定→失去它的国际粮食市场（即国际市场将被美国和法国所占有），由⑥可知，此项为真。

(C)项，推理过度。

(D)项，无箭头指向，可真可假。

(E)项，无箭头指向，可真可假。

47．(E)

【解析】母题21·论证的推论

题干：

①经济的良性循环不能过分依靠政府的投资。

②我国近几年的经济稳定增长，靠的是政府的投资。

这说明，我国近几年的经济稳定增长，并不满足经济良性循环的要求，故(E)项正确。

(A)、(C)项推理过度，(B)、(D)项为无关选项。

48．(E)

【解析】母题9·真假话问题

将题干信息形式化可得：

①乙。

②甲。

③¬丙。

④四人中有人作案。

若题干信息①或②为真，则题干信息④必然为真，不符合题干"四人中有且只有一个说真话"，故题干信息①、②均为假。

若题干信息③为真，因为四人中只有一人说真话，故题干信息④必然为假，则四个人没人作案。此时题干信息①、②、④为假，题干信息③为真，满足仅有一人说真话的条件。

若题干信息③为假，则丙作案，故题干信息④为真，此时题干信息①、②、③为假，题干信息④为真，也满足仅有一人说真话的条件。

故无法确定谁是作案者，即(E)项正确。

49. (C)

【解析】母题16·复杂匹配题

将题干条件形式化：

(1) G 英国 → H 美国 = H 英国 → G 美国。

(2) L 英国 → M 美国 ∧ U 美国 = M 英国 ∨ U 英国 → L 美国。

(3) W≠Z。

(4) U≠G。

(5) Z 英国 → H 英国 = H 美国 → Z 美国。

由于 H 不能既去英国又去美国，所以根据题干条件(1)和(5)可知，G 和 Z 只有一个可以去英国。

如果 G 去英国，根据题干条件(1)可知，H 去美国；再根据题干条件(5)可知，Z 去美国；再根据题干条件(3)可知，W 去英国；再根据题干条件(4)可知，U 去美国。剩下 L、M 不确定。假设 L 去英国，则根据题干条件(2)可知，M 去美国，此时最多有 3 个学生(G、W、L)一起去英国；假设 M 去英国，则根据题干条件(2)可知，L 去美国，此时最多也是 3 个学生(G、W、M)一起去英国。

如果 Z 去英国，根据题干条件(5)可知，H 去英国；再根据题干条件(1)可知，G 去美国；再根据题干条件(4)可知，U 去英国；再根据题干条件(2)可知，L 去美国；再根据题干条件(3)可知，W 去美国。剩下的 M 去哪个国家都可以。故此时最多有 4 个学生(Z、H、U、M)一起去英国。

所以，最多可以有 4 个学生去英国。

故(C)项正确。

50. (D)

【解析】母题16·复杂匹配题

选项排除法：

(A)项，根据题干条件(2)可知，L去英国，则M要去美国，与题干矛盾，不可能为真。

(B)项，与题干条件(4)"U所去的国家与G所去的国家不同"矛盾，不可能为真。

(C)项，W和Z都去英国，与题干条件(3)"W所去的国家与Z所去的国家不同"矛盾，不可能为真。

(E)项，根据题干条件(2)可知，L去英国，则M要去美国，与题干矛盾，不可能为真。

所以，(D)项正确。

51. (C)

【解析】母题30·措施目的的削弱

题干：北京遭遇灰霾天气，空气污染引发"北京咳"(原因) —导致→ 用电动车代替燃油车(措施) —以求→ 减少灰霾(目的)。

(A)项，电动车没有成本优势，不代表电动车成本高于燃油车，故此项削弱力度小。

(B)项，无关选项，题干讨论的是北京的情况，而此项讨论的是英美两国的情况。

(C)项，说明措施达不到目的，削弱力度最大。

(D)项，扩大了论证范围，题干仅涉及"减少灰霾"，而此项讨论的是"治理大气环境污染"。

(E)项，无关选项，改善拥堵与减少灰霾无关。

52. (C)

【解析】母题19·论证的支持

科学家：月球对地球的影响远远大于太阳；孕育地球生命的力量，来自月球而非太阳。

(A)、(B)、(D)、(E)项均为科学家提供了论据，支持科学家的观点。

(C)项，说明孕育动植物的生命所需的能量来自太阳，削弱科学家的观点。

53. (E)

【解析】母题5·二难推理

题干有以下信息：

①¬三角进攻战术∨跑轰战术，等价于：三角进攻战术→跑轰战术。

②普林斯顿战术→¬三角进攻战术。

③跑轰战术→普林斯顿战术。

由题干信息①、③串联得：④三角进攻战术→普林斯顿战术。

由题干信息②逆否得：⑤三角进攻战术→¬普林斯顿战术。

根据二难推理公式：

三角进攻战术→普林斯顿战术。
三角进攻战术→¬普林斯顿战术。
所以，¬三角进攻战术

因此，¬三角进攻战术，即(E)项正确。

54.（E）

【解析】母题7·简单命题的负命题

题干：不 必然 节目 受到 所有人 的喜欢。
　　　↓　　↓　　　↓　　　↓
等价于：可能 节目 没有受到 有的人 的喜欢。

故春晚的节目可能没有受到有的人的喜欢，即(E)项正确。

55.（D）

【解析】母题22·论证的评价

将题干信息形式化：足够丰富的合客人口味的菜肴∧上档次的酒水∧正式邀请的客人都能出席→宴会是成功的。

由此可知，宴会成功的前提条件：①足够丰富的合客人口味的菜肴；②上档次的酒水；③正式邀请的客人悉数到场。在张总家宴的例子中，虽然有足够丰富的菜肴，但是菜肴是否合客人口味，尚待证明，因此，不能必然得出张总的家宴是成功的。

(D)项，前提条件张珊是否家庭贫困尚在审核中，因此，不能必然得出她能获得助学贷款。

其余各项均不正确。

三、写作

56. 论证有效性分析

【谬误分析】

①"男女人口数量差距持续扩大"是一个动态的变化过程，不能仅凭一次人口普查结果得出。

②"单身"与"花钱去消费"之间没有必然联系。人不仅仅有伴侣一种社会关系，亲戚、朋友、工作、爱好等都能充实一个人的生活，并不一定需要靠"花钱"来获得陪伴。此外，人们的性格不同，所处年龄阶段不同，对陪伴的需求也不同，可能有些人更愿意把时间留给自己，和自己相处。

③消费观念的"个性化"不等同于"为自己消费"。个性化意味着与众不同，更贴合个体的需求。单身人士也可能有为亲戚朋友消费的需求。

④外卖与网购虽然都是线上付款、线下配送的模式，但两者在商品类型、区域范围和时效性等方面有本质区别，仅通过"单身人士更喜欢吃外卖"就推断出他们更愿意"线上购物"，并不恰当。

⑤材料试图通过"单身可以增加陪伴类、悦己类、提升类等类型的消费"，来说明"单身现象能拉动消费的增长"，存在不妥。因为，在一个人收入确定的前提下，即便单身能够改变他们的消费方向，支出总额也未必会有很大变动。

单身能拉动消费增长吗?

老吕助教　港姐

材料通过一系列论述试图说明"单身现象能拉动消费增长",然而其论证过程中存在多处逻辑谬误,具体分析如下:

首先,材料仅通过第七次人口普查的结果,就得出"男女人口数量差距持续扩大"的结论,并不妥当。"男女人口数量差距持续扩大"是一个动态的变化过程,需要多年数据加以说明,不能仅凭一次人口普查结果得出。

其次,材料认为"单身"一定导致"需要陪伴和关爱",进而导致"花钱去消费",这未必成立。因为人不仅仅有伴侣一种社会关系,亲戚、朋友、工作、爱好等都能充实一个人的生活,并不一定需要靠"花钱"来获得陪伴。此外,人们的性格不同,所处年龄阶段不同,对陪伴的需求也不同,可能有些人更愿意把时间留给自己,和自己相处。因此,材料存在滑坡谬误。

再次,消费观念的"个性化"不等同于"为自己消费"。个性化意味着与众不同,更贴合个体的需求,单身人士也可能有为亲戚朋友等消费的需求,并不一定只"为自己消费"。

又次,材料由"单身人士更喜欢吃外卖"推断出"他们更愿意线上购物",有不当类比的嫌疑。外卖与网购虽然都是线上付款、线下配送的模式,但两者在商品类型、区域范围和时效性等方面有本质区别,故其结论不足为信。

最后,材料试图通过"单身可以增加陪伴类、悦己类、提升类等类型的消费",来说明"单身现象能拉动消费的增长",存在不妥。因为,在一个人收入确定的前提下,即便单身能够改变他们的消费方向,支出总额也未必会有很大变动。

综上,材料的论证过程存在多处逻辑谬误,"单身现象势必会拉动消费增长"这一结论难以令人信服。

(全文共646字)

57. 论说文

文化创新势在必行

吕建刚　张英俊

为纾解疫情防控时期文化产业经营困难，各文化产业纷纷"上云触网"，以减少损失。当今形势下，文化产业想要复苏，创新势在必行。

首先，创新可以增强文化市场活力。面对疫情，各文化产业借助传播平台、加入创新元素，最终转危为机、逆势上扬。由此可见，只有不断推进文化创新，才能推动文化产品从单一向多元、从传统向现代转型升级，进而激发文化市场活力，实现经济效益和社会效益。

其次，创新有利于弘扬传统文化。近年来，从92万网友"云游布达拉宫"，到"三星堆秀出祭山图玉边璋"；从"《唐宫夜宴》《国家宝藏》等电视节目火热出圈"，到"《典籍里的中国》一跃成为现象级产品"，文化产业通过创新传播方式和内容呈现，精准地适应了群众文化需求的新特点、新变化，让人们足不出户就能享受到文化带来的乐趣的同时，也真正地实现了中华传统文化的创新性发展。

然而，文化产业创新，说易实难。首先，创新需要投入大量的人力、物力、财力，这会给一些展览馆、博物馆等文化单位带来压力；其次，创新就意味着走别人没走过的路，趟别人没趟过的河，那就可能有创新失败的风险，让之前的投入成为沉没成本。

所以，推动文化产业创新，需要多方协作、共同发力。一方面，政府应通过设立奖项等方式来加大对文化企业创新的支持力度，同时，推出法律法规来维护创新企业的知识产权，保证其利益不受损害；另一方面，文化单位应立足各地资源优势，着力打造特色鲜明的文化项目，这样更容易取得成功。

习近平总书记说："坚定中国特色社会主义道路自信、理论自信、制度自信，说到底是要坚定文化自信"。坚定文化自信，推动文化创新发展，势在必行。

（全文共663字）

绝密★启用前

全国硕士研究生招生考试
经济类专业学位联考综合能力试题
密押卷 3

（科目代码：396）

考试时间：8：30—11：30

考生注意事项

1. 答题前，考生须在试题册指定位置上填写考生姓名和考生编号；在答题卡指定位置上填写报考单位、考生姓名和考生编号，并涂写考生编号信息点。
2. 选择题的答案必须涂写在答题卡相应题号的选项上，非选择题的答案必须书写在答题卡指定位置的边框区域内。超出答题区域书写的答案无效；在草稿纸、试题册上答题无效。
3. 填(书)写部分必须使用黑色字迹签字笔或者钢笔书写，字迹工整、笔迹清楚；涂写部分必须使用 2B 铅笔填涂。
4. 考试结束，将答题卡和试题册按规定交回。

考生编号													
考生姓名													

一、数学基础：第 1～35 小题，每小题 2 分，共 70 分。下列每题给出的五个选项中，只有一个选项是最符合试题要求的。请在答题卡上将所选项的字母涂黑。

1. $\lim\limits_{x\to\infty} 3x\sin\dfrac{x}{x^2+2} = (\quad)$.

   (A) 0　　　(B) 1　　　(C) 2　　　(D) 3　　　(E) 4

2. $\lim\limits_{x\to+\infty} \dfrac{\ln(1+ce^x)}{\sqrt{1+cx^2}} = 4$，则 $c = (\quad)$.

   (A) 4　　　　　　　　　(B) $\dfrac{1}{4}$　　　　　　　(C) 1

   (D) 16　　　　　　　　(E) $\dfrac{1}{16}$

3. 当 $x\to 0$ 时，下列函数为无穷大量的是 $(\quad)$.

   (A) $\dfrac{\sin 3x}{x}$　　　　　　　(B) $\cot x$　　　　　　　(C) $\dfrac{1-\cos x}{x}$

   (D) $e^{\frac{1}{x}}$　　　　　　　　(E) $\dfrac{e^{x^2}-1}{x}$

4. 设 $f(x)=\begin{cases}\dfrac{\int_0^{x^2}(e^t-\cos t)\mathrm{d}t}{x^2\ln(1+x^2)}, & x\neq 0 \\ a, & x=0\end{cases}$，在 $x=0$ 处连续，则 $a=(\quad)$.

   (A) $-\dfrac{3}{4}$　　　　　　　　(B) $\dfrac{3}{4}$　　　　　　　　(C) 0

   (D) $-\dfrac{1}{2}$　　　　　　　　(E) $\dfrac{1}{2}$

5. 设函数 $f(x)$ 可导，且 $f(0)=0$，$f'(0)=1$，$\lim\limits_{x\to 0}\dfrac{f(\sin^3 x)}{\lambda x^k}=\dfrac{1}{2}$，则 $(\quad)$.

   (A) $k=2$，$\lambda=2$　　　　(B) $k=3$，$\lambda=3$　　　　(C) $k=3$，$\lambda=2$

   (D) $k=4$，$\lambda=1$　　　　(E) $k=1$，$\lambda=4$

6. $y=f(\sin^2 x)+f(\cos^2 x)$，$f(x)$ 为可导函数，则 $\mathrm{d}y|_{x=0}=(\quad)$.

   (A) 0　　　　　　　　　(B) $\mathrm{d}x$　　　　　　　(C) $2\mathrm{d}x$

   (D) $f'(1)\mathrm{d}x$　　　　　　(E) $f'(0)\mathrm{d}x$

7. 过点 $(0,0)$ 作曲线 $y=\dfrac{1}{2}e^{-x}$ 的切线 l，则 l 的方程为 $(\quad)$.

   (A) $y=\dfrac{e}{2}x$　　　　　　(B) $y=-\dfrac{e}{2}x$　　　　　(C) $y=\dfrac{2}{e}x$

   (D) $y=-\dfrac{2}{e}x$　　　　　(E) $y=\dfrac{x}{2e}$

8. 在下列区间内，函数 $f(x)=\dfrac{x\sin(x-2)}{(x-1)(x-2)^2}$ 有界的是( ).

(A)$(-1,0)$ (B)$(0,1)$ (C)$(1,2)$

(D)$(2,3)$ (E)$\left(0,\dfrac{\pi}{2}\right)$

9. 设 $y=x^3+ax^2+bx$ 在 $x=1$ 处有极值 -2，则( ).

(A)$a=1,b=2$ (B)$a=-1,b=-2$ (C)$a=0,b=-3$

(D)$a=0,b=3$ (E)$a=1,b=-2$

10. 设 $f(x)=\displaystyle\int_0^{x^2}\ln(2+t)\mathrm{d}t$，则 $f'(x)$ 的零点有( )个.

(A)0 (B)1 (C)2

(D)3 (E)4

11. 设函数 $y=x^{\frac{2}{3}}-\dfrac{2}{3}x$，以下说法正确的是( ).

(A)单调递增区间为 $(-\infty,0)$ 和 $(1,+\infty)$

(B)函数的单调递减区间为 $(0,1)$

(C)极大值为 $f(1)=\dfrac{1}{3}$

(D)极大值为 $f(0)=0$

(E)函数不存在极值

12. $\displaystyle\int\dfrac{1}{x^2-4}\mathrm{d}x=($).

(A)$\ln\dfrac{x-2}{x+2}+C$ (B)$\ln\left|\dfrac{x-2}{x+2}\right|+C$ (C)$\dfrac{1}{2}\ln\left|\dfrac{x-2}{x+2}\right|+C$

(D)$\dfrac{1}{4}\ln\left|\dfrac{x-2}{x+2}\right|+C$ (E)$\dfrac{1}{8}\ln\left|\dfrac{x-2}{x+2}\right|+C$

13. $\displaystyle\int\dfrac{1}{1+x^2}\arctan\dfrac{1+x}{1-x}\mathrm{d}x=($).

(A)$\arctan\dfrac{1+x}{1-x}+C$ (B)$\dfrac{1}{2}\left(\arctan\dfrac{1+x}{1-x}\right)^2$ (C)$\arctan\dfrac{1+x}{1-x}$

(D)$\dfrac{1}{2}\left(\arctan\dfrac{1+x}{1-x}\right)^2+C$ (E)$\arctan\dfrac{1+x}{1-x}+x+C$

14. $\displaystyle\int_1^5 x\sqrt{x-1}\mathrm{d}x=($).

(A)$\dfrac{272}{15}$ (B)$\dfrac{272}{5}$ (C)$\dfrac{272}{3}$

(D)$\dfrac{272}{4}$ (E)$\dfrac{272}{2}$

15. $\int_1^e \dfrac{\ln x - 1}{x^2} dx = ($).

(A)1　　　　　　　　　(B)$-e$　　　　　　　　(C)e

(D)$\dfrac{1}{e}$　　　　　　　　(E)$-\dfrac{1}{e}$

16. 已知 $f(x) = \dfrac{1}{\sqrt{1+x^2}} + \int_0^1 x f(x) dx$ 且在$[0,1]$上连续，则 $f(x) = ($).

(A)$\dfrac{1}{\sqrt{1+x^2}} + 2\sqrt{2} - 2$　　(B)$\sqrt{1+x^2} + \sqrt{2} - 1$　　(C)$\dfrac{1}{\sqrt{1+x^2}} + \sqrt{2} - 1$

(D)$\sqrt{1+x^2} + 2\sqrt{2} - 2$　　(E)$2\sqrt{1+x^2} + \sqrt{2} - 1$

17. 由曲线 $y = \sin x$，$y = \cos x (0 \leqslant x \leqslant \pi)$ 与直线 $x=0$，$x=\pi$ 所围成的平面图形的面积为( ).

(A)0　　(B)1　　(C)$\sqrt{2}$　　(D)$2\sqrt{2}$　　(E)$3\sqrt{2}$

18. 若 $z = x^2 + 3xy + y^2$，则 $\dfrac{\partial z}{\partial x} = ($).

(A)$2x+3y$　　　　　　(B)$2x+3y+3x+2y$　　　　(C)$2x+3y^2$

(D)$3x+2y$　　　　　　(E)x^2+y^2

19. 函数 $z = \dfrac{y^x - 1}{y}$ 在点$(1, e)$处的全微分 $dz|_{(1,e)} = ($).

(A)$dx + e\,dy$　　　　　(B)$dx + e^{-1}dy$　　　　(C)$2dx + e^{-1}dy$

(D)$dx + e^{-2}dy$　　　(E)$2dx + e\,dy$

20. 已知 $f(x, y) = 3x + 2y$，则 $f(2, f(x, y)) = ($).

(A)$6x+4y+1$　　　　(B)$6x+2y+1$　　　　(C)$3x+2y+1$

(D)$6x+4y+6$　　　　(E)$6x+4y+4$

21. 设 $f(x, y) = x^3 y^2 + (y-1)^3 \arctan \sqrt{xy}$，则 $f_x'(1, 1) = ($).

(A)-1　　(B)0　　(C)1　　(D)2　　(E)3

22. 设函数 $f(x, y) = xy - \ln x + \dfrac{1}{y}$，则下列说法正确的是( ).

(A)(e, e)是极大值点　　　　　　　(B)(e, e)是极小值点

(C)$f(x, y)$的极大值为 e　　　　　(D)$f(x, y)$的极小值为 e

(E)$f(x, y)$的极小值为 2

23. 行列式 $\begin{vmatrix} 1 & 1 & 1 & 1 \\ 1 & 2 & 4 & 8 \\ 1 & 3 & 9 & 27 \\ 1 & 4 & 16 & 64 \end{vmatrix} = ($).

(A)-12　　　　　　(B)-6　　　　　　(C)-3

(D)6　　　　　　　(E)12

24. 设 $\boldsymbol{\alpha}_1$，$\boldsymbol{\alpha}_2$，$\boldsymbol{\alpha}_3$ 为三维列向量，矩阵 $\boldsymbol{A}=(\boldsymbol{\alpha}_1,\boldsymbol{\alpha}_2,\boldsymbol{\alpha}_3)$，$\boldsymbol{B}=(\boldsymbol{\alpha}_3,2\boldsymbol{\alpha}_1+\boldsymbol{\alpha}_2,3\boldsymbol{\alpha}_2)$．若行列式 $|\boldsymbol{A}|=2$，则行列式 $|\boldsymbol{B}|=(\quad)$．

(A)6　　　　(B)−6　　　　(C)12　　　　(D)−12　　　　(E)0

25. 设 $\boldsymbol{A}$，$\boldsymbol{B}$ 为五阶非零矩阵，且 $\boldsymbol{AB}=\boldsymbol{O}$，则( )．

(A)若 $r(\boldsymbol{A})=1$，则 $r(\boldsymbol{B})=4$　　　　(B)若 $r(\boldsymbol{A})=2$，则 $r(\boldsymbol{B})=3$

(C)若 $r(\boldsymbol{A})=3$，则 $r(\boldsymbol{B})=2$　　　　(D)若 $r(\boldsymbol{A})=4$，则 $r(\boldsymbol{B})=1$

(E)$r(\boldsymbol{A})+r(\boldsymbol{B})=5$

26. 设 $\boldsymbol{A}=\begin{bmatrix}a&1&1\\1&a&1\\1&1&a\end{bmatrix}$，若 $\boldsymbol{A}$ 的秩为 2，则( )．

(A)$a=1$ 或 $a=-2$　　　　(B)$a=1$　　　　(C)$a=-2$

(D)$a\neq 1$ 或 $a\neq -2$　　　　(E)$a=0$

27. $\boldsymbol{\alpha}_1=(1,1,-2)^T$，$\boldsymbol{\alpha}_2=(2,1,-1)^T$，$\boldsymbol{\alpha}_3=(0,a,6)^T$，若向量组 $\boldsymbol{\alpha}_1$，$\boldsymbol{\alpha}_2$，$\boldsymbol{\alpha}_3$ 的秩为 2，则 $a=(\quad)$．

(A)−2　　　　(B)−1　　　　(C)0　　　　(D)1　　　　(E)2

28. 已知方程组 $\begin{bmatrix}1&2&1\\2&3&a+2\\1&a&-2\end{bmatrix}\begin{bmatrix}x_1\\x_2\\x_3\end{bmatrix}=\begin{bmatrix}1\\3\\0\end{bmatrix}$ 无解，则 $a=(\quad)$．

(A)−1　　　　(B)1　　　　(C)−3　　　　(D)3　　　　(E)0

29. 已知 $\boldsymbol{A}$ 为 n 阶方阵，$r(\boldsymbol{A})=n-1$，$\boldsymbol{\alpha}_1$，$\boldsymbol{\alpha}_2$ 是方程组 $\boldsymbol{Ax}=\boldsymbol{0}$ 的两个不同的解，则 $\boldsymbol{Ax}=\boldsymbol{0}$ 的通解一定是( )．

(A)$\boldsymbol{\alpha}_1+\boldsymbol{\alpha}_2$　　　　(B)$k\boldsymbol{\alpha}_2$　　　　(C)$k\boldsymbol{\alpha}_1$

(D)$k(\boldsymbol{\alpha}_1+\boldsymbol{\alpha}_2)$　　　　(E)$k(\boldsymbol{\alpha}_1-\boldsymbol{\alpha}_2)$

30. 设 A，B，C 为三个随机事件，且 $P(A+B)=P(A)+P(B)$，$0<P(C)<1$，则下列结论中不一定正确的是( )．

(A)$P((A+B)|C)=P(A|C)+P(B|C)$

(B)$P((A+B)|\overline{C})=P(A|\overline{C})+P(B|\overline{C})$

(C)$P(AC+BC)=P(AC)+P(BC)$

(D)$P(AB)=0$

(E)A，B 互不相容

31. 设 A，B 相互独立，且 $P(A)=0.7$，$P(A+B)=0.88$，则 $P(A-B)=(\quad)$．

(A)0.18　　　　(B)0.28　　　　(C)0.38

(D)0.6　　　　(E)0.42

32. $f(x)$为连续型随机变量X的密度函数,则( ).

(A) $f(x)$可以是奇函数 (B) $f(x)$可以是偶函数 (C) $f(x)$是连续函数

(D) $f(x)$必是单调递增函数 (E) $f(x)$必有对称轴

33. 设随机变量X的分布律为$P\{X=-2\}=\dfrac{1}{3}$,$P\{X=0\}=\dfrac{1}{2}$,$P\{X=2\}=\dfrac{1}{6}$,则$Y=X^2-1$的分布律为( ).

(A) $\begin{pmatrix} -1 & 3 \\ \dfrac{1}{2} & \dfrac{1}{2} \end{pmatrix}$

(B) $\begin{pmatrix} -1 & 3 \\ \dfrac{1}{3} & \dfrac{2}{3} \end{pmatrix}$

(C) $\begin{pmatrix} -1 & 3 \\ \dfrac{1}{6} & \dfrac{5}{6} \end{pmatrix}$

(D) $\begin{pmatrix} 0 & 4 \\ \dfrac{1}{2} & \dfrac{1}{2} \end{pmatrix}$

(E) $\begin{pmatrix} 0 & 4 \\ \dfrac{1}{3} & \dfrac{2}{3} \end{pmatrix}$

34. 设随机变量X服从参数为λ的指数分布,则$P\{X>\sqrt{D(X)}\}=$( ).

(A) $\dfrac{1}{\lambda}$ (B) e^{-1} (C) e^{-2}

(D) $1-e^{-1}$ (E) $1-e^{-2}$

35. 设随机变量X的概率密度为$f(x)=\begin{cases} 2x\theta^2, & 0<x<\dfrac{1}{\theta}, \\ 0, & 其他, \end{cases}$且$E(3aX)=\dfrac{1}{\theta}$,则$a$的值为( ).

(A) 1 (B) $\dfrac{1}{2}$ (C) $\dfrac{1}{3}$

(D) $\dfrac{1}{2\theta^2}$ (E) $\dfrac{1}{3\theta}$

二、**逻辑推理**:第36~55小题,每小题2分,共40分。下列每题给出的五个选项中,只有一个选项是最符合试题要求的。请在答题卡上将所选项的字母涂黑。

36. 银行的信用卡章程规定:凡使用密码进行的交易,均视为持卡人本人所为。这意味着,只要信用卡被盗刷时使用了密码,银行均视为持卡人本人所为,对所发生的损失概不负责。因此,为了使自己的信用卡更安全,应当不设密码。

如果以下陈述为真,都能削弱上述结论,除了:

(A) 有关专家认为信用卡不设密码更安全,但专家的话也不一定全对。

(B) 犯罪分子伪造设有密码的信用卡时,必须另行设法获取其密码才能盗刷成功。

(C) 信用卡遗失时,信用卡的密码能够有效阻止他人刷卡交易。

(D) 盗刷的案件中,如果信用卡未设密码,法院通常认定卡主有一定过错,需承担部分损失。

(E) 信用卡设置密码后,任何一次信用卡消费都需要进行卡主的动态人脸识别;如果未设置密码,可以直接进行刷卡使用。

37. 由于全球金融危机，一家大型公司决定裁员 25%。最终，它撤销了占员工总数 25% 的三个部门，再也没有聘用新员工。但实际结果是，该公司员工总数仅仅减少了 15%。

以下哪项陈述如果为真，则能很好地解释预计裁员率和实际裁员率之间的差异？

(A) 被撤销部门的一些员工有资格提前退休，并且他们最后都选择了退休。

(B) 因为公司并未雇佣新员工，未被撤销部门之间的正常摩擦导致该公司继续裁员。

(C) 未被撤销部门的员工不得不更卖力工作，以弥补撤销三个部门所带来的损失。

(D) 三个部门被撤销后，它们的一些优秀员工被重新分派到该公司的其他部门工作。

(E) 未被撤销部门的员工，有很多人因为待遇问题辞职。

38. 销售专家认为，在一个不再扩张的市场中，一个公司最佳的销售策略就是追求最大的市场份额，而达到目标的最佳方式就是做一些能突出竞争对手缺点的比较广告。在国内萧条的奶粉市场中，A 牌奶粉与 B 牌奶粉进行了两年的比较广告战，相互指责对方产品对婴儿的健康造成有害影响。然而，这些广告战并没有使各自的市场份额增大，反而使很多人不再购买任何品牌的国产奶粉。

以上陈述能最强有力地支持下面哪一个结论？

(A) 不应该在一个正在扩张或可能扩张的市场中使用比较广告。

(B) 比较广告冒有使它们的目标市场不是扩张而是收缩的风险。

(C) 比较广告不会产生任何长期效益，除非消费者能很容易地判断那些广告的正确性。

(D) 如果一个公司的产品比其竞争对手产品的质量明显高出一筹的话，比较广告在任何情况下都能增加该公司产品的市场份额。

(E) 比较广告不是市场营销的有效手段。

39. 如果一定能在法律上支持安乐死，那么执行安乐死的主体行为者就要具备剥夺人生命的权利。事实上，法律对这样的权利是无法保障的。

如果以上陈述为真，则以下哪项也必定是真的？

(A) 通过立法手段支持安乐死是不可能的。

(B) 立法要经过法定程序确定是否支持安乐死。

(C) 只要在法律上支持安乐死，安乐死就能够实行。

(D) 如果在法律上不支持安乐死，安乐死就不能够实行。

(E) 通过立法支持安乐死的可能性不大。

40. 趋同是不同种类的生物为适应同一环境而各自发育形成一个或多个相似体貌特征的过程。鱼龙和鱼之间的相似性就是趋同的例证。鱼龙是海生爬行动物，与鱼不属于同一个纲。为了适应海洋环境，鱼龙使自身体貌特征与鱼类的体貌特征趋于一致。最引人注意的是，鱼龙像鱼一样具有鳍。

如果以上陈述为真，则以下哪一项是上面陈述的合理推论？

(A)栖居于同一环境的同一类生物的成员,其体貌特征一定完全相同。

(B)鱼龙和鱼从生物学上来讲,是近亲。

(C)一种生物发育出与其他种类生物相似的体貌特征,完全是它们适应生存环境的结果。

(D)同一类生物成员一定具有一个或多个使它们与其他种类生物相区别的体貌特征。

(E)不能仅因为一个生物与某类生物的成员有相似的体貌特征就把它们归为一类。

41. 山西醋产业协会某前副会长称:"在市面上销售的山西老陈醋中,只有5%是不加添加剂的真正意义上的山西老陈醋。"中国调味品协会某副会长就此事件接受记者采访时说:"只要是按国家标准加添加剂,都没有安全问题。有些企业强调自己未加添加剂,这对按正常标准加添加剂的企业来说是不公平的。"

以下哪项陈述能够从该调味品协会副会长的话中合乎逻辑地推出?

(A)为了保证公平性,企业或者不应该生产高于国家标准的产品,或者要对产品质量高于国家标准的事实秘而不宣。

(B)要想促进行业的技术创新,就应当提高行业的国家标准。

(C)某个行业的国家标准定得太高,不利于该行业的良性发展。

(D)如果不按国家标准加添加剂,就会有安全问题。

(E)未加添加剂的山西老陈醋对消费者来说更加安全。

42. 在大学里,许多温和宽厚的教师是好教师,但有些严肃且不讲情面的教师也是好教师,而所有好教师都有一个共同点:他们都是学识渊博的人。

如果以上陈述为真,则以下哪项陈述也一定为真?

(A)许多学识渊博的教师是温和宽厚的。

(B)有些学识渊博的教师是严肃且不讲情面的。

(C)所有学识渊博的教师都是好教师。

(D)有些学识渊博的教师不是好教师。

(E)所有严肃且不讲情面的教师都是好教师。

43. 学校应该教育孩子培养有利于健康的卫生习惯。例如,用棉花棒掏耳垢就是一种好习惯,它会防止耳垢的堆积影响听力。

以下哪项如果是真的,能构成对上述建议的质疑?

Ⅰ. 有些有利于健康的好习惯很小的孩子就能接受,因此,良好习惯的培养应该从学龄前开始。

Ⅱ. 掏耳垢不慎容易损伤耳膜,引起感染。

Ⅲ. 清除了耳垢就使内耳通道暴露在外界脏物之下,容易引发炎症。

(A)仅Ⅰ。　　　　　　(B)仅Ⅱ。　　　　　　(C)仅Ⅲ。

(D)仅Ⅱ、Ⅲ。　　　　(E)Ⅰ、Ⅱ和Ⅲ。

44～45题基于以下题干：

一座塑料大棚中有6块大小相同的长方形菜池，按照从左到右的顺序依次排列为：1、2、3、4、5和6号。而且1号与6号不相邻。大棚中恰好需要种6种蔬菜：Q、L、H、X、S和Y。每块菜池只能种植其中的一种。种植安排必须符合以下条件：

①Q在H左侧的某一块菜池中种植。

②X种植在1号或6号菜池。

③3号菜池种植Y或S。

④L紧挨着S的右侧种植。

44. 如果S种植在偶数号的菜池中，则以下哪项陈述必然为真？

(A)L紧挨着S左侧种植。

(B)H紧挨着S左侧种植。

(C)Y紧挨着S左侧种植。

(D)X紧挨着S左侧种植。

(E)H紧挨着Q左侧种植。

45. 如果S和Q种植在奇数号的菜池中，则以下哪项陈述可能为真？

(A)H种植在1号菜池。　　　　　　(B)Y种植在2号菜池。

(C)H种植在4号菜池。　　　　　　(D)L种植在5号菜池。

(E)L种植在1号菜池。

46. 研究人员发现，抑郁症会影响患者视觉系统感知黑白对比的能力，从而使患者所看到的世界是"灰色的"。研究人员利用视网膜电图技术对抑郁症患者感知黑白对比的能力进行测量，其结果显示：无论患者是否正在服用抗抑郁药物，其视网膜感知黑白对比的能力都明显弱于健康者；并且，症状越严重的患者感知黑白对比的能力越弱。

研究人员在得出其结论时，没有使用下面哪一项中的方法？

(A)基于某些测试数据作出归纳概括。

(B)利用了抑郁症状与患者感知黑白对比能力之间的共变关系。

(C)通过对比测试，发现抑郁症患者与健康者感知黑白对比能力的差异。

(D)先提出一个猜测性假说，然后用实验数据去证实或证伪这个假说。

(E)用实验去证实一个结论。

47. 2009年哥本哈根气候大会的主题是：全球变暖。关于此主题科学家中有两派对立的观点，"气候变暖派"认为，1900年以来地球变暖完全是由人类排放温室气体所致的。只要二氧化碳的浓度继续增加，地球就会继续变暖；两极冰川融化会使海平面上升，一些岛屿将被海水淹没。"气候周期派"认为，地球气候主要由太阳活动决定，全球气候变暖已经停止，目前正处于向"寒冷期"转变的过程中。

如果以下陈述为真，都可以支持"气候周期派"的观点，除了：

(A)1998 年以来全球平均气温没有继续上升。

(B)从 2009 年年末到 2010 年年初，南半球暴雨成灾，洪水泛滥。

(C)去年冬季，从西欧到北美，从印度到尼泊尔，北半球受到创纪录的寒流或大雪的侵袭。

(D)位于澳大利亚东北海域的大堡礁被认为将被海水淹没，但它的面积目前正在扩大。

(E)在植物花粉含量的变化中，有两种花粉含量相互消长，分别是适合寒冷气候的松树花粉含量和适合温暖气候的栎树花粉含量，两者呈现出周期性变化。

48. 大学作为教育事业，属于非经济行业，其产出难以用货币指标、实物指标测定，故大学排名不像企业排名那样容易。大学排名还必须以成熟的市场经济体制、稳定的制度为前提，必须有公认的公正排名机构等。在我国，大学排名的前提条件远不具备，公认的大学排名机构还未产生。因此，我国目前不宜进行大学排名。

以下哪一项不构成对上述论证的反驳？

(A)大学排名对学校声誉和考生报考有很大影响。

(B)大学排名与成熟的市场经济制度之间没有那么紧密的关系。

(C)企业排名也不容易，并且也不尽准确，仅具参考价值。

(D)公认的排名机构只能从排名实践中产生。

(E)大学排名与稳定的制度之间没有那么紧密的关系。

49. 某省游泳队进行了为期一个月的高原集训，集训最后一日所有队员进行了一次队内测试，几位教练预测了一下队员的成绩。

张教练说：这次集训时间短，没人会达标。

孙教练说：有队员会达标。

王教练说：省运会冠军或国家队队员可达标。

测试结束后，只有一位教练的预测是正确的。

由此可以推出：

(A)没有人达标。　　　　　(B)全队都达标了。　　　　　(C)省运会冠军达标。

(D)国家队队员未达标。　　(E)有的队员会达标。

50. WiFi 发射器会产生电磁辐射。有 5 名丹麦中学生将水芹种子分别放在有 WiFi 发射器的潮湿房间里和无 WiFi 发射器的房间里进行培育，12 天后发现，无 WiFi 发射器房间里的种子发芽率为 95.4％，有 WiFi 发射器房间里的种子发芽率为 85.3％。很多人因此而担心 WiFi 辐射会影响人体健康。但多位专家认为，上述实验并不严谨，不能根据该实验断定 WiFi 辐射对人体有害。

在以下断言中，除哪项外，都能支持这些专家的观点？

(A)WiFi 辐射对人体的不利影响既与其频率有关，也与 WiFi 发射器与人体的距离有关。

(B) 应在同一房间保持其他条件不变，在有 WiFi 发射器和无 WiFi 发射器的情况下重复该实验。

(C) 影响种子发芽的因素有很多，丹麦中学生的实验并不能排除其他因素的干扰。

(D) 应该做动物实验来判断 WiFi 辐射对人体的影响，而不仅仅是植物实验。

(E) 植物的健康情况与人体的健康情况存在较大差异。

51. 有的外科医生是协和医科大学 8 年制的博士毕业生，所以，有些协和医科大学 8 年制的博士毕业生有着精湛的医术。

以下哪项必须为真，才能够保证上述结论正确？

(A) 有的外科医生具有精湛的医术。

(B) 并非所有的外科医生都医术精湛。

(C) 所有医术精湛的医生都是协和医科大学 8 年制的博士毕业生。

(D) 所有的外科医生都具有精湛的医术。

(E) 有的外科医生不是协和医科大学的博士。

52. 我国农村的宅基地属集体所有，农民只能使用，不能买卖、出租和继承。宅基地制度保证了农民的生存权益。农民在宅基地上建造的房屋是农民的资产。如果允许农民出卖自己的房屋，则实际上允许出让宅基地的使用权。如果宅基地的使用权被别人买走，则会损害农民的生存权益。但如果不允许农民出卖自己的房屋，则侵害了农民的资产权益。

如果以上陈述为真，则以下哪项陈述也一定为真？

(A) 农民在宅基地上建造的房屋没有产权证。

(B) 如果农民工在城市里购买了住房，则不应当再在农村老家占有宅基地。

(C) 如果不损害农民的生存权益，则会侵害农民的资产权益。

(D) 对绝大多数农民工而言，农村老家的宅基地和责任田是他们最后的生存保障。

(E) 损害农民的生存权益，但不侵害农民的资产权益。

53. 政治家："那些声称去年全年消费物价涨幅低于 3% 的经济学家是错误的。显然，他们最近根本没去任何地方买过东西。汽油价格在去年一年中涨了 10%，我乘车的费用涨了 12%，报纸价格涨了 15%，清洁剂价格涨了 15%，面包价格涨了 50%。"

政治家的上述论证最容易受到批评，因为：

(A) 它指责经济学家的品德，而不是针对他们的论证进行反驳。

(B) 它使用了一个不具有代表性的小样本作为证据。

(C) 它试图通过诉诸感情的方式来达到说服的目的。

(D) 它错误地表明，所提到的那些经济学家不是消费价格领域的专家。

(E) 它错误地把两个不具有相似性的事物进行了类比。

54～55题基于以下题干：

恰好有6名运动员——赵、钱、孙、李、周和吴参加射击比赛。比赛中获得前4名的运动员各发一个奖牌以示奖励。所有与这6名运动员相关的信息如下：

①每一名运动员不是市队的就是省队的，但不可能都是。
②这6名运动员中有2名是女性，有4名是男性。
③裁判给2名女运动员都颁了奖，其中恰好有1名是省队的。
④恰好有1名省队的运动员赢得了奖牌。
⑤赵和孙在李的前面，李在钱和周的前面。
⑥赵和孙是市队的运动员。
⑦李和吴是省队的运动员。

54. 下面哪一项完整且准确地列出了所有可能是市队的运动员？
    (A) 赵、钱。　　　　　　(B) 赵、孙。　　　　　　(C) 赵、钱、孙。
    (D) 赵、钱、孙、周。　　(E) 赵、孙、周。

55. 下面哪一句话不可能正确？
    (A) 女性市队队员得第2名。
    (B) 女性省队队员得第2名。
    (C) 女性省队队员得第3名。
    (D) 男性市队队员得第4名。
    (E) 女性市队队员得第4名。

三、写作：第56～57小题，每小题20分，共40分。请答在答题纸相应的位置上。

56. 论证有效性分析：分析下述论证中存在的缺陷和漏洞，选择若干要点，写一篇600字左右的文章，对该论证的有效性进行分析和评论。（论证有效性分析的一般要点是：概念特别是核心概念的界定和使用是否准确并前后一致，有无各种明显的逻辑错误，论证的论据是否成立并支持结论，结论成立的条件是否充分等。）

近日，针对我国现在劳动年龄人口、经济主力人口越来越少的局面，有专家提出建议："十四五"期间，研究生教育学制如果能压缩一年，将焕发劳动力活力。其理由如下：

首先，过长学制对人生规划有影响。一般人研究生毕业都已二十四五岁甚至二十八九岁。研究生毕业后，近30岁才开始工作，家庭、育儿的事情又接踵而至，就难以在工作上投入全部精力，这样就无法收获事业上的成功。而如果缩短学制，研究生就能提前一年或两年进入劳动力市场，那他们的试错成本将会大大降低，就能选到自己心仪的工作。

其次，压缩学制有利于缓解社会老龄化的压力。我们正步入老龄化社会，适龄劳动力的数量相比之前有一定程度的减少，这就会导致社会整体创新能力的下降，如果能早点让学生毕业，劳动者的数量就会迅速增加，也就意味着劳动力的流转速度会加快，就能使创新能力回升，缓解老龄化带来的压力。

最后，压缩学制有利于减少企业用人压力。只有年轻、专业、"廉价"的劳动力，才是企业真正希望招募的。本硕22/25岁和本硕24/27岁，哪个更符合这个要求呢？当然是本硕22/25的学生。况且，现代人读研的原因并不是热爱本专业、喜欢科研，而仅仅是因为就业压力。硕士文凭只是个通用钥匙，很多人研究生期间所学的专业和最终就业行业的相关性并不高，进公司也要重新学习知识，早点进公司也是好事。

(改编自《专家建议：硕士、博士学制应再各缩短1年，读研只要1年！》，考研人)

57. 论说文：根据下述材料，写一篇700字左右的论说文，题目自拟。

2021年，柳州地方小吃螺蛳粉一跃成为全国知名的网红食品。但螺蛳粉走红背后，是当地政府和企业几年来努力的结果。

2015年初，柳州市政府提出螺蛳粉"产业化、标准化、品牌化、规模化"发展理念，确定了柳州螺蛳粉产业做袋装、走机械化生产的道路。此后，柳州陆续出台一系列螺蛳粉生产标准和发展规划，并制定袋装螺蛳粉标准、申请"柳州螺蛳粉"国家地理标志产品。

当地螺蛳粉企业经过不断地技术革新，研发出既还原美味，又可以长期保存、方便携带的袋装速食螺蛳粉，袋装螺蛳粉的保质期从起初的30天提高到60天、180天。这为螺蛳粉风靡网络打下了基础。

答案速查

一、数学基础

1～5	(D)(E)(B)(E)(C)	6～10	(A)(B)(A)(C)(B)
11～15	(C)(D)(D)(A)(E)	16～20	(A)(D)(A)(D)(D)
21～25	(E)(E)(E)(C)(D)	26～30	(C)(A)(A)(E)(E)
31～35	(B)(B)(A)(B)(B)		

二、逻辑推理

36～40	(A)(D)(B)(E)(E)	41～45	(A)(B)(D)(C)(B)
46～50	(D)(B)(A)(D)(A)	51～55	(D)(C)(B)(D)(B)

三、写作

略

答案详解

一、数学基础

1.（D）

【解析】利用等价无穷小替换求解函数极限.

题干出现复杂的三角函数,优先考虑将三角函数进行等价无穷小替换,由 $\lim\limits_{x\to\infty}\dfrac{x}{x^2+2}=\lim\limits_{x\to\infty}\dfrac{1}{x+\dfrac{2}{x}}=0$ 可得,当 $x\to\infty$ 时,$\dfrac{x}{x^2+2}\to 0$,$\sin\dfrac{x}{x^2+2}\sim\dfrac{x}{x^2+2}$,故

$$\lim\limits_{x\to\infty}3x\sin\dfrac{x}{x^2+2}=\lim\limits_{x\to\infty}\dfrac{3x^2}{x^2+2}=3\lim\limits_{x\to\infty}\dfrac{1}{1+\dfrac{2}{x^2}}=3.$$

2.（E）

【解析】洛必达法则求解"$\dfrac{\infty}{\infty}$"型的函数极限.

观察函数为"$\dfrac{\infty}{\infty}$"型,故使用洛必达法则,可得

$$\lim\limits_{x\to+\infty}\dfrac{\ln(1+ce^x)}{\sqrt{1+cx^2}}=\lim\limits_{x\to+\infty}\dfrac{ce^x}{1+ce^x}\cdot\dfrac{\sqrt{1+cx^2}}{cx}=\lim\limits_{x\to+\infty}\dfrac{cxe^x\sqrt{\dfrac{1}{x^2}+c}}{cxe^x(e^{-x}+c)}$$

$$=\lim\limits_{x\to+\infty}\dfrac{\sqrt{\dfrac{1}{x^2}+c}}{e^{-x}+c}=\dfrac{1}{\sqrt{c}},$$

根据题意，可知 $\dfrac{1}{\sqrt{c}}=4$，解得 $c=\dfrac{1}{16}$.

3.（B）

【解析】无穷大量.

当 $x\to 0$ 时，$x\sim\sin x\sim\tan x\sim e^x-1$，$1-\cos x\sim\dfrac{1}{2}x^2$.

(A)项：$x\to 0$，$\dfrac{\sin 3x}{x}\sim\dfrac{3x}{x}=3$.

(B)项：$\tan x\sim x\to 0$，$\cot x=\dfrac{1}{\tan x}\to\infty$，故 $\cot x$ 为无穷大量.

(C)项：$x\to 0$，$\dfrac{1-\cos x}{x}\sim\dfrac{\frac{1}{2}x^2}{x}=\dfrac{1}{2}x\to 0$.

(D)项：$x\to 0^+$ 时，$\dfrac{1}{x}\to+\infty$，$e^{\frac{1}{x}}\to+\infty$；$x\to 0^-$ 时，$\dfrac{1}{x}\to-\infty$，$e^{\frac{1}{x}}\to 0$.

(E)项：$x\to 0$，$\dfrac{e^{x^2}-1}{x}\sim\dfrac{x^2}{x}=x\to 0$.

综上可知，（B）项为无穷大量.

4.（E）

【解析】函数在一点处连续的条件.

由题干可知，函数在 $x=0$ 处连续，根据函数在某点处连续的条件 $\lim\limits_{x\to x_0}f(x)=f(x_0)$，可得

$$\begin{aligned}\lim_{x\to 0}f(x)&=\lim_{x\to 0}\dfrac{\int_0^{x^2}(e^t-\cos t)dt}{x^2\ln(1+x^2)}=\lim_{x\to 0}\dfrac{\int_0^{x^2}(e^t-\cos t)dt}{x^4}\\&=\lim_{x\to 0}\dfrac{(e^{x^2}-\cos x^2)2x}{4x^3}=\lim_{x\to 0}\dfrac{e^{x^2}-\cos x^2}{2x^2}=\lim_{x\to 0}\dfrac{2xe^{x^2}+2x\sin x^2}{4x}\\&=\lim_{x\to 0}\dfrac{e^{x^2}+\sin x^2}{2}=\dfrac{1}{2},\end{aligned}$$

所以，$f(0)=a=\dfrac{1}{2}$.

【注意】求函数极限时，若分子或者分母含有积分变限函数，一定要考虑使用洛必达法则，但在这个过程中，要灵活使用等价无穷小替换，减少每一步的求导难度.

5.（C）

【解析】导数的定义、已知极限求参数.

根据题意，可知

$$\lim_{x\to 0}\dfrac{f(\sin^3 x)}{\lambda x^k}=\lim_{x\to 0}\dfrac{f(\sin^3 x)}{\sin^3 x}\cdot\dfrac{\sin^3 x}{\lambda x^k}=f'(0)\lim_{x\to 0}\dfrac{\sin^3 x}{\lambda x^k}=\lim_{x\to 0}\dfrac{\sin^3 x}{\lambda x^k}=\lim_{x\to 0}\dfrac{x^3}{\lambda x^k}=\dfrac{1}{2},$$

解得 $k=3$，$\lambda=2$.

6.（A）

【解析】导数与微分的求解．

对 y 求导，可得

$$y'=2\sin x\cos xf'(\sin^2 x)-2\cos x\sin xf'(\cos^2 x)=\sin 2xf'(\sin^2 x)-\sin 2xf'(\cos^2 x),$$

故 $y'(0)=0$，由微分计算公式 $\mathrm{d}y|_{x=x_0}=y'(x_0)\mathrm{d}x$，可得 $\mathrm{d}y|_{x=0}=0\mathrm{d}x=0$.

7.（B）

【解析】导数几何意义的应用．

观察题干可知，点$(0,0)$是曲线外一点，故设切点为(x_0,y_0)，切线为$y=kx$，故有

$$k=y'|_{x=x_0}=-\frac{1}{2}\mathrm{e}^{-x_0}=\frac{y_0-0}{x_0-0}=\frac{\frac{1}{2}\mathrm{e}^{-x_0}}{x_0},$$

解得 $x_0=-1$，$y_0=\frac{1}{2}\mathrm{e}$，$k=-\frac{\mathrm{e}}{2}$，所以切线方程为 $y=-\frac{\mathrm{e}}{2}x$.

8.（A）

【解析】函数有界性的判断．

观察函数可知，$f(x)$无定义的点有2个，为$x=1$，$x=2$.

$$\lim_{x\to 1}\frac{x\sin(x-2)}{(x-1)(x-2)^2}=\infty,\quad \lim_{x\to 2}\frac{x\sin(x-2)}{(x-1)(x-2)^2}=\infty,$$

由所求极限值可知，函数在$x=1$，$x=2$的邻域内均无界，故排除(B)、(C)、(D)、(E)，只能选(A).

9.（C）

【解析】已知一元函数极值求参数．

已知 $y=x^3+ax^2+bx$ 在 $x=1$ 处有极值-2，则函数在极值点处有 $y'=0$，故有

$$y(1)=1+a+b=-2,\quad y'(1)=(3x^2+2ax+b)|_{x=1}=3+2a+b=0.$$

联立两个方程 $\begin{cases}1+a+b=-2,\\3+2a+b=0,\end{cases}$ 解得 $\begin{cases}a=0,\\b=-3.\end{cases}$

10.（B）

【解析】积分变限函数求导．

$f'(x)=\ln(2+x^2)\cdot 2x$. 令 $f'(x)=0$，可得 $x=0$，它是 $f'(x)$ 的唯一零点．

故 $f'(x)$ 的零点有1个．

11.（C）

【解析】函数的单调性、极值．

因为 $y=x^{\frac{2}{3}}-\frac{2}{3}x$ 的定义域为$(-\infty,+\infty)$，对其求一阶导数，可得

$$y' = \frac{2}{3}x^{-\frac{1}{3}} - \frac{2}{3} = \frac{2}{3}\left(\frac{1}{\sqrt[3]{x}} - 1\right),$$

当 $x=1$ 时，$y'=0$；当 $x=0$ 时，y' 不存在，故得表 3-1：

表 3-1

x	$(-\infty, 0)$	0	$(0, 1)$	1	$(1, +\infty)$
y'	$-$	不存在	$+$	0	$-$
y	单调递减	极小值	单调递增	极大值	单调递减

由表 3-1 可知，函数的单调递增区间为 $(0, 1)$，单调递减区间为 $(-\infty, 0)$ 和 $(1, +\infty)$，极大值为 $f(1) = \frac{1}{3}$，极小值为 $f(0) = 0$. 故选（C）项．

12.（D）

【解析】不定积分的计算（有理函数积分）．

$$\int \frac{1}{x^2 - 4} dx = \frac{1}{4} \int \left(\frac{1}{x-2} - \frac{1}{x+2}\right) dx = \frac{1}{4}(\ln|x-2| - \ln|x+2|) + C = \frac{1}{4}\ln\left|\frac{x-2}{x+2}\right| + C.$$

13.（D）

【解析】不定积分的凑微分法．

方法一：$\left(\arctan \frac{1+x}{1-x}\right)' = \frac{1}{1+\left(\frac{1+x}{1-x}\right)^2} \cdot \frac{1-x+1+x}{(1-x)^2} = \frac{(1-x)^2}{2(1+x^2)} \cdot \frac{2}{(1-x)^2} = \frac{1}{1+x^2}.$

方法二：令 $\tan\alpha = x$，可知 $\tan\left(\alpha + \frac{\pi}{4}\right) = \frac{1+\tan\alpha}{1-\tan\alpha} = \frac{1+x}{1-x}$，则 $\arctan\frac{1+x}{1-x} - \arctan x = \frac{\pi}{4}$，该式两边对 x 求导，得 $\left(\arctan\frac{1+x}{1-x}\right)' - (\arctan x)' = 0$，即 $\left(\arctan\frac{1+x}{1-x}\right)' = (\arctan x)' = \frac{1}{1+x^2}.$

故 $\int \frac{1}{1+x^2} \arctan\frac{1+x}{1-x} dx = \int \arctan\frac{1+x}{1-x} d\left(\arctan\frac{1+x}{1-x}\right) = \frac{1}{2}\left(\arctan\frac{1+x}{1-x}\right)^2 + C.$

14.（A）

【解析】定积分的计算．

令 $\sqrt{x-1} = t$，故 $t \in [0, 2]$，则有

$$\int_1^5 x\sqrt{x-1} dx = 2\int_0^2 (t^2+1)t^2 dt = 2\int_0^2 (t^4 + t^2) dt = 2\left(\frac{1}{5}t^5 + \frac{1}{3}t^3\right)\bigg|_0^2 = \frac{272}{15}.$$

15.（E）

【解析】分部积分法求解定积分．

使用分部积分法时，一般会根据"反、对、幂、三、指"的顺序确定 dv，排序在后的看成 dv，故

$$\int_1^e \frac{\ln x - 1}{x^2} dx = \int_1^e \left(\frac{\ln x}{x^2} - \frac{1}{x^2}\right) dx = \int_1^e \frac{\ln x}{x^2} dx - \int_1^e \frac{1}{x^2} dx = -\int_1^e \ln x \, d\left(\frac{1}{x}\right) - \int_1^e \frac{1}{x^2} dx$$

$$= -\frac{\ln x}{x}\bigg|_1^e + \int_1^e \frac{1}{x^2} dx - \int_1^e \frac{1}{x^2} dx = -\frac{\ln x}{x}\bigg|_1^e = -\frac{1}{e}.$$

16.（A）

【解析】定积分的计算.

由已知条件可得，$xf(x) = \frac{x}{\sqrt{1+x^2}} + x\int_0^1 xf(x) dx$，令$\int_0^1 xf(x) dx = A$，可得

$$A = \int_0^1 xf(x) dx = \int_0^1 \frac{x}{\sqrt{1+x^2}} dx + \int_0^1 Ax \, dx = \sqrt{1+x^2}\bigg|_0^1 + \frac{1}{2}Ax^2\bigg|_0^1 = \sqrt{2} - 1 + \frac{A}{2},$$

即 $A = \sqrt{2} - 1 + \frac{A}{2}$，解得 $A = 2\sqrt{2} - 2$，则有 $f(x) = \frac{1}{\sqrt{1+x^2}} + 2\sqrt{2} - 2$.

17.（D）

【解析】利用定积分计算平面图形的面积.

根据题意画出所围成的平面图形，如图3-1所示.

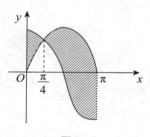

图 3-1

平面图形的面积为

$$S = \int_0^{\frac{\pi}{4}} (\cos x - \sin x) dx + \int_{\frac{\pi}{4}}^{\pi} (\sin x - \cos x) dx = \sin x\bigg|_0^{\frac{\pi}{4}} + \cos x\bigg|_0^{\frac{\pi}{4}} + (-\cos x)\bigg|_{\frac{\pi}{4}}^{\pi} - \sin x\bigg|_{\frac{\pi}{4}}^{\pi}$$

$$= \frac{\sqrt{2}}{2} + \left(\frac{\sqrt{2}}{2} - 1\right) - \left(-1 - \frac{\sqrt{2}}{2}\right) - \left(0 - \frac{\sqrt{2}}{2}\right) = \sqrt{2} - 1 + 1 + \frac{\sqrt{2}}{2} + \frac{\sqrt{2}}{2} = 2\sqrt{2}.$$

18.（A）

【解析】具体二元函数的一阶偏导数.

z 对 x 求偏导，可将 y 看成常数，则由一元函数的求导公式，得 $\frac{\partial z}{\partial x} = 2x + 3y$.

19.（D）

【解析】二元函数的全微分.

先分别计算函数对 x, y 的偏导数在 $(1, e)$ 处的值，可得

$$z(x, \mathrm{e}) = \frac{\mathrm{e}^x - 1}{\mathrm{e}} \Rightarrow z'_x = \mathrm{e}^{x-1} \Rightarrow \left.\frac{\partial z}{\partial x}\right|_{(1,\mathrm{e})} = 1,$$

$$z(1, y) = \frac{y-1}{y} = 1 - \frac{1}{y} \Rightarrow z'_y = \frac{1}{y^2} \Rightarrow \left.\frac{\partial z}{\partial y}\right|_{(1,\mathrm{e})} = \frac{1}{\mathrm{e}^2},$$

故 $\mathrm{d}z|_{(1,\mathrm{e})} = \mathrm{d}x + \mathrm{e}^{-2}\mathrm{d}y$.

20.（D）

【解析】求多元函数的表达式.

令 $x = 2$，$y = f(x, y)$，代入 $f(x, y) = 3x + 2y$ 中，得

$$f(2, f(x, y)) = 3 \cdot 2 + 2f(x, y) = 6x + 4y + 6.$$

21.（E）

【解析】求多元函数的一阶偏导数值.

为了简化运算，求某一点处关于 x 的一阶偏导数值，可以先将 y 的值代入多元函数中，得到只关于 x 的函数，即 $f(x, 1) = x^3$，故 $f'_x(1, 1) = 3x^2|_{x=1} = 3$.

22.（E）

【解析】多元函数的极值问题.

求函数对 x，y 的一阶偏导、二阶偏导，分别为

$$f'_x(x, y) = y - \frac{1}{x},\ f'_y(x, y) = x - \frac{1}{y^2},$$

$$A = f''_{xx}(x, y) = \frac{1}{x^2},\ B = f''_{xy}(x, y) = 1,\ f''_{yy}(x, y) = 2y^{-3}.$$

令 $f'_x(x, y) = 0$，$f'_y(x, y) = 0$，得 $xy = 1$ 且 $xy^2 = 1$，解得 $x = 1$，$y = 1$，故函数 $f(x, y)$ 的可能极值点为 $(1, 1)$.

当 $x = 1$，$y = 1$ 时，$A = 1$，$B = 1$，$C = 2$，$AC - B^2 > 0$ 且 $A > 0$，故点 $(1, 1)$ 是 $f(x, y)$ 的极小值点，极小值为 2.

23.（E）

【解析】范德蒙行列式计算.

由范德蒙行列式 $\begin{vmatrix} 1 & 1 & \cdots & 1 \\ x_1 & x_2 & \cdots & x_n \\ \vdots & \vdots & \ddots & \vdots \\ x_1^{n-1} & x_2^{n-1} & \cdots & x_n^{n-1} \end{vmatrix} = \prod_{1 \leqslant j < i \leqslant n} (x_i - x_j)(n \geqslant 2)$，可知将行列式行、列互换，行列式的值不变，故有

$$D = \begin{vmatrix} 1 & 1 & 1 & 1 \\ 1 & 2 & 3 & 4 \\ 1 & 4 & 9 & 16 \\ 1 & 8 & 27 & 64 \end{vmatrix} = (2-1)(3-1)(4-1)(4-2)(3-2)(4-3) = 12.$$

24.（C）

【解析】 抽象行列式的计算.

由行列式的性质，可得

$$|B| = |\alpha_3, 2\alpha_1+\alpha_2, 3\alpha_2| = 3|\alpha_3, 2\alpha_1+\alpha_2, \alpha_2|$$
$$= 3|\alpha_3, 2\alpha_1, \alpha_2| = 6|\alpha_3, \alpha_1, \alpha_2|$$
$$= 6|\alpha_1, \alpha_2, \alpha_3| = 6|A| = 12.$$

25.（D）

【解析】 齐次线性方程组解向量的性质.

由 A，B 为五阶矩阵，且 $AB=O$ 可知，$r(B)$ 小于等于 $Ax=0$ 的解向量的个数 $5-r(A)$，故 $r(A)+r(B)\leqslant 5$. 若 $r(A)=4$，则 $r(B)\leqslant 1$.

又因为 B 为非零矩阵，则 $r(B)\geqslant 1$.

综上可知，若 $r(A)=4$，则 $r(B)=1$.

26.（C）

【解析】 矩阵秩的问题.

$$A = \begin{pmatrix} a & 1 & 1 \\ 1 & a & 1 \\ 1 & 1 & a \end{pmatrix} \to \begin{pmatrix} 1 & 1 & a \\ 1 & a & 1 \\ a & 1 & 1 \end{pmatrix} \to \begin{pmatrix} 1 & 1 & a \\ 0 & a-1 & 1-a \\ 0 & 1-a & 1-a^2 \end{pmatrix} \to \begin{pmatrix} 1 & 1 & a \\ 0 & a-1 & 1-a \\ 0 & 0 & (a+2)(a-1) \end{pmatrix},$$

由 $r(A)=2$，得 $\begin{cases} a-1\neq 0, \\ (a+2)(a-1)=0, \end{cases}$ 即 $a=-2$.

27.（A）

【解析】 已知向量组的秩求向量中的未知参数.

$$(\alpha_1, \alpha_2, \alpha_3) = \begin{pmatrix} 1 & 2 & 0 \\ 1 & 1 & a \\ -2 & -1 & 6 \end{pmatrix} \to \begin{pmatrix} 1 & 2 & 0 \\ 0 & -1 & a \\ 0 & 0 & 6+3a \end{pmatrix},$$

若向量组 α_1，α_2，α_3 的秩为 2，则 $6+3a=0$，解得 $a=-2$.

28.（A）

【解析】 非齐次线性方程组的解的情况.

将非齐次线性方程组的增广矩阵 $\overline{A}$ 进行初等行变换化为阶梯形矩阵，可得

$$\overline{A} = \begin{pmatrix} 1 & 2 & 1 & 1 \\ 2 & 3 & a+2 & 3 \\ 1 & a & -2 & 0 \end{pmatrix} \to \begin{pmatrix} 1 & 2 & 1 & 1 \\ 0 & -1 & a & 1 \\ 0 & a-2 & -3 & -1 \end{pmatrix} \to \begin{pmatrix} 1 & 2 & 1 & 1 \\ 0 & -1 & a & 1 \\ 0 & 0 & (a-3)(a+1) & a-3 \end{pmatrix},$$

已知非齐次线性方程组无解，则 $r(\overline{A})\neq r(A)$，即 $(a-3)(a+1)=0$ 且 $a-3\neq 0$，解得 $a=-1$.

29.（E）

【解析】 齐次线性方程组的通解.

由 $r(A)=n-1$ 可知，$Ax=0$ 的基础解系中只有一个解向量，其通解的形式为 $k\alpha$，需满足 k

为任意常数，$\boldsymbol{\alpha}$ 为非零向量．

(A)项：不满足通解的形式，故排除；

(B)项：$\boldsymbol{\alpha}_2$ 是方程组 $\boldsymbol{A}\boldsymbol{x}=\boldsymbol{0}$ 的解，故 $\boldsymbol{\alpha}_2$ 可能为零向量，故排除，同理，(C)项也排除；

(D)项：令 $\boldsymbol{\alpha}_1=-\boldsymbol{\alpha}_2$，则 $\boldsymbol{\alpha}_1+\boldsymbol{\alpha}_2$ 为零向量，故排除；

(E)项：因为 $\boldsymbol{\alpha}_1,\boldsymbol{\alpha}_2$ 是方程组 $\boldsymbol{A}\boldsymbol{x}=\boldsymbol{0}$ 的两个不同的解，则 $\boldsymbol{\alpha}_1-\boldsymbol{\alpha}_2$ 一定不为零向量，故(E)项正确．

30.（E）

【解析】概率的性质．

根据加法公式 $P(A+B)=P(A)+P(B)-P(AB)$，由题意可得，$P(AB)=0$，(D)项正确；

由 $P(AB)=0$，可得 $P(ABC)=0$，故 $P(AC+BC)=P(AC)+P(BC)-P(ABC)=P(AC)+P(BC)$，(C)项正确；

$$P((A+B)|C)=\frac{P((A+B)C)}{P(C)}=\frac{P(AC)+P(BC)}{P(C)}=P(A|C)+P(B|C)，故(A)项正确；$$

$P(ABC)=0$，则 $P(AB\overline{C})=0$，因此有

$$P((A+B)|\overline{C})=\frac{P((A+B)\overline{C})}{P(\overline{C})}=\frac{P(A\overline{C})+P(B\overline{C})-P(AB\overline{C})}{P(\overline{C})}$$

$$=\frac{P(A\overline{C})+P(B\overline{C})}{P(\overline{C})}=P(A|\overline{C})+P(B|\overline{C}),$$

故(B)项正确；

根据排除法，选(E)项．

【注意】概率为 0 的事件未必是不可能事件，所以当 $P(AB)=0$ 时，则 AB 可能为空集，即 A,B 互不相容；AB 也可能是连续型随机变量中某一点，此时 $P\{AB=k\}=0$．

31.（B）

【解析】概率的运算．

由加法公式，可得 $P(A+B)=P(A)+P(B)-P(AB)$，由 A,B 相互独立，可得
$$0.88=0.7+P(B)-0.7P(B)\Rightarrow P(B)=0.6,$$

根据独立性的相关性质，可知 $P(A-B)=P(A\overline{B})=P(A)P(\overline{B})=0.7\times 0.4=0.28.$

【注意】"A 和 B"相互独立，则"A 和 $\overline{B}$""$\overline{A}$ 和 B""$\overline{A}$ 和 $\overline{B}$"均相互独立．

32.（B）

【解析】连续型随机变量概率密度的性质．

$f(x)$ 不可以为奇函数，不满足非负性 $f(x)\geqslant 0$；$f(x)$ 不一定为连续函数，例如 X 服从均匀分布；$f(x)$ 不一定是单调递增函数，也不一定有对称轴．

当 X 服从标准正态分布时，$f(x)$ 是偶函数，(B)项正确．

33.（A）

【解析】求离散型随机变量函数的分布律．

随机变量 X 的取值为 $-2,0,2$，则 $Y=X^2-1$ 的取值为 $-1,3$，概率分别为

$$P\{Y=-1\}=P\{X=0\}=\frac{1}{2}, \quad P\{Y=3\}=1-P\{X=0\}=\frac{1}{2}.$$

观察选项，可知选(A).

34. (B)

【解析】指数分布的性质.

由 $X \sim E(\lambda)$ 可知 $D(X) = \frac{1}{\lambda^2}$. X 的分布函数为 $F(x)=\begin{cases} 1-e^{-\lambda x}, & x \geqslant 0, \\ 0, & x<0. \end{cases}$ 故

$$P\{X > \sqrt{D(X)}\} = P\left\{X > \frac{1}{\lambda}\right\} = 1 - P\left\{X \leqslant \frac{1}{\lambda}\right\} = 1 - F\left(\frac{1}{\lambda}\right) = 1-(1-e^{-1}) = e^{-1}.$$

35. (B)

【解析】期望的计算.

根据期望的计算公式，可知

$$E(3aX) = \int_0^{\frac{1}{\theta}} 3ax \cdot 2x\theta^2 \, dx = 2a\theta^2 x^3 \Big|_0^{\frac{1}{\theta}} = \frac{2a}{\theta} = \frac{1}{\theta} \Rightarrow 2a=1 \Rightarrow a=\frac{1}{2}.$$

二、逻辑推理

36. (A)

【解析】母题 18・论证的削弱

题干：只要信用卡被盗刷时使用了密码，银行均视为持卡人本人所为，对所发生的损失概不负责 $\xrightarrow{\text{证明}}$ 不设密码，自己的信用卡会更安全。

(A)项，诉诸无知。

(B)项，可以削弱，犯罪分子伪造设有密码的信用卡时，如果不能获取密码就无法盗刷，说明还是设密码更安全。

(C)项，可以削弱，说明设了密码的信用卡在遗失时更不容易被盗刷。

(D)项，可以削弱，说明信用卡不设密码有坏处，会使卡主承担部分损失，因此还是应该设置密码。

(E)项，可以削弱，说明设了密码的信用卡，即使信用卡遗失了，无法通过卡主的动态人脸识别就不可能被盗刷，对比未设置密码可直接使用，设置密码明显是更安全的。

37. (D)

【解析】母题 36・数量关系的解释

待解释的矛盾：一家大型公司撤销了占员工总数 25% 的三个部门，且再也没有聘用新员工，但实际结果是，该公司员工总数仅仅减少了 15%。

(A)项，不能解释，员工提前退休也属于员工数量的减少，因此不能解释题干中的矛盾。

(B)项，"公司继续裁员"的话，员工总数减少应该大于 25%，加剧了题干中的矛盾。

(C)项，无关选项，此项不涉及员工数量的增减。

(D)项,可以解释,三个部门被撤销,但并没有裁掉三个部门的所有员工,这样就解释了题干中的矛盾。

(E)项,不能解释,未被撤销部门的员工辞职了,那么实际减员人数应该更多才对,加剧了题干中的矛盾。

38.（B）

【解析】母题21·论证的推论

题干中列举了一个例证：A牌奶粉与B牌奶粉进行了两年的比较广告战,反而缩小了各自的市场份额,说明比较广告战有可能缩小目标市场,故(B)项正确。

(A)项,无关选项,题干中说的是"不再扩张的市场"。

(C)项,无关选项,题干的论证不涉及消费者是否能判断广告的正确性。

(D)项,"任何情况下",过于绝对。

(E)项,推理过度。

39.（E）

【解析】母题1·充分与必要

将题干信息形式化：

一定能在法律上支持安乐死→具备剥夺人生命的权利。

逆否得：不具备剥夺人生命的权利→不一定能在法律上支持安乐死,等价于：不具备剥夺人生命的权利→可能不能在法律上支持安乐死。

根据题干"法律对这样的权利是无法保障的",即不具备剥夺人生命的权利,故可得：可能不能在法律上支持安乐死。

故(E)项为真。

40.（E）

【解析】母题21·论证的推论

题干：鱼龙为了适应海洋环境,使自身体貌特征与鱼类的体貌特征趋于一致 —证明→ 趋同是不同种类的生物为适应同一环境而各自发育形成一个或多个相似体貌特征的过程。

(A)项,"完全相同"过于绝对。

(B)项,是不是"近亲"题干没有涉及,无关选项。

(C)项,"完全"过于绝对。

(D)项,"一定"过于绝对。

(E)项,由于不同种类的生物为适应环境可以发育成与其他生物相似的体貌特征,所以不能因为体貌特征相似就把它们归为一类生物。

41.（A）

【解析】母题1·充分与必要

中国调味品协会某副会长认为：

①按国家标准加添加剂→没有安全问题。

②有些企业：未加添加剂∧强调自己未加添加剂→不公平。

由②可得：公平→加添加剂∨¬强调自己未加添加剂，故(A)项正确。

其余各项均不能推出。

42. (B)

【解析】母题3·串联推理

将题干信息形式化：

①许多温和宽厚的教师→好教师。

②有的严肃∧不讲情面的教师→好教师。

③好教师→学识渊博。

将题干信息①、③串联得：许多温和宽厚的教师→好教师→学识渊博。

将题干信息②、③串联得：有的严肃∧不讲情面的教师→好教师→学识渊博。

(A)项，可真可假，许多温和宽厚的教师→学识渊博，"许多"可以推"有的"，"有的"不能推"许多"，因此题干可以得出"有的学识渊博的教师是温和宽厚的"。

(B)项，有的严肃∧不讲情面的教师→学识渊博，运用"有的互换原则"，可得"有的学识渊博→严肃∧不讲情面的教师"，为真。

(C)项，不能推出，题干中"所有的好教师都是学识渊博的人"，不能得出"所有学识渊博的教师都是好教师"。

(D)项，可真可假，由题干信息③得出"有的学识渊博的教师是好教师"为真，与"有些学识渊博的教师不是好教师"是下反对关系，一真另不定，因此，可真可假。

(E)项，可真可假，"有的严肃且不讲情面的教师是好教师"为真，无法断定"所有严肃且不讲情面的教师都是好教师"的真假。

43. (D)

【解析】母题18·论证的削弱

题干：用棉花棒掏耳垢就是一种好习惯，它会防止耳垢的堆积影响听力 —证明→ 学校应该教育孩子培养有利于健康的卫生习惯。

Ⅰ项，无关选项，题干不涉及良好习惯的培养年龄。

Ⅱ项，说明掏耳垢可能会引发不良后果，削弱题干的论据。

Ⅲ项，说明清除耳垢后容易引发炎症，削弱题干的论据。

故(D)项正确。

44. (C)

【解析】母题14·方位题

以序号为依据，将题干条件化为不等式：

①Q<H。②X种植在1号或6号菜池中。③3号菜池种植Y或S。④S<L，且二者相邻。

因为S种植在偶数号菜池中，则根据题干条件③可得，Y必然种植在3号菜池中。

又由题干条件④可得：S不能种植在2号和6号菜池中，则S必然种植在4号菜池中，故L种植在5号菜池中。

故(C)项正确。

45．（B）

【解析】母题14·方位题

题干已知条件如下：

①Q<H。

②X种植在1号或6号菜池中。

③3号菜池种植Y或S。

④S<L，且二者相邻。

由本题又知：⑤S和Q种植在奇数号的菜池中。

根据题干条件①可知，H不可能种植在1号菜池中，故排除(A)项。

根据题干条件④和"S种植在奇数号的菜池中"可知，L必然种植在偶数号的菜池中，故排除(D)、(E)项。

若(C)项为真，则H种植在4号菜池中，再根据题干条件④可知，S不种植在3号菜池中，则S可种植在1号或5号菜池中。若S种植在1号菜池中，则L种植在2号菜池中，根据条件③，Y必然种植在3号菜池中，根据条件⑤可得：Q必然种植在5号菜池中，与题干条件①矛盾。若S种植在5号菜池中，则L种植在6号菜池中。因为Y必然种植在3号菜池中，所以Q只能种植在1号菜池中，则与题干条件②相违背。因此，排除(C)项。

故正确答案为(B)项。

46．（D）

【解析】母题22·论证的评价

(A)项，由实验数据得到一般性结论，用的是归纳法，正确。

(B)项，"症状越严重的患者感知黑白对比的能力越弱"就是利用了抑郁症状与患者感知黑白对比能力之间的共变关系，共变法，正确。

(C)项，研究人员的结果"抑郁症患者视网膜感知黑白对比的能力明显弱于健康者"就是对抑郁症患者与健康者感知黑白对比能力的比较，求异法，正确。

(D)项，研究人员没有提出假说，不正确。

(E)项，显然正确。

47．（B）

【解析】母题19·论证的支持

"气候变暖派"：1900年以来地球变暖完全是由人类排放温室气体所致。只要二氧化碳的浓度继续增加，地球就会继续变暖；两极冰川融化会使海平面上升，一些岛屿将被海水淹没。

"气候周期派"：地球气候主要由太阳活动决定，全球气候变暖已经停止，目前正处于向"寒冷期"转变的过程中。

(A)项，可以支持，指出气温自 1998 年以来没有继续上升，支持"全球气候变暖已经停止"。

(B)项，无关选项，"南半球暴雨成灾，洪水泛滥"与气候变暖的关系不明确。

(C)项，可以支持，支持了气候周期派中"全球目前正处于向'寒冷期'转变的过程中"的观点。

(D)项，可以支持，指出大堡礁的面积目前正在扩大，反驳了"气候变暖派"中"一些岛屿将被海水淹没"的观点，相应地支持了"气候周期派"的观点。

(E)项，可以支持，说明寒冷和温暖交替出现。

48.（A）

【解析】母题 18·论证的削弱

题干有以下信息：

(1)大学排名不像企业排名那样容易。

(2)大学排名的必须前提有：①成熟的市场经济体制；②稳定的制度；③公认的公正排名机构。

(3)在我国，大学排名的前提条件远不具备，公认的大学排名机构还未产生。因此，我国目前不宜进行大学排名。

(A)项，无关选项，题干讨论大学排名的可行性，而此项讨论的是大学排名的影响。

(B)项，削弱题干中的大学排名的必须前提①。

(C)项，削弱题干，说明不准确的排名也可以供参考。

(D)项，削弱题干，质疑题干信息(3)，说明公认的大学排名机构可以从排名实践中产生。

(E)项，削弱题干中的大学排名的必须前提②。

49.（D）

【解析】母题 9·真假话问题

题干中，张教练和孙教练的预测是矛盾的，故必有一真。因为"只有一位教练的预测正确"，所以王教练的预测一定是错误的，即省运会冠军和国家队队员都不达标。

故(D)项正确。

50.（A）

【解析】母题 25·因果关系的支持

题干：

无 WiFi 发射器的潮湿房间：种子发芽率为 95.4%；

有 WiFi 发射器的房间：种子发芽率为 85.3%；

故，WiFi 辐射会影响人体健康。

专家：实验不严谨，不能由此断定 WiFi 辐射对人体有害。

(A)项，说明 WiFi 辐射确实会对人体产生不利影响，并且这种影响与 WiFi 的频率和 WiFi 与人的距离有关,削弱专家的观点。

(B)项,此实验中存在两个影响因素:"潮湿"和"WiFi",此项指出了这一点,支持专家的观点。

(C)项,支持专家的观点,说明丹麦中学生的实验没有排除其他差异因素。

(D)项,支持专家的观点,人类属于动物,因此考察 WiFi 辐射对人体的影响应根据动物的实验,单凭植物的实验无法断定。

(E)项,支持专家的观点,说明用植物实验来验证人体的健康情况无效。

51. (D)

【解析】母题 8·隐含三段论

题干中的前提:有的外科医生→协和医科大学 8 年制的博士毕业生,等价于:有的协和医科大学 8 年制的博士毕业生→外科医生。

题干中的结论:有些协和医科大学 8 年制的博士毕业生→有着精湛的医术。

要想得出结论需补充的前提是:外科医生→有着精湛的医术。

故(D)项正确。

52. (C)

【解析】母题 5·二难推理

将题干信息形式化:

①允许出卖房屋→允许出让宅基地的使用权。

②允许出让宅基地的使用权→损害农民生存权益。

③¬允许出卖房屋→侵害农民资产权益。

将题干信息①、②串联可得:④允许出卖房屋→允许出让宅基地的使用权→损害农民生存权益。

根据二难推理,由题干信息③、④可得:损害农民生存权益∨侵害农民资产权益,等价于:¬损害农民生存权益→侵害农民资产权益,故(C)项正确。

53. (B)

【解析】母题 22·论证的评价

政治家:汽油价格在去年一年中涨了 10%,乘车的费用涨了 12%,报纸价格涨了 15%,清洁剂价格涨了 15%,面包价格涨了 50% —证明→那些声称去年全年消费物价涨幅低于 3% 的经济学家是错误的。

政治家通过部分产品价格的涨幅,推断所有产品价格的涨幅,样本没有代表性,故(B)项正确。

(A)项,诉诸人格。

(C)项,诉诸情感。

(D)项,诉诸权威。

(E)项,不当类比。

54. (D)

【解析】 母题 13·排序题

题干有以下信息：

①每一名运动员不是市队的就是省队的，但不可能都是。

②这 6 名运动员中有 2 名是女性，有 4 名是男性。

③裁判给 2 名女运动员都颁了奖，其中恰好有 1 名是省队的。

④恰好有 1 名省队的运动员赢得了奖牌。

⑤赵和孙在李的前面，李在钱和周的前面。

⑥赵和孙是市队的运动员。

⑦李和吴是省队的运动员。

⑧获得前 4 名的运动员各发一个奖牌。

根据题干信息③、④、⑧可知，前 4 名中，省队的只有 1 人，且为女性。

根据题干信息⑦、⑤可知，李肯定在前 4 名中，且是省队的，故李是女性。

根据题干信息⑤可知，赵、孙肯定在前 4 名中。又根据题干信息④可知，赵、孙是市队的。

假设吴在前 4 名中，根据题干信息⑦可知，前 4 名中有 2 名省队的，不符合题干信息④，故吴不在前 4 名中。

因此，钱和周有 1 人在前 4 名中，根据题干信息④可知，钱和周至少有 1 人是市队的。

故(D)项正确。

55. (B)

【解析】 母题 13·排序题

根据上题分析可知，李是省队的女运动员，在前 4 名中。

由题干信息③、④可知，进入前 4 名的省队运动员只有 1 人，即进入前 4 名的省队女性运动员是李。

根据题干信息⑤可知，李的排名在第 3 名或者第 3 名以后，故女性省队运动员不可能得第 2 名。

故(B)项为正确答案。

其余各项中的话皆有可能正确。

三、写作

56. 论证有效性分析

【谬误分析】

①"近 30 岁才开始工作"不能推出"无法收获事业上的成功"，因为一个人可能工作到五六十岁，其职业生涯时间可以是很长的，其工作的起点不能说明工作的终点。

②事业的成功与否受到多种因素的影响，诸如学识、机遇、经验等等，投入精力的多少并不是决定事业成功与否的唯一标准。

③"缩短学制"与"选到心仪的工作"不存在必然联系。缩短学制的确能够降低研究生的试错成本，让他们多一些选择和熟悉工作的机会，增加其获得事业上成功的可能性，但选择的结果如何，究竟能否选到心仪的岗位尚未可知。

④创新能力受政府政策、社会意识、市场体制等多重因素的影响，仅凭劳动力数量减少未必能推得社会创新能力下降。同理，仅仅靠增加劳动者的数量也未必能够提升创新能力。

⑤"只有年轻、专业、'廉价'的劳动力，才是企业真正希望招募的"有强置必要条件的嫌疑。许多职业是需要长期积累经验的，如教师、医生等，并不是所有企业都只需要年轻、廉价的劳动力。

⑥"现代人读研的原因并不是热爱本专业"过于绝对，选择读研的人群中不乏潜心研究、对科研有热情有激情的人，也有许多人选择跨专业读研，把考研作为高考之后第二次选择专业和未来的机会，很多人会选择自己喜欢的专业进行学习，所以未必不会选择本专业来工作。

参考范文

压缩学制能焕发劳动力活力？

老吕助教　江徕

上述材料通过一系列论证试图说明"压缩研究生教育学制，将会焕发劳动力活力"，然而其论证过程存在多处逻辑谬误，分析如下：

首先，"近30岁才开始工作"不能推出"无法收获事业上的成功"，因为一个人可能工作到五六十岁，其职业生涯时间可以是很长的，其工作的起点不能说明工作的终点。此外，事业的成功与否受到多种因素的影响，诸如学识、机遇、经验等等，投入精力的多少并不是决定事业成功与否的唯一标准。

其次，"缩短学制"与"选到心仪的工作"不存在必然联系。缩短学制的确能够降低研究生的试错成本，让他们多一些选择和熟悉工作的机会，获得事业上成功的可能性增加，但选择的结果如何，究竟是否选到心仪的岗位尚未可知。

再次，"适龄劳动力数量减少"导致"社会整体创新能力下降"，过于绝对。创新能力受政府政策、社会意识、市场体制等多重因素的影响，仅凭劳动力数量减少未必能推得社会创新能力下降。同理，仅仅靠增加劳动者的数量也未必能够提升创新能力。

最后，"只有年轻、专业、'廉价'的劳动力，才是企业真正希望招募的"有强置必要条件的嫌疑。许多职业是需要长期积累经验的，如教师、医生等，并不是所有企业都只需要年轻、廉价的劳动力。

综上，由于材料存在多处逻辑谬误，通过压缩研究生教育学制来焕发劳动力活力的建议未必可行。

（全文共552字）

57. 论说文

螺蛳粉走红阐释"改变"的力量

张英俊

2021年，螺蛳粉一跃成为"国民网红食品"。螺蛳粉的短时间爆红并非偶然，而是政府和企业坚定不移走变革之路的成果。

统一的标准规范，为螺蛳粉刻上了"走红的基因"。早在2015年初，柳州市政府便积极寻求变革，提出螺蛳粉"产业化、标准化、品牌化、规模化"的发展理念，并出台了一系列螺蛳粉生产标准和发展规划。正是这些统一的工业化标准，让螺蛳粉有了更规范的发展，为螺蛳粉产业的壮大打下了坚实基础。

企业工艺的创新变革，推进了螺蛳粉产业的转型升级。食品加工技术的革新，让能够长期保存、方便携带的袋装螺蛳粉得以面世；技术工艺的改进和探索，让螺蛳粉能够更精准地迎合市场的消费需求。

政府的稳中求变、变中求新，让螺蛳粉驶上了发展的快车道。从申请"柳州螺蛳粉"国家地理标志产品，到建立螺蛳粉产品质量检测中心，再到建立螺蛳粉产业园，螺蛳粉走红背后，离不开政府既有力度、也有精度的变革创新。

在多重因素的驱动下，经过多年蓄力，螺蛳粉终于"从小众走向流行，从柳州走向世界"。

在未来，螺蛳粉市场要想避免"红得快，也凉得快"，还需政府和企业严把质量、不断变革。政府要严控螺蛳粉原料、储存、加工等环节，做好螺蛳粉产品质量监管，确保产品质量安全；对于企业来说，首先要提高责任意识和食品安全意识，不弄虚作假、不滥用食品添加剂，保障消费者"舌尖上的安全"；其次，要紧跟市场需求的发展步伐，适时开发新的产品和周边，使企业立于不败之地。

"变革是企业活力的源泉所在"。螺蛳粉的"爆红出圈"也再次印证，企业发展要靠变革，企业成功的关键也在于变革。

（全文共640字）

绝密★启用前

全国硕士研究生招生考试
经济类专业学位联考综合能力试题
密押卷 4

(科目代码：396)

考试时间：8：30—11：30

考生注意事项

1. 答题前，考生须在试题册指定位置上填写考生姓名和考生编号；在答题卡指定位置上填写报考单位、考生姓名和考生编号，并涂写考生编号信息点。

2. 选择题的答案必须涂写在答题卡相应题号的选项上，非选择题的答案必须书写在答题卡指定位置的边框区域内。超出答题区域书写的答案无效；在草稿纸、试题册上答题无效。

3. 填(书)写部分必须使用黑色字迹签字笔或者钢笔书写，字迹工整、笔迹清楚；涂写部分必须使用2B铅笔填涂。

4. 考试结束，将答题卡和试题册按规定交回。

考生编号														
考生姓名														

一、**数学基础**：第 1～35 小题，每小题 2 分，共 70 分。下列每题给出的五个选项中，只有一个选项是最符合试题要求的。请在答题卡上将所选项的字母涂黑。

1. 设函数 $f(x)=\sqrt{9-x^2}+\arcsin(x-1)+x^0$，则 $f(x)$ 的定义域为（   ）.

    (A) $[-3,3]$ (B) $[0,2]$ (C) $(0,2]$

    (D) $[-3,0)\cup(0,3]$ (E) $[-3,0)\cup(0,2]$

2. $\lim\limits_{x\to 0}\dfrac{x(e^x+1)-2(e^x-1)}{x^3}=$（   ）.

    (A) 1   (B) $\dfrac{1}{2}$ (C) $\dfrac{1}{3}$

    (D) $\dfrac{1}{6}$ (E) $\dfrac{1}{12}$

3. 设函数 $f(x)=\begin{cases}\dfrac{e^x-\cos x}{x},&x\neq 0,\\ a,&x=0\end{cases}$ 在 $x=0$ 处连续，则 $a=$（   ）.

    (A) 0   (B) 1   (C) 2

    (D) 3   (E) 4

4. $\lim\limits_{x\to 0}(\cos x)^{2x^{-2}}=$（   ）.

    (A) $\dfrac{1}{e}$ (B) $\dfrac{2}{e}$ (C) e

    (D) $2e$ (E) $-e$

5. 设 $f(x)$ 在 $x=a$ 的某个邻域内有定义，则 $f(x)$ 在 $x=a$ 处可导的一个充分条件是（   ）.

    (A) $\lim\limits_{h\to +\infty}\dfrac{f\left(a+\dfrac{1}{h}\right)-f(a)}{\dfrac{1}{h}}$ 存在   (B) $\lim\limits_{h\to -\infty}\dfrac{f\left(a+\dfrac{1}{h}\right)-f(a)}{\dfrac{1}{h}}$ 存在

    (C) $\lim\limits_{h\to 0}\dfrac{f(a+2h)-f(a+h)}{h}$ 存在   (D) $\lim\limits_{h\to 0}\dfrac{f(a+h^2)-f(a)}{h^2}$ 存在

    (E) $\lim\limits_{h\to 0}\dfrac{f(a)-f(a-h)}{h}$ 存在

6. 曲线 $y=2\sin x+x^2$ 在原点处的法线方程为（   ）.

    (A) $y=x$ (B) $y=4x$ (C) $y=-\dfrac{1}{2}x$

    (D) $y=-\dfrac{1}{4}x$ (E) $y=-x$

7. 设 $f(x)=\lim\limits_{n\to\infty}\dfrac{(n-2)x}{nx^2+2}$，则下列说法正确的是（　　）．

(A) $f(x)$在$(-\infty,+\infty)$上连续　　　　　　　(B) $x=0$ 为 $f(x)$的间断点

(C) $f(x)$的间断点类型为可去间断点　　　　(D) $f(x)$的间断点类型为跳跃间断点

(E) $f(x)$有3个间断点

8. 设 $y=f(x)$由方程 $\ln(x^2+y^3)=xy+\sin x$ 所确定，则 $\mathrm{d}y|_{x=0}=(\ \ )$．

(A) $2\mathrm{d}x$　　　　　　　(B) $\mathrm{d}x$　　　　　　　(C) 0

(D) $\dfrac{1}{2}\mathrm{d}x$　　　　　　　(E) $\dfrac{2}{3}\mathrm{d}x$

9. 设点 $x=2$ 是函数 $y=x^3+ax^2$ 的驻点，则 $a=(\ \ )$．

(A) -3　　　　　　　(B) -2　　　　　　　(C) -1

(D) 0　　　　　　　(E) 1

10. 设函数 $f(x),g(x)$ 具有二阶导数，且 $g(x_0)=a$，$g'(x_0)=0$，$g''(x)<0$，则 $f[g(x)]$ 在 x_0 处取极大值的一个充分条件是（　　）．

(A) $f'(a)<0$　　　　　　　(B) $f'(a)>0$　　　　　　　(C) $f'(a)=0$

(D) $f''(a)<0$　　　　　　　(E) $f''(a)>0$

11. 设 $\begin{cases}x=t^2+t\\ y=\sin t\end{cases}$，则 $\dfrac{\mathrm{d}y}{\mathrm{d}x}\bigg|_{t=0}=(\ \ )$．

(A) 0　　　　　　　(B) 1　　　　　　　(C) 2

(D) 3　　　　　　　(E) 4

12. $\displaystyle\int\dfrac{x\mathrm{e}^x}{(x+1)^2}\mathrm{d}x=(\ \ )$．

(A) $\dfrac{\mathrm{e}^x}{(x+1)^2}+C$　　　　(B) $\dfrac{\mathrm{e}^x}{x+1}+C$　　　　(C) $-\dfrac{\mathrm{e}^x}{x+1}+C$

(D) $-\dfrac{\mathrm{e}^x}{(x+1)^2}+C$　　　　(E) $\dfrac{x\mathrm{e}^x}{x+1}+C$

13. $\displaystyle\int\dfrac{2\sin x+11\cos x}{3\sin x+4\cos x}\mathrm{d}x=(\ \ )$．

(A) $2x+\ln|3\sin x+4\cos x|+C$　　　　(B) $2x-\ln|3\sin x+4\cos x|+C$

(C) $11x+\ln|2\sin x+11\cos x|+C$　　　　(D) $11x-\ln|2\sin x+11\cos x|+C$

(E) $\ln|2\sin x+11\cos x|+C$

14. $\displaystyle\int_0^{\pi^2}\sqrt{x}\cos\sqrt{x}\,\mathrm{d}x=(\ \ )$．

(A) -4π　　　　　　　(B) -2π　　　　　　　(C) 0

(D) 2π　　　　　　　(E) 4π

15. 设 $f'(e^x) = xe^{-x}$，且 $f(1)=0$，则 $f(x)=(\quad)$.

(A) $-\dfrac{1}{2}x^2 - \dfrac{1}{2}$ (B) $\ln^2 x$ (C) $\dfrac{1}{2}\ln^2 x$

(D) $(x+1)e^{-x} + 2e^{-1}$ (E) $\dfrac{1}{2}\ln x$

16. 设 $f(x) = \int_0^{x^3} \ln(2+t)\,dt$，则 $f'(x)$ 的零点有（　）个.

(A) 0 (B) 1 (C) 2

(D) 3 (E) 4

17. 由曲线 $y = x^2$ 与 $x + y = 2$ 所围成的封闭图形的面积为（　）.

(A) 1 (B) 2 (C) 3

(D) 4 (E) 4.5

18. $\int_0^x f(t)\,dt = \sin x - x^2 - x\int_0^1 f(x)\,dx$，则 $\int_0^1 f(x)\,dx = (\quad)$.

(A) $\dfrac{1}{2}(\cos 1 - 1)$ (B) $-\dfrac{1}{2}(\cos 1 - 1)$ (C) $\dfrac{1}{2}(\sin 1 - 1)$

(D) $\dfrac{1}{2}\cos 1 + 1$ (E) 0

19. 设函数 $z = \arctan e^{-xy}$，则 $dz = (\quad)$.

(A) $-\dfrac{e^{xy}}{1+e^{2xy}}(y\,dx + x\,dy)$ (B) $\dfrac{e^{xy}}{1+e^{2xy}}(y\,dx - x\,dy)$

(C) $\dfrac{e^{xy}}{1+e^{xy}}(x\,dy - y\,dx)$ (D) $\dfrac{e^{xy}}{1+e^{2xy}}(y\,dx + x\,dy)$

(E) $\dfrac{e^{xy}}{1+e^{2xy}}(x\,dy - y\,dx)$

20. $z = \dfrac{1}{e^{x+y}+2y}$，则 $\left.\dfrac{\partial z}{\partial y}\right|_{(1,1)} = (\quad)$.

(A) $-\dfrac{1}{e^2+1}$ (B) $-\dfrac{1}{e^2+2}$ (C) $\dfrac{1}{e^2+1}$

(D) $\dfrac{1}{e^2+2}$ (E) 1

21. 设函数 $f(x,y) = \dfrac{xy}{x-y}$，则 $f''_{xx}(2,1)$，$f''_{xy}(2,1)$ 的值分别为（　）.

(A) 2，-4 (B) 2，4 (C) -2，-4 (D) -2，4 (E) 4，2

22. 二元函数 $z = x^3 - 4x^2 + 2xy - y^2$，则下列说法正确的是（　）.

(A) $(0,0)$ 为极大值点 (B) $(0,0)$ 为极小值点 (C) 极小值为 0

(D) $(2,2)$ 为极大值点 (E) $(2,2)$ 为极小值点

23. 设 $D=\begin{vmatrix} a_{11} & a_{12} & a_{13} \\ a_{21} & a_{22} & a_{23} \\ a_{31} & a_{32} & a_{33} \end{vmatrix}$，$A_{ij}$ 为 D 中元素 a_{ij} 的代数余子式，则 $A_{13}+2A_{23}+3A_{33}=($ $)$.

(A) $\begin{vmatrix} a_{11} & a_{12} & a_{13} \\ a_{21} & a_{22} & a_{23} \\ 1 & 2 & 3 \end{vmatrix}$ (B) $\begin{vmatrix} a_{11} & a_{12} & a_{13} \\ a_{21} & a_{22} & a_{23} \\ 1 & -2 & 3 \end{vmatrix}$ (C) $\begin{vmatrix} a_{11} & a_{12} & 1 \\ a_{21} & a_{22} & 2 \\ a_{31} & a_{32} & 3 \end{vmatrix}$

(D) $\begin{vmatrix} a_{11} & a_{12} & 1 \\ a_{21} & a_{22} & -2 \\ a_{31} & a_{32} & 3 \end{vmatrix}$ (E) $\begin{vmatrix} a_{11} & a_{12} & a_{13} \\ a_{21} & a_{22} & a_{23} \\ -1 & 2 & -3 \end{vmatrix}$

24. 设 A 为三阶矩阵，A^* 为 A 的伴随矩阵，且 $|A|=\dfrac{1}{2}$，则 $|A^{-1}+2A^*|=($ $)$.

(A) 16   (B) 8   (C) 2
(D) 1   (E) 0

25. 设 A 为 n 阶方阵，且 $A^3=O$，则下列说法正确的是( ).

(A) A 可逆   (B) $|A|=0$ (C) $Ax=0$ 只有零解
(D) $E-A$ 不可逆   (E) $E+A$ 不可逆

26. 若 A，B 均为 n 阶方阵，则下列结论正确的是( ).

(A) 若 $AB=O$，则 $A=O$ 或 $B=O$

(B) $(A+B)^2=A^2+2AB+B^2$

(C) $(AB)^T=A^TB^T$

(D) 若 $|A|\neq 0$，$|B|\neq 0$，则 $[(AB)^{-1}]^T=(A^T)^{-1}(B^T)^{-1}$

(E) $(AB)^{-1}=A^{-1}B^{-1}$

27. 若 n 维线性无关的向量组 $\alpha_1,\alpha_2,\cdots,\alpha_s$ 可以被同维向量组 $\beta_1,\beta_2,\cdots,\beta_t$ 线性表示，其中 $s<n$，$t<n$，则必有( ).

(A) $s\geq t$ (B) $t\geq s$ (C) $t<s$
(D) $\beta_1,\beta_2,\cdots,\beta_t$ 线性相关   (E) $\beta_1,\beta_2,\cdots,\beta_t$ 线性无关

28. 设 A 为 4×5 阶矩阵，若 $\alpha_1,\alpha_2,\alpha_3$ 为线性方程组 $A^Tx=0$ 的基础解系，则 $r(A)=($ $)$.

(A) 5   (B) 4   (C) 3   (D) 2   (E) 1

29. 线性方程组 $\begin{cases} x_1-x_2+x_3=a_1, \\ x_2+x_3-x_4=a_2, \\ -x_1-2x_3+x_4=a_3 \end{cases}$ 有解的充分必要条件是( ).

(A) a_1,a_2,a_3 均为 0   (B) $a_1+a_2+a_3=0$ (C) $a_1+a_2-a_3=0$
(D) $2a_1-a_2-a_3=0$ (E) $2a_1+2a_2-a_3=0$

30. 连续掷一枚均匀骰子，在前4次没有出现偶数点的前提下，前10次均未出现偶数点的概率为（　　）.

(A) $\dfrac{1}{8}$　　(B) $\dfrac{1}{16}$　　(C) $\dfrac{1}{32}$　　(D) $\dfrac{1}{64}$　　(E) $\dfrac{1}{128}$

31. 已知离散型随机变量 X 的分布律为 $P\{X=k\}=\dfrac{1}{5}p^k(k=0,1,2,\cdots)$，则 $p=$（　　）.

(A) $\dfrac{4}{5}$　　(B) $\dfrac{3}{5}$　　(C) $\dfrac{2}{5}$　　(D) $\dfrac{1}{5}$　　(E) 1

32. 设连续型随机变量 X 的密度函数为 $f(x)=\begin{cases}k\mathrm{e}^{-\frac{2}{3}x},&x>0,\\0,&x\leqslant0,\end{cases}$ 则 $k=$（　　）.

(A) $\dfrac{2}{3}$　　(B) $\dfrac{1}{2}$　　(C) $\dfrac{1}{3}$　　(D) $\dfrac{1}{4}$　　(E) 1

33. 设随机变量 X 服从 $(-1,3)$ 上的均匀分布，若 $P\{X\leqslant a\}=\dfrac{1}{4}$，则 $a=$（　　）.

(A) 4　　(B) 3　　(C) 2　　(D) 1　　(E) 0

34. 设随机变量 X 的密度函数为 $f(x)=\begin{cases}A\cos x,&x\in\left[-\dfrac{\pi}{2},\dfrac{\pi}{2}\right],\\0,&\text{其他},\end{cases}$ 则 $E(X)=$（　　）.

(A) $\dfrac{\pi}{2}$　　(B) 0　　(C) 10　　(D) π　　(E) 与 A 有关

35. 已知 $E(X)=0$，$D(X)=3$，则 $E[3(X^2-3)]=$（　　）.

(A) 0　　(B) 6　　(C) 9　　(D) 30　　(E) 36

二、逻辑推理：第36～55小题，每小题2分，共40分。下列每题给出的五个选项中，只有一个选项是最符合试题要求的。请在答题卡上将所选项的字母涂黑。

36. 许多报纸有两种版面——免费的网络版和花钱订阅的印刷版。报纸上网使得印刷版的读者迅速流失，而网络版的广告收入有限，报纸经济收益大幅下挫。如果不上网，报纸的影响力会大大下降。如果对网络版收费，很多读者可能会流转到其他网站。要让读者心甘情愿地掏腰包，报纸必须提供优质的、独家的内容。

如果以上陈述为真，则以下哪项陈述也一定为真？

(A) 如果对网络版报纸收费，则一部分读者会重新订阅印刷版。

(B) 只有提供优质的、独家的内容，报纸才会有良好的经济收益。

(C) 只要报纸具有优质的、独家的内容，即使不上网，也能造成巨大的影响力。

(D) 随着越来越多的人通过网络接收信息，印刷版的报纸将逐渐退出历史舞台。

(E) 网络版报纸的广告收入有限，对网络版收费，读者又会流转到其他网站，所以网络版报纸将逐渐退出历史舞台。

37. P(polyhedosis)核病毒可以通过杀死吉卜赛蛾的幼虫从而有助于控制该蛾的数目。这种病毒一直存活于幼虫身上，但每隔六七年才能杀死大部分幼虫，从而大大降低吉卜赛蛾的数目。科学家们认为，这种通常处于潜伏状态的病毒，只有当幼虫受到生理上的压抑时才会被激活。

 如果上文中科学家所说的是正确的，则下面哪种情况最有可能把这种病毒激活？

 (A)在吉卜赛蛾泛滥成灾的地区，天气由干旱转变为正常降雨。

 (B)连续两年被吉卜赛蛾侵袭的树木，树叶脱落的情况日益加剧。

 (C)寄生的黄蜂和苍蝇对各类幼虫的捕食。

 (D)由于吉卜赛蛾的数量过多而导致的食物严重短缺。

 (E)在温度较高的环境中，病毒的活性有所提高。

38. 所谓动态稳定中的"动态"，天然地就包含了异见，包含了反对。只有能够包容异见和反对的稳定，才是真正的动态稳定，也才是可持续的和健康的稳定。邓小平一直主张，要尊重和支持人民的宣泄权利。只要处置得当，就可化"危"为"机"。

 如果以上陈述为真，则以下哪项陈述也一定为真？

 (A)如果处置不当，则会转"机"为"危"。

 (B)倘若化"危"为"机"，说明处置得当。

 (C)如果包容异见和反对，则会达成真正的动态稳定。

 (D)如果不能包容异见和反对，则不能达成真正的动态稳定。

 (E)除非处置得当，否则化"危"为"机"。

39. 资本的特性是追求利润。2004年上半年我国物价上涨的幅度超过了银行存款的利率。1—7月份，居民收入持续增加，但居民储蓄存款增幅持续下滑，7月外流存款达1 000亿元左右，同时定期存款在全部存款中的比重不断下降。

 以下哪项如果为真，则最能够解释这达1 000亿元储蓄资金中大部分资金的流向？

 (A)由于预期物价持续上涨，许多居民的资金只能存活期，以便随时购买自己所需的商品。

 (B)由于预期银行利率将上调，许多居民的资金只能存活期，准备利率上调后改为定期。

 (C)由于国家控制贷款规模，广大民营企业资金吃紧，民间借贷活跃，借贷利息已远远高于银行存款利率。

 (D)由于银行存款利率太低，许多居民考虑是否买股票或是基金。

 (E)一些保守的居民，仍然希望把钱存在银行里以回避风险。

40. 哥白尼的天体系统理论优于托勒密的理论，而且它刚被提出来时就比后者更好，尽管当时所有的观测结果都与这两个理论相符合。托勒密认为星体围绕地球高速旋转，哥白尼认为这是不可能的，他正确地提出了一个较为简单的理论，即地球围绕地轴旋转。

以上论述与下面哪项中所陈述的一般原则最相吻合？

(A)在对相互竞争的科学理论进行选择时，应当把简单性作为唯一的决定因素。

(B)在其他方面都相同的情况下，两个相互竞争的理论中较为简单的那个在科学上更重要。

(C)在其他方面都相同的情况下，两个相互竞争的理论中较为复杂的那个是较差的。

(D)如果一个理论看起来是真的，另一个理论看起来是假的，那么，两者中看起来是真的那个理论更好。

(E)在对相互竞争的科学理论进行选择时，后提出来的理论要优于先提出来的理论。

41. 有不少医疗或科研机构号称能够通过基因测试疾病。某官方调查机构向4家不同的基因测试公司递送了5个人的DNA样本。对于同一受检者患前列腺癌的风险，一家公司称他的风险高于平均水平，另一家公司则称他的风险低于平均水平，其他两家公司都说他的风险处于平均水平。其中一家公司告知另外一位装有心脏起搏器的受检者，他患心脏病的概率很低。

如果以上陈述为真，则引申出下面哪一项结论最为合理？

(A)4家公司的检测结论不相吻合，或与真实情况不符。

(B)基因检测技术还很不成熟，不宜过早投入市场运作。

(C)这些公司把不成熟的技术投入市场运作，涉嫌商业欺诈。

(D)检测结果迥异，是因为每家公司所使用的分析方法不同。

(E)装有心脏起搏器的人不一定患有心脏病。

42. 长期以来，哮喘灵被认为是治疗哮喘速效药中最有效的一种。然而，2002年在西南地区所进行的研究发现，在被观察的哮喘病人中，有1/5的人在服用该药后产生了严重的副作用。一些医生据此认为，应该禁止使用哮喘灵作为治疗哮喘的药物。

以下哪项如果为真，则最能严重地削弱上述论证的结论？

(A)在哮喘灵最常用于治疗哮喘的西南地区，由哮喘而导致死亡的人数近几年增加了。

(B)在被观察的那些服用哮喘灵的病人中，许多人以前从未服用过这种药。

(C)尽管哮喘灵越来越受关注，西南地区的许多医生仍然给哮喘患者开这种药。

(D)哮喘灵使某些人的哮喘病加重是因为它能破坏心脏组织。

(E)在被观察的那些服用哮喘灵的病人中，只有那些胆固醇含量极高的患者服用后才产生副作用。

43～44题基于以下题干：

赵、钱、孙、李、周、吴、郑、王8个人参加了100米竞赛。比赛结果是：

(1)钱、孙、李3人中钱最快，李最慢。

(2)吴的名次为赵、孙名次的平均数。

(3)吴比周高4个名次。

(4)郑是第 4 名。

(5)赵比孙跑得快。

43. 根据以上信息,可以判断吴一定是第几名?
(A)2。　　　　(B)3。　　　　(C)5。　　　　(D)6。　　　　(E)7。

44. 如果李不是最后一名,那么下面排列正确的一项是:
(A)钱、赵、李、郑、孙、吴、周、王。
(B)钱、赵、吴、郑、李、孙、周、王。
(C)赵、钱、吴、郑、孙、王、周、李。
(D)赵、钱、吴、郑、孙、李、周、王。
(E)赵、李、吴、郑、孙、钱、周、王。

45. 在奥运会 110 米跨栏比赛中,刘翔获得冠军,并打破奥运会纪录,平了世界纪录。他在面对记者时说:"谁说亚洲人不能成为短跑王?只要有我在!你相信我!""谁说亚洲人不能进短跨前八?我非要拿个冠军!相信在我身上会发生更多的奇迹,你们要相信我!""黑人运动员已经在这个项目上垄断了很多年了。黄皮肤的运动员不能老落在黑人运动员后面,从我开始,一个新的篇章就要开启了!"

刘翔夺冠的事实以及他的话不构成对下面哪个断言的反驳?

(A)只有黑人运动员才能成为田径直道冠军。

(B)所有短跑王都不是黄皮肤选手。

(C)大部分田径冠军是黑人运动员。

(D)如果谁是短跑王,谁就具有非洲黑人血统。

(E)田径直道冠军或者是非洲选手,或者是欧洲选手,或者是美洲选手。

46. 一项调查表明,一些新闻类期刊每一份杂志平均有 4~5 个读者。由此可以推断,在《诗刊》12 000 个订户的背后有 48 000~60 000 个读者。

下列哪项是上述估算的前提?

(A)大多数《诗刊》的读者都是该刊物的订户。

(B)《诗刊》的读者与订户的比例与文中提到的新闻类期刊的读者与订户的比例相同。

(C)读者通常都喜欢阅读一种以上的刊物。

(D)新闻类期刊的读者数与《诗刊》的读者数相近。

(E)大多数期刊订户都喜欢把自己的杂志与同事、亲友共享。

47. 如果你喝的饮料中含有酒精,心率就会加快。如果你的心率加快,就会觉得兴奋。因此,如果你喝的饮料中含有酒精,就会觉得兴奋。

以下哪项推理的结构和上述推理最为类似?

(A)如果你投资股票,你就有破产的风险。如果你投资股票,你就有发财的希望。因此,如果你有破产的风险,那么就有发财的希望。

(B)如果你每天摄入足够水分,就能降低血液的黏稠度。如果血液的黏稠度过高,就会增加患心脏病的危险。因此,如果你每天摄入足够的水分,就会减少患心脏病的危险。

(C)如果你喝过多的酒,你的肝脏就会有过度负担。如果你喝过多的酒,你就可能出现酒精肝。因此,如果你的肝脏过度负担,你就可能出现酒精肝。

(D)如果你有足够的银行存款,就会有足够的购买能力。如果你有足够的购买能力,就会拥有宽敞的住房。因此,你如果有足够的银行存款,就会过得非常舒适。

(E)如果你有稳定的工作,就会有稳定的收入。如果你有稳定的收入,就会生活得幸福。因此,只要你有稳定的工作,就会生活得幸福。

48. 关于曹操墓的具体位置历来争议颇多,宋代以来就有"七十二疑冢"之说。但该墓的位置近来已经得到确认,因为河南省文物局于 2009 年 12 月对外公布,经河南省文物考古研究所发掘确认,曹操墓位于河南省安阳县安丰乡西高穴村。

以下哪项陈述是上述论证所依赖的假设?

(A)从西高穴村的墓中发掘出很多文物,上面有文字表明此墓就是曹操墓。

(B)参与发掘工作的所有人员均证明,墓中发掘出来的文物全是真的。

(C)河南省文物考古研究所曾多次成功地发掘古代坟墓,经验很丰富。

(D)曹操墓的位置经过了多次测算和发掘。

(E)河南省文物考古研究所作出的考古发现具有极高的可信度并得到公认。

49. 研究人员把受试者分成两组:A 组做十分钟自己的事情,但不从事会导致说谎行为的事;B 组被要求偷拿考卷,并且在测试时说谎。之后,研究人员让受试者戴上特制电极,以记录被询问时的眨眼频率。结果发现,A 组眨眼频率会微微上升,但 B 组的眨眼频率先是下降,然后大幅上升至一般频率的 8 倍。由此可见:通过观察一个人的眨眼频率,可判断他是否在说谎。

对以下哪项问题的回答,几乎不会对此项研究的结论构成质疑?

(A)A 组和 B 组受试者在心理素质方面有很大差异吗?

(B)B 组受试者是被授意说假话,而不是自己要说假话,由此得出的说假话与眨眼之间的关联可靠吗?

(C)用于 A 组和 B 组的仪器设备是否有什么异常?

(D)说假话是否会导致心跳加速、血压升高?

(E)是否存在有些人眨眼频率缓慢却总在说谎的情况?

50. 曙光食品厂对火腿、香肠、烤肉三种食品进行检验,检验它们所含的食品添加剂和所使用的包装材料,如果都通过检验就能出厂。检验结果表明,食品添加剂合格的有两种食品,包装材料合格的也有两种食品。

根据上述检验结果，以下哪项一定为真？

(A)至少有一种食品可以出厂。

(B)有可能火腿、香肠、烤肉都不能出厂。

(C)这些食品要出厂还需要通过其他检验。

(D)火腿一定是合格的，所以可以出厂。

(E)有两种食品可以出厂。

51. 某公司 30 岁以下的年轻员工中有一部分报名参加了公司在周末举办的外语培训班。该公司的部门经理一致同意在本周末开展野外拓展训练。所有报名参加外语培训班的员工都反对在本周末开展野外拓展训练。

根据以上信息，可以推出以下哪项？

(A)所有部门经理的年龄都在 30 岁以上。

(B)该公司部门经理中有人报名参加了周末的外语培训班。

(C)报名参加周末外语培训班的员工都是 30 岁以下的年轻人。

(D)有些 30 岁以下的年轻员工不是部门经理。

(E)所有 30 岁以下的年轻员工都做了部门经理。

52. 一些广告设计者坚持将大牌明星作为广告设计的核心，事实上许多广受欢迎的广告中都有大牌明星的出现，但是，作为一种广告设计理念，大牌明星效应有它的弱点。研究表明，许多以大牌明星为设计核心的广告，观众能清晰地记住大牌明星在其中的表现，却几乎没有人能记得广告中被推销的产品的名称，这使得人们对以大牌明星为设计核心的广告效力产生怀疑。

以下哪项陈述是上述论证所依赖的假设？

(A)以大牌明星为主的广告往往令人感到高兴，但是这类广告比严肃的广告更不容易被记住。

(B)在产品的名称设计上失败的广告不会增加产品的销量。

(C)广告的最终目标是增加被推销产品的知名度。

(D)如果启用不知名的演员参与广告，无法显示广告的高端性。

(E)一些使用不知名的演员参与的广告，能够让观众记住产品名称。

53. 长期以来，在床上抽烟是家庭火灾的主要原因。尽管在过去 20 年中，抽烟的人数显著下降，但死于家庭火灾的人数却没有显著减少。

如果以下陈述为真，则都有助于解释上述看似矛盾的陈述，除了：

(A)床上抽烟的人通常烟瘾很大，与那些不在床上抽烟的人相比，他们更不可能戒烟。

(B)过去 20 年中人口密度一直在增加，现在一次家庭火灾造成的死亡人数比 20 年前的多。

(C)由床上抽烟引起的火灾通常发生在房主入睡之后。

(D)与其他类型的家庭火灾相比，床上抽烟引起的家庭火灾造成的损失通常较小。

(E)现代家庭中的木质家具和家用电器等易燃物增加，更容易引起严重后果。

54. 通过检查甲虫化石，一研究小组对英国在过去 2.2 万年内的气温提出了到目前为止最为详尽的描述。该研究小组对现存的生物化石进行挑选，并确定了它们的生存日期。当发现在同一地方发现的几种生物的个体属于同一时间段时，现存的甲虫类生物的已知忍受温度就可以被用来确定那个地方在那段时间内的夏季的最高温度。

研究者的论述过程依赖于下面哪一项假设？

(A) 甲虫忍耐温暖天气的能力比忍耐寒冷天气的能力强。

(B) 在同一地方发现的不同物种的化石属于不同的时期。

(C) 确定甲虫日期的方法比确定其他生物日期的方法准确。

(D) 一个地方某个时期的夏季实际最高气温与在那个地方那段时间发现的每种甲虫类生物的平均最高可忍受气温相同。

(E) 在过去的 2.2 万年的时间内，甲虫类生物的可忍受气温没有明显变化。

55. 某学校新来了 3 位年轻老师：蔡老师、朱老师、孙老师，他们每人分别教生物、物理、英语、政治、历史和数学 6 科中的 2 科课程。其中，已知下列条件：

(1) 物理老师和政治老师是邻居。

(2) 蔡老师在 3 人中年龄最小。

(3) 孙老师、生物老师和政治老师 3 人经常一起从学校回家。

(4) 生物老师比数学老师的年龄要大些。

(5) 在双休日，英语老师、数学老师和蔡老师 3 人经常一起打排球。

根据以上条件，可以推出朱老师教哪两个学科？

(A) 历史和生物。　　　　　　(B) 物理和数学。　　　　　　(C) 英语和生物。

(D) 政治和数学。　　　　　　(E) 英语和数学。

三、写作：第 56～57 小题，每小题 20 分，共 40 分。请答在答题纸相应的位置上。

56. 论证有效性分析：分析下述论证中存在的缺陷和漏洞，选择若干要点，写一篇 600 字左右的文章，对该论证的有效性进行分析和评论。（论证有效性分析的一般要点是：概念特别是核心概念的界定和使用是否准确并前后一致，有无各种明显的逻辑错误，论证的论据是否成立并支持结论，结论成立的条件是否充分等。）

近年来，大众运动健身的理念逐渐普及，加之国家相继出台了一些有利于体育产品发展的政策，中国体育产业的发展将变得势不可挡。

根据国家体育总局公布的数据显示，2015 年中国体育产业总规模为 1.7 万亿元，而 2016 年中国体育产业总规模约 1.9 万亿元，这说明中国体育产业的总规模呈持续发展趋势。而且，中国体育产业占 GDP 的比重远远小于美国等西方国家，因此，中国体育的未来前景不可限量。

中国体育产业的发展还有一个重要的驱动因素，那就是中国经济的发展带来的消费者消费能力的提高。可以相信，随着消费者收入的进一步提高，他们在体育、健身等领域的消费需求也会越大。一项在上海的调查表明，上海市民对篮球、足球运动的参与程度很高，相信上海的这种情况终究会有一天普及全国各地，体育产业的市场无疑更加光明。

另外，今年是奥运年，虽然受疫情的影响，奥运会的时间有所推迟。但疫情过去以后，奥运会的举办必将带来新一轮的运动热潮，此时投资体育产业，在未来获得丰厚的利润回报也是可以预期的。

57. 论说文：根据下述材料，写一篇700字左右的论说文，题目自拟。

2020年5月28日，十三届全国人大三次会议表决通过了《中华人民共和国民法典》，宣告中国"民法典时代"正式到来；2021年1月1日，民法典正式施行。民法典内容涵盖老百姓生活的方方面面，每个人的生老病死、衣食住行，每个企业的生产经营、每个组织的业务活动都离不开它的规范和保护。

答案速查

一、数学基础

1~5	(C)(D)(B)(A)(E)	6~10	(C)(B)(E)(A)(B)
11~15	(B)(B)(A)(A)(C)	16~20	(C)(E)(C)(A)(B)
21~25	(A)(A)(C)(A)(B)	26~30	(D)(B)(E)(B)(D)
31~35	(A)(A)(E)(B)(A)		

二、逻辑推理

36~40	(B)(D)(D)(C)(C)	41~45	(B)(E)(B)(D)(C)
46~50	(B)(E)(E)(D)(A)	51~55	(D)(C)(C)(E)(C)

三、写作

略

答案详解

一、数学基础

1.（C）

【解析】求解函数的定义域.

该函数是由多个基本初等函数经过四则运算而成,先求出各初等函数的定义域,再取交集,即可得到函数 $f(x)$ 的定义域,故有

$$\begin{cases} 9-x^2 \geqslant 0, \\ -1 \leqslant x-1 \leqslant 1, \\ x \neq 0 \end{cases} \Rightarrow \begin{cases} -3 \leqslant x \leqslant 3, \\ 0 \leqslant x \leqslant 2, \\ x \neq 0, \end{cases}$$

取交集,可知 $f(x)$ 的定义域为 $(0, 2]$.

2.（D）

【解析】洛必达法则求极限.

观察极限式为 "$\dfrac{0}{0}$" 型不定式,故可使用洛必达法则求极限,可得

$$\lim_{x \to 0} \frac{x(e^x+1)-2(e^x-1)}{x^3} = \lim_{x \to 0} \frac{e^x+1+xe^x-2e^x}{3x^2} = \lim_{x \to 0} \frac{1+xe^x-e^x}{3x^2}$$

$$\xlongequal{\frac{0}{0}} \lim_{x \to 0} \frac{xe^x+e^x-e^x}{6x} = \frac{1}{6}.$$

3.（B）

【解析】分段函数连续性的判断.

根据函数 $f(x)$ 在 $x=0$ 处连续的定义，可知 $\lim\limits_{x\to 0}\dfrac{e^x-\cos x}{x}=f(0)=a$.

方法一：洛必达法则. $\lim\limits_{x\to 0}\dfrac{e^x-\cos x}{x}=\lim\limits_{x\to 0}\dfrac{e^x+\sin x}{1}=1$.

方法二：等价无穷小替换.

$$\lim_{x\to 0}\frac{e^x-\cos x}{x}=\lim_{x\to 0}\frac{e^x-1+1-\cos x}{x}=\lim_{x\to 0}\frac{e^x-1}{x}+\lim_{x\to 0}\frac{1-\cos x}{x}$$

$$=\lim_{x\to 0}\frac{x}{x}+\lim_{x\to 0}\frac{\frac{1}{2}x^2}{x}=1+\lim_{x\to 0}\frac{1}{2}x=1.$$

故 $a=1$.

4.（A）

【解析】对数法则求幂指函数的极限.

$(\cos x)^{2x^{-2}}=e^{2x^{-2}\ln(\cos x)}$，故有

$$\lim_{x\to 0}2x^{-2}\ln(\cos x)=\lim_{x\to 0}2x^{-2}\ln(\cos x-1+1)=\lim_{x\to 0}\frac{2(\cos x-1)}{x^2}=\lim_{x\to 0}\frac{2\cdot\left(-\frac{1}{2}\right)x^2}{x^2}=-1.$$

所以，$\lim\limits_{x\to 0}(\cos x)^{2x^{-2}}=e^{\lim\limits_{x\to 0}2x^{-2}\ln(\cos x)}=e^{-1}=\dfrac{1}{e}$.

5.（E）

【解析】导数的定义.

由函数 $f(x)$ 在 x_0 处存在导数的定义知，$f'(x_0)=\lim\limits_{\Delta x\to 0}\dfrac{\Delta y}{\Delta x}=\lim\limits_{\Delta x\to 0}\dfrac{f(x_0+\Delta x)-f(x_0)}{\Delta x}$.

（A）项：$\lim\limits_{h\to +\infty}\dfrac{f\left(a+\frac{1}{h}\right)-f(a)}{\frac{1}{h}}=\lim\limits_{\frac{1}{h}\to 0^+}\dfrac{f\left(a+\frac{1}{h}\right)-f(a)}{\frac{1}{h}}=f'_+(a)$，只能确定 $f'_+(a)$ 存在；

（B）项：$\lim\limits_{h\to -\infty}\dfrac{f\left(a+\frac{1}{h}\right)-f(a)}{\frac{1}{h}}=\lim\limits_{\frac{1}{h}\to 0^-}\dfrac{f\left(a+\frac{1}{h}\right)-f(a)}{\frac{1}{h}}=f'_-(a)$，只能确定 $f'_-(a)$ 存在；

（C）项：$\lim\limits_{h\to 0}\dfrac{f(a+2h)-f(a+h)}{h}=2\lim\limits_{h\to 0}\dfrac{f(a+2h)-f(a)}{2h}-\lim\limits_{h\to 0}\dfrac{f(a+h)-f(a)}{h}$，但不能确定拆开后各极限是否存在，故不能确定 $f'(a)$ 存在；

（D）项：同（A）项，只能确定 $f'_+(a)$ 存在；

（E）项：$\lim\limits_{h\to 0}\dfrac{f(a)-f(a-h)}{h}=\lim\limits_{h\to 0}\dfrac{f(a-h)-f(a)}{-h}=f'(a)$，能确定 $f'(a)$ 存在，故为充分条件.

6. (C)

【解析】 法线方程的求解(导数的几何意义).

对曲线方程求一阶导,可得 $y'=2\cos x+2x$,$y'(0)=2$.故由函数 $y=f(x)$ 在点 $(x_0,f(x_0))$ 处的法线方程为 $y-f(x_0)=-\dfrac{1}{f'(x_0)}(x-x_0)$,可知 $y=2\sin x+x^2$ 在原点处的法线方程为 $y=-\dfrac{1}{2}x$.

7. (B)

【解析】 间断点及其类型的判断.

首先需要求出 $f(x)$ 的表达式,$f(x)=\lim\limits_{n\to\infty}\dfrac{(n-2)x}{nx^2+2}=\dfrac{x}{x^2}=\dfrac{1}{x}$.

由 $f(x)=\dfrac{1}{x}$ 可知,在 $x=0$ 处函数没有定义,所以 $x=0$ 为函数 $f(x)$ 的间断点,又因为 $\lim\limits_{x\to 0}\dfrac{1}{x}=\infty$,故由间断点的定义,可知 $x=0$ 为 $f(x)$ 的无穷间断点.

【注意】 在求函数 $f(x)$ 的表达式时,要注意极限中的自变量为 n 而不是 x,此时用"抓大头"的方法求极限,若分子分母最高次幂相同,则极限值等于最高次幂系数之比.

8. (E)

【解析】 隐函数求导法则.

由 $\ln(x^2+y^3)=xy+\sin x$ 可知,当 $x=0$ 时,$y=1$.方程两边同时对 x 求导,可得

$$\dfrac{2x+3y^2y'}{x^2+y^3}=y+xy'+\cos x,$$

将 $x=0$,$y=1$ 代入上式,可得 $y'|_{x=0}=\dfrac{2}{3}$,故 $dy|_{x=0}=\dfrac{2}{3}dx$.

9. (A)

【解析】 函数的驻点问题.

对函数求一阶导数,得 $y'=3x^2+2ax$,由于点 $x=2$ 是函数的驻点,因此 $y'|_{x=2}=0$,解得 $a=-3$.

10. (B)

【解析】 极值存在的第二充分条件、复合函数的求导法则.

由 $y=f[g(x)]$,可得 $y'=f'[g(x)]g'(x)$,$y''=f''[g(x)][g'(x)]^2+f'[g(x)]g''(x)$.

$f[g(x)]$ 在 x_0 处取极大值,根据极值存在的第二充分条件,则有

$$y'(x_0)=f'[g(x_0)]g'(x_0)=f'(a)\cdot 0=0,$$
$$y''(x_0)=f''(a)\cdot 0+f'(a)\cdot g''(x_0)=f'(a)\cdot g''(x_0)<0,$$

由 $g''(x)<0$,可知 $g''(x_0)<0$,故 $f'(a)>0$.

11.（B）

【解析】参数方程求导法则．

由参数方程求导法则，可得 $\dfrac{dy}{dx}=\dfrac{\frac{dy}{dt}}{\frac{dx}{dt}}=\dfrac{\cos t}{2t+1}$，故 $\dfrac{dy}{dx}\bigg|_{t=0}=1$．

12.（B）

【解析】不定积分的计算．

方法一：利用分部积分法，可得

$$\int\dfrac{x\,e^x}{(x+1)^2}dx=\int x\,e^x\,d\left(-\dfrac{1}{x+1}\right)=-\dfrac{x\,e^x}{x+1}+\int\dfrac{1}{x+1}d(x\,e^x)$$

$$=-\dfrac{x\,e^x}{x+1}+\int\dfrac{(1+x)e^x}{x+1}dx=-\dfrac{x\,e^x}{x+1}+e^x+C=\dfrac{e^x}{x+1}+C.$$

方法二：利用凑微分法，可得

$$\int\dfrac{x\,e^x}{(x+1)^2}dx=\int\dfrac{(x+1)e^x-e^x}{(x+1)^2}dx=\dfrac{e^x}{x+1}+C.$$

13.（A）

【解析】凑微分法求三角函数的不定积分．

由于 $d(3\sin x+4\cos x)=(3\cos x-4\sin x)dx$，所以令 $2\sin x+11\cos x=A(3\sin x+4\cos x)+B(3\cos x-4\sin x)$，则有

$$\begin{cases}3A-4B=2,\\4A+3B=11\end{cases}\Rightarrow\begin{cases}A=2,\\B=1,\end{cases}$$

故有

$$\int\dfrac{2\sin x+11\cos x}{3\sin x+4\cos x}dx=\int\dfrac{2(3\sin x+4\cos x)+(3\cos x-4\sin x)}{3\sin x+4\cos x}dx$$

$$=\int 2dx+\int\dfrac{d(3\sin x+4\cos x)}{3\sin x+4\cos x}=2x+\ln|3\sin x+4\cos x|+C.$$

14.（A）

【解析】第二换元积分法、分部积分法求定积分．

令 $\sqrt{x}=t$，再结合"反、对、幂、三、指"的原则进行分部积分(排序靠后的看成 v')，则有

$$\int_0^{\pi^2}\sqrt{x}\cos\sqrt{x}\,dx=2\int_0^{\pi}t^2\cos t\,dt=2\int_0^{\pi}t^2\,d\sin t=2\left(t^2\sin t\bigg|_0^{\pi}-2\int_0^{\pi}t\sin t\,dt\right)$$

$$=-4\int_0^{\pi}t\sin t\,dt=4\int_0^{\pi}t\,d\cos t=4t\cos t\bigg|_0^{\pi}-4\int_0^{\pi}\cos t\,dt=-4\pi.$$

15.（C）

【解析】求解原函数．

由 $f'(e^x)=x\,e^{-x}=\dfrac{\ln e^x}{e^x}$，可知 $f'(x)=\dfrac{\ln x}{x}$．

则 $f(x)=\int\dfrac{\ln x}{x}\mathrm{d}x=\int\ln x\,\mathrm{d}\ln x=\dfrac{1}{2}\ln^2 x+C.$ 又因为 $f(1)=0$，可得 $C=0.$

故 $f(x)=\dfrac{1}{2}\ln^2 x.$

16.（C）

【解析】积分变限函数求导．

$f'(x)=\ln(2+x^3)\cdot 3x^2.$ 令 $f'(x)=0$，则 $x^2=0$ 或 $2+x^3=1$，解得 $x_1=0$，$x_2=-1.$
故 $f'(x)$ 的零点有 2 个．

17.（E）

【解析】利用定积分求平面图形的面积．

联立两个方程 $\begin{cases}y=x^2,\\ x+y=2,\end{cases}$ 得 $x^2+x=2$，解得 $x_1=-2$，$x_2=1$，则两条曲线的交点为 $(-2,4)$ 和 $(1,1)$，画出两个函数的图像，如图 4-1 所示，图中阴影部分即为所围成的面积．

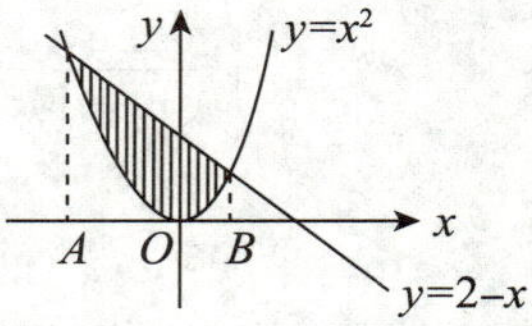

故所围图形的面积为 $\int_{-2}^{1}[(2-x)-x^2]\mathrm{d}x=\left(2x-\dfrac{1}{2}x^2-\dfrac{1}{3}x^3\right)\Big|_{-2}^{1}=4.5.$

图 4-1

18.（C）

【解析】定积分的概念．

将 $x=1$ 代入，可得

$$\int_0^1 f(t)\mathrm{d}t=\sin 1-1-\int_0^1 f(x)\mathrm{d}x\Rightarrow \int_0^1 f(x)\mathrm{d}x=\dfrac{1}{2}(\sin 1-1).$$

19.（A）

【解析】全微分的计算．

方程两边同时对 x 求导，可得

$$\dfrac{\partial z}{\partial x}=\dfrac{1}{1+(\mathrm{e}^{-xy})^2}(-y\mathrm{e}^{-xy})=-\dfrac{y\mathrm{e}^{xy}}{1+\mathrm{e}^{2xy}},$$

因为 x，y 互换，函数表达式的形式不变，即函数具有对称性，则只需求出其中一个自变量的偏导数，然后将自变量互换，就可以得到另一个自变量的偏导数，故

$$\dfrac{\partial z}{\partial y}=-\dfrac{x\mathrm{e}^{xy}}{1+\mathrm{e}^{2xy}}.$$

综上可得，$\mathrm{d}z=-\dfrac{\mathrm{e}^{xy}}{\mathrm{e}^{2xy}+1}(y\mathrm{d}x+x\mathrm{d}y).$

20.（B）

【解析】具体二元复合函数的一阶偏导数．

由于求 z 对 y 的偏导数，故可将 x 固定，直接将 $x=1$ 代入，可得

$$z(1, y) = \frac{1}{e^{1+y} + 2y} \Rightarrow z'_y(1, y) = \frac{-1}{(e^{1+y} + 2y)^2} \cdot (e^{1+y} + 2)$$

$$\Rightarrow z'_y(1, 1) = \frac{-1}{(e^2 + 2)^2} \cdot (e^2 + 2) = -\frac{1}{e^2 + 2},$$

故 $\left. \frac{\partial z}{\partial y} \right|_{(1,1)} = -\frac{1}{e^2 + 2}.$

21.（A）

【解析】二阶偏导数值的计算．

由 $f(x, y) = \frac{xy}{x - y}$，可得 $f'_x(x, y) = \frac{y(x-y) - xy}{(x-y)^2} = \frac{-y^2}{(x-y)^2}$，故有

$$f'_x(x, 1) = -(x-1)^{-2} \Rightarrow f''_{xx}(x, 1) = 2(x-1)^{-3} \Rightarrow f''_{xx}(2, 1) = 2,$$

$$f'_x(2, y) = -y^2(2-y)^{-2} \Rightarrow f''_{xy}(2, y) = -2y(2-y)^{-2} - 2y^2(2-y)^{-3} \Rightarrow f''_{xy}(2, 1) = -4.$$

22.（A）

【解析】多元函数的极值问题．

求 z 对 x, y 的一阶偏导数、二阶偏导数，可得

$$\frac{\partial z}{\partial x} = 3x^2 - 8x + 2y, \quad \frac{\partial z}{\partial y} = 2x - 2y,$$

$$A = \frac{\partial^2 z}{\partial x^2} = 6x - 8, \quad B = \frac{\partial^2 z}{\partial x \partial y} = 2, \quad C = \frac{\partial^2 z}{\partial y^2} = -2.$$

令 $\frac{\partial z}{\partial x} = 0, \frac{\partial z}{\partial y} = 0,$ 可得 $\begin{cases} x = 0, \\ y = 0 \end{cases}$ 或 $\begin{cases} x = 2, \\ y = 2, \end{cases}$ 函数的可能极值点为 $(0, 0)$ 和 $(2, 2)$．

在点 $(0, 0)$ 处，$A = -8, B = 2, C = -2, AC - B^2 > 0$ 且 $A < 0$，故 $(0, 0)$ 为极大值点，极大值为 0；

在点 $(2, 2)$ 处，$A = 4, B = 2, C = -2, AC - B^2 < 0$，故 $(2, 2)$ 不是极值点．

23.（C）

【解析】代数余子式的计算问题．

根据行列式的展开定理，可知 $A_{13} + 2A_{23} + 3A_{33}$ 为将 D 中第三列元素依次替换为 $1, 2, 3$ 后的行列式的值，故（C）项正确．

24.（A）

【解析】抽象行列式的计算问题．

由 $\boldsymbol{A}$ 为三阶矩阵，且 $\boldsymbol{A}^* = |\boldsymbol{A}| \cdot \boldsymbol{A}^{-1}$，可得

$$|\boldsymbol{A}^{-1} + 2\boldsymbol{A}^*| = |\boldsymbol{A}^{-1} + 2|\boldsymbol{A}| \cdot \boldsymbol{A}^{-1}| = |2\boldsymbol{A}^{-1}| = 2^3 |\boldsymbol{A}|^{-1} = 16.$$

25.（B）

【解析】抽象行列式的计算问题．

由 $\boldsymbol{A}^3 = \boldsymbol{O}$ 可知 $|\boldsymbol{A}^3| = 0 \Rightarrow |\boldsymbol{A}| = 0$，则 $\boldsymbol{A}$ 不可逆，$\boldsymbol{A}\boldsymbol{x} = \boldsymbol{0}$ 有非零解，故（B）项正确，（A）项、（C）项错误；

$E-A^3=E \Rightarrow (E-A)(A^2+A+E)=E$，则 $E-A$ 可逆，(D)项错误；

$E+A^3=E \Rightarrow (E+A)(A^2-A+E)=E$，则 $E+A$ 可逆，(E)项错误.

26.（D）

【解析】矩阵的基本运算和性质.

(A)项：矩阵乘积一般不满足消去律. 可通过举反例证明，令 $A=\begin{pmatrix}1 & 0\\ 0 & 0\end{pmatrix}$，$B=\begin{pmatrix}0 & 0\\ 1 & 0\end{pmatrix}$，可知 $AB=O$，但 $A\neq O$，$B\neq O$，故(A)项不正确；

(B)项：$(A+B)^2=(A+B)(A+B)=A^2+AB+BA+B^2$，矩阵乘积一般不满足交换律，故 $AB\neq BA$，所以(B)项不正确；

(C)项：$(AB)^T=B^T A^T$，故(C)项不正确；

(D)项：已知 A，B 可逆，则 $[(AB)^{-1}]^T=(B^{-1}A^{-1})^T=(A^{-1})^T(B^{-1})^T=(A^T)^{-1}(B^T)^{-1}$，故(D)项正确；

(E)项：$(AB)^{-1}=B^{-1}A^{-1}$，故(E)项不正确.

27.（B）

【解析】向量组的线性相关性.

向量组 α_1，α_2，$\cdots$，α_s 可以被向量组 β_1，β_2，$\cdots$，β_t 线性表示，因此
$$r(\beta_1,\beta_2,\cdots,\beta_t,\alpha_1,\cdots,\alpha_s)=r(\beta_1,\beta_2,\cdots,\beta_t),$$
并且 $r(\alpha_1,\cdots,\alpha_s)\leqslant r(\beta_1,\beta_2,\cdots,\beta_t,\alpha_1,\cdots,\alpha_s)$. 由题干可知 α_1，α_2，$\cdots$，α_s 线性无关，故 $r(\alpha_1,\cdots,\alpha_s)=s$，因此 $s=r(\alpha_1,\cdots,\alpha_s)\leqslant r(\beta_1,\beta_2,\cdots,\beta_t,\alpha_1,\cdots,\alpha_s)=r(\beta_1,\beta_2,\cdots,\beta_t)\leqslant t$，即 $s\leqslant t$.

【注意】若向量组 α_1，α_2，$\cdots$，α_s 可以由向量组 β_1，β_2，$\cdots$，β_t 线性表示，则

(1)若 α_1，α_2，$\cdots$，α_s 线性无关，则 $s\leqslant t$，可简记为"无关被表出，则无关一定不多"；

(2)若 $t<s$，则 α_1，α_2，$\cdots$，α_s 线性相关，可简记为"多被表出，多相关".

28.（E）

【解析】齐次线性方程组解的性质.

A 为 4×5 阶矩阵，故 A^T 为 5×4 阶矩阵. 因为 α_1，α_2，α_3 为 $A^T x=0$ 的基础解系，即 $A^T x=0$ 的基础解系中有 3 个解向量，故 $r(A^T)=4-3=1$，于是 $r(A)=r(A^T)=1$.

29.（B）

【解析】非齐次线性方程组解的判定问题.

将增广矩阵 $\overline{A}$ 化为阶梯形矩阵，即

$$\overline{A}=\begin{pmatrix}1 & -1 & 1 & 0 & a_1\\ 0 & 1 & 1 & -1 & a_2\\ -1 & 0 & -2 & 1 & a_3\end{pmatrix}\to\begin{pmatrix}1 & -1 & 1 & 0 & a_1\\ 0 & 1 & 1 & -1 & a_2\\ 0 & -1 & -1 & 1 & a_1+a_3\end{pmatrix}$$

$$\rightarrow \begin{bmatrix} 1 & -1 & 1 & 0 & a_1 \\ 0 & 1 & 1 & -1 & a_2 \\ 0 & 0 & 0 & 0 & a_1+a_2+a_3 \end{bmatrix}.$$

因为方程组有解，所以 $r(\boldsymbol{A})=r(\overline{\boldsymbol{A}})$，故 $a_1+a_2+a_3=0$.

30.（D）

【解析】条件概率.

掷骰子出现偶数点的概率为 $\dfrac{1}{2}$，由于每次掷骰子都是独立事件，故前 4 次没有出现偶数点的前提下，前 10 次均未出现偶数点的概率等价于后 6 次均未出现偶数点，即 $\left(\dfrac{1}{2}\right)^6=\dfrac{1}{64}$.

31.（A）

【解析】离散型随机变量分布律的性质.

根据分布律的正则性知，$\sum\limits_{k=0}^{+\infty}P\{x=k\}=1$，结合无穷递减等比数列前 n 项和公式 $S_n=\dfrac{a_1}{1-q}$，可得

$$\sum_{k=0}^{+\infty}P\{x=k\}=\sum_{k=0}^{+\infty}\frac{1}{5}p^k=\frac{1}{5}\sum_{k=0}^{+\infty}p^k=\frac{1}{5}\cdot\frac{p^0}{1-p}=1,$$

即 $p=\dfrac{4}{5}$.

32.（A）

【解析】指数分布的定义.

根据题意，并结合指数分布密度函数的形式 $f(x)=\begin{cases}\lambda e^{-\lambda x},& x>0,\\ 0,& x\leqslant 0,\end{cases}$ 可知 $\lambda=k=\dfrac{2}{3}$.

也可通过概率密度函数的正则性，令 $\int_0^{+\infty}ke^{-\frac{2}{3}x}dx=1$ 来求解.

33.（E）

【解析】均匀分布的概念.

由均匀分布的概念可知，均匀分布在某一有效区间内的概率可用 $\dfrac{某一有效区间长度}{整个区间的长度}$ 来计算，故

$$P\{X\leqslant a\}=\frac{a-(-1)}{3-(-1)}=\frac{1}{4},$$

解得 $a=0$.

34.（B）

【解析】连续型随机变量的数学期望.

若密度函数为偶函数且定义域关于原点对称，则 $E(X)=0$.

本题中密度函数 $A\cos x$ 为偶函数，则 $x\cdot A\cos x$ 为奇函数；区间 $\left[-\dfrac{\pi}{2},\dfrac{\pi}{2}\right]$ 关于原点对称.

故由对称区间积分计算公式，可得 $E(X) = \int_{-\infty}^{+\infty} x f(x) \mathrm{d}x = \int_{-\frac{\pi}{2}}^{\frac{\pi}{2}} x \cdot A\cos x \, \mathrm{d}x = 0$.

35.（A）

【解析】期望和方差的计算.

根据随机变量的数学期望、方差的概念和性质，可知
$$D(X) = E(X^2) - [E(X)]^2 \Rightarrow E(X^2) = 3;$$
$$E[3(X^2-3)] = E(3X^2 - 9) = 3E(X^2) - 9 = 0.$$

二、逻辑推理

36.（B）

【解析】母题1·充分与必要

将题干信息形式化：

①报纸上网→印刷版的读者迅速流失。

②报纸不上网→报纸的影响力会大大下降。

③对网络版收费→很多读者可能会流转到其他网站。

④让读者心甘情愿地掏腰包→报纸必须提供优质的、独家的内容。

（A）项，由题干信息③可知对网络版收费可能会使很多读者流转到其他网站，是否会让一部分读者重新订阅印刷版不得而知。

（B）项，报纸有良好的经济收益（即让读者心甘情愿地掏腰包）→提供优质的、独家的内容，与题干信息④相符，为真。

（C）项，┐报纸上网∧能造成巨大的影响力，与题干信息②不符。

（D）项，推理过度，印刷版的报纸面临困难，但会不会退出历史舞台题干没有断定。

（E）项，推理过度，网络版的报纸面临困难，但会不会退出历史舞台题干没有断定。

37.（D）

【解析】母题21·论证的推论

题干：通常处于潜伏状态的病毒，只有当幼虫受到生理上的压抑时才会被激活。

（D）项，"食物严重短缺"会造成"幼虫生理上的压抑"，从而使病毒有可能被激活。

其余各项都和"生理上的压抑"无关。

38.（D）

【解析】母题1·充分与必要

将题干信息形式化：

①真正的动态稳定→包容异见和反对；等价于：┐包容异见和反对→┐真正的动态稳定。

②处置得当→化"危"为"机"；等价于：┐化"危"为"机"→┐处置得当。

（A）项，┐处置得当→转"机"为"危"，由题干信息②可知，"┐处置得当"后无箭头指向，故此项可真可假。

(B)项，化"危"为"机"→处置得当，由题干信息②可知，"化'危'为'机'"后无箭头指向，故此项可真可假。

(C)项，包容异见和反对→达成真正的动态稳定，由题干信息①可知，"包容异见和反对"后无箭头指向，故此项可真可假。

(D)项，┐包容异见和反对→┐达成真正的动态稳定，是题干信息①的逆否命题，为真。

(E)项，┐处置得当→化"危"为"机"，由题干信息②可知，"┐处置得当"后无箭头指向，故此项可真可假。

39.（C）

【解析】母题28·找原因：解释题

待解释的现象：1—7月份，居民收入持续增加，但是，居民储蓄存款增幅持续下滑，7月外流存款达1 000亿元左右。

(A)、(B)项，均不能解释，存款是定期还是活期，不影响存款金额。

(C)项，可以解释，是因为民间借贷利息已远远高于银行存款利率，由于追求利润使得1 000亿元储蓄资金外流。

(D)项，不能解释，"考虑"是否买股票或是基金不代表已经购买了股票或是基金。

(E)项，加剧了题干中的矛盾。

40.（C）

【解析】母题22·论证的评价

题干：哥白尼的理论较为简单 ——证明——→ 哥白尼的理论优于托勒密的理论。

(A)项，不吻合，"唯一的决定因素"太过于绝对化。

(B)项，干扰项，题干认为简单的理论更优，并非"更重要"。

(C)项，可以吻合，题干通过比较一种较为简单和一种较为复杂的理论，得出简单的理论更优，即较为复杂的那个理论较差。

(D)项，不吻合，因为题干没提及哪种理论"看起来像真的"。

(E)项，题干的判断标准是"简单"，而不是理论提出的先后时间。

41.（B）

【解析】母题21·论证的推论

题干：基因测试疾病结果显示，4家公司对于同一受检者得出的结果却不同，对装有心脏起搏器的受检者的判断有误。

(A)项，只是陈述了测试结果，并不是题干的引申。

(B)项，由题干的例证可知，基因检测技术还很不成熟，不宜过早投入市场运作，正确。

(C)项，"商业欺诈"属于推理过度。

(D)项，"每家公司所使用的分析方法不同"，题干没有提及。

(E)项,以偏概全,题干仅涉及其中一家公司对于装有心脏起搏器的受检者的基因测试结果。

42. (E)

【解析】母题18·论证的削弱

题干:在被观察的哮喘病人中,有1/5的人在服用该药后产生了严重的副作用 —证明→ 应该禁止使用哮喘灵作为治疗哮喘的药物。

(A)项,不能质疑题干,因为此项只能确定"由哮喘而导致死亡的人数增加",但并不能确定死亡人数的增加是否与哮喘灵的副作用有关。

(B)项,无关选项,以前是否服用过哮喘灵与哮喘灵是否有严重的副作用无关。

(C)项,无关选项,事实情况怎么样与应该怎么样无关。

(D)项,支持题干,说明哮喘灵的副作用是破坏心脏组织。

(E)项,削弱题干,说明胆固醇含量不高的患者可以服用哮喘灵,那么不应该绝对禁止哮喘灵。

43. (B)

【解析】母题13·排序题

由题干条件(3)可知:吴可能是第1、2、3、4名。

由题干条件(4)可排除吴是第4名的可能。

再由题干条件(2)可知,吴的名次必须是赵、孙名次的平均数,排除第1名的可能。即吴的名次可能是 $\frac{1+3}{2}=2$,$\frac{1+5}{2}=\frac{2+4}{2}=3$。

根据题干条件(5)"赵比孙跑得快",再结合题干条件(2)可知,赵比吴跑得快,吴比孙跑得快。

再由题干条件(1)可知,钱比孙跑得快,故至少有3人比孙跑得快,所以孙不可能在前3名,而只有当赵是第1名、孙是第3名时,吴才能是第2名,故吴不能是第2名,因此吴是第3名。

44. (D)

【解析】母题13·排序题

结合上题分析和题干条件(4)可知,郑是第4名,吴是第3名。

根据题干条件(2)和(5)可知,赵是第1名,孙是第5名。

再根据题干条件(1)可知,钱是第2名。

再根据题干条件(3)可知,周是第7名。

因为李不是最后一名,因此最后一名是王。

故比赛结果从高到低为:赵、钱、吴、郑、孙、李、周、王。

故(D)项正确。

45. (C)

【解析】母题4·假言命题的负命题

由题干信息可知,刘翔是:亚洲人∧短跑王∧冠军∧黄种人。

(A)项，冠军→黑人，与题干中"冠军∧黄种人"矛盾。

(B)项，短跑王→¬黄皮肤，与题干中"短跑王∧黄种人"矛盾。

(C)项，"大部分"田径冠军是黑人，与"刘翔这个田径冠军不是黑人"不矛盾。

(D)项，短跑王→具有非洲黑人血统，与题干中"短跑王∧黄种人"矛盾。

(E)项，冠军→非洲∨欧洲∨美洲，与题干中"亚洲人∧冠军"矛盾。

故题干信息无法对(C)项构成反驳。

46．（B）

【解析】母题20·论证的假设

题干：一些新闻类期刊每一份杂志平均有4～5个读者 —证明→ 在《诗刊》12 000个订户的背后有48 000～60 000个读者。

(B)项，必须假设，建立前提中"新闻类期刊"与结论中"《诗刊》"的关系(搭桥法)。

(D)项，不必假设，题干中类比成立的前提是订户与读者之间的关系，而不是读者数相近。

其余各项均不必假设。

47．（E）

【解析】母题29·论证结构相似题

题干：喝的饮料中含有酒精→心率就会加快。心率加快→觉得兴奋。因此，喝的饮料中含有酒精→觉得兴奋。

(A)项，投资股票→有破产的风险。投资股票→有发财的希望。因此，有破产的风险→有发财的希望。与题干的推理结构不同。

(B)项，每天摄入足够水分→降低血液的黏稠度。血液的黏稠度过高→增加患心脏病的危险。因此，每天摄入足够的水分→减少患心脏病的危险。与题干的推理结构不同。

(C)项，喝过多的酒→肝脏就会有过度负担。喝过多的酒→可能出现酒精肝。因此，肝脏过度负担→可能出现酒精肝。与题干的推理结构不同。

(D)项，有足够的银行存款→有足够的购买能力。有足够的购买能力→拥有宽敞的住房。因此，有足够的银行存款→过得非常舒适。与题干的推理结构不同。

(E)项，有稳定的工作→有稳定的收入。有稳定的收入→生活得幸福。因此，有稳定的工作→生活得幸福。与题干的推理结构相同。

48．（E）

【解析】母题20·论证的假设

题干：经河南省文物考古研究所发掘确认，曹操墓位于河南省安阳县安丰乡西高穴村 —证明→ 曹操墓的位置已经得到确认。

搭桥法：河南省文物考古研究所发掘确认→位置得到确认，故(E)项是题干成立的前提。

(A)项，支持题干的结论，但无须假设"有文字表明此墓就是曹操墓"，也可以是其他证据。

(B)项，无关选项，"文物"是真的不代表"曹操墓"是真的。

(C)项，诉诸权威。

(D)项，无须假设，也可能只经过一次测算及发掘就确定了位置。

49. (D)

【解析】母题 24·因果关系的削弱

题干：

　　A 组：做自己的事，不从事会导致说谎行为的事，结果眨眼频率会微微上升；

　　B 组：被要求偷拿考卷，且在测试时说谎，结果眨眼频率先是下降，之后大幅上升；

　　故，通过观察一个人的眨眼频率，可判断他是否在说谎。

(A)项，另有他因，受试者的心理素质不同会影响测试结果。

(B)项，论据不充分，实验中 B 组受试者是被要求说谎，而结论中说的是一般的说谎者。

(C)项，另有他因，仪器设备的异常会影响测试结果。

(D)项，无关选项，题干中仪器测试的是眨眼频率，并非心跳和血压。

(E)项，举反例，说明可能存在眨眼频率缓慢却说谎的人。

50. (A)

【解析】母题 21·论证的推论

题干：

①三种食品，如果其所含的食品添加剂和所使用的包装材料都通过检验就能出厂。

②食品添加剂合格的有两种食品，包装材料合格的也有两种食品。

故，至少有一种食品在食品添加剂和包装材料两个方面全部合格，根据题干信息①可知，至少有一种食品可以出厂，即(A)项正确。

51. (D)

【解析】母题 3·串联推理

将题干信息形式化：

①有些 30 岁以下的员工→参加外语培训班。

②部门经理→同意野外拓展＝¬同意野外拓展→¬部门经理。

③参加外语培训班→¬同意野外拓展。

将题干信息①、③、②串联可得：有些 30 岁以下的员工→参加外语培训班→¬同意野外拓展→¬部门经理。

故有：有些 30 岁以下的年轻员工不是部门经理，(D)项正确。

52. (C)

【解析】母题 20·论证的假设

题干：观众能清晰地记住大牌明星在广告中的表现，却记不住广告中被推销的产品的名

称 ——证明→ 以大牌明星为设计核心的广告效力不好。

搭桥法：观众记不住产品名称→广告效力不好，即：广告效力好→观众记住产品名称。所以，广告的效力是要扩大产品的知名度，故(C)项正确。

其余各项均为无关选项。

53. (C)

【解析】母题28·找原因：解释题

待解释的现象：在床上抽烟是家庭火灾的主要原因，抽烟的人数显著下降，但死于家庭火灾的人数却没有显著减少。

(A)项，可以解释，抽烟的人数下降，但是在床上抽烟的人数没有下降。

(B)项，可以解释，虽然火灾次数少了，但是由于人口密度的增加，每次死亡的人数多了。

(C)项，不能解释，从过去到现在由在床上抽烟引起的火灾通常都发生在房主入睡之后，而抽烟的人数显著下降，那么死于家庭火灾的人数应该减少。

(D)项，可以解释，如果在床上抽烟引起的家庭火灾损失较小、很难引起死亡的话，那么在床上吸烟的人数的减少，并不能减少火灾死亡人数。

(E)项，可以解释，虽然火灾次数少了，但是后果更严重了(每次死亡的人数多了)。

54. (E)

【解析】母题20·论证的假设

题干：研究小组用"现存的甲虫类生物"的忍受温度来替代"过去2.2万年内的甲虫类生物"的忍受温度。故(E)项必须假设，搭桥法。

(D)项，干扰项，题干中的"现存的甲虫类生物的已知忍受温度"并不是指每种甲虫类生物的"平均最高可忍受气温"，故此项是无关选项。

其余各项显然不是题干的假设。

55. (C)

【解析】母题16·复杂匹配题

由条件(1)可知，物理老师和政治老师不是同一个人。

由条件(3)可知，孙老师不是生物老师和政治老师，且生物老师和政治老师也不是同一个人。

由条件(2)、(4)可知，蔡老师不是生物老师。

故朱老师一定是生物老师，排除(B)、(D)、(E)项。

由条件(5)可知，蔡老师不是英语老师和数学老师，且英语老师和数学老师也不是同一个人。

那么孙老师和朱老师必定一个是英语老师，一个是数学老师。

又由"蔡老师不是数学老师""朱老师一定是生物老师"，结合条件(4)可知，孙老师一定是数学老师。

综上，朱老师只能是生物老师和英语老师，即(C)项正确。

三、写作

56. 论证有效性分析

【谬误分析】

①材料由"大众运动健身的理念逐渐普及，加之国家相继出台了一些有利于体育产品发展的政策"，推出"中国体育产业的发展将变得势不可挡"，存在不妥。事实上，"中国体育产业的发展"不仅受到"大众理念"和"国家政策"两个因素的影响，可能还受到其他比如"经济环境""产业规模""行业前景"等因素的影响。因此，"大众运动健身理念的普及"和"国家政策的相继出台"未必就会使"中国体育产业的发展变得势不可挡"。

②材料仅通过 2015 年和 2016 年的体育产业总规模的发展情况，就断定"中国体育产业的总规模呈持续发展趋势"，有以偏概全之嫌。这两年的体育产业总规模的发展情况未必能代表其他年份的情况。

③材料由"中国体育产业占 GDP 的比重远远小于美国等西方国家"，推出"中国体育的未来前景不可限量"，存在不妥。"体育产业占 GDP 的比重小"，仅能说明中国体育产业的发展空间较大，但"发展空间较大"并不等于"前景不可限量"。中国体育产业的前景是否广阔，不仅仅取决于体育产业占 GDP 的比重，还取决于"社会经济环境""市场需求"等其他影响因素。

④材料由"中国经济的发展使消费者消费能力提高"，推出"消费者在体育、健身等领域的消费需求也会扩大"，存在不妥。随着经济的发展，消费者可能会在教育、医疗、娱乐等领域扩大消费，未必就会在体育领域扩大消费。

⑤"上海市民对篮球、足球运动的参与程度很高"，可能仅为地域性现象，不具有全国普遍代表性，因此，上海的这种情况未必会普及全国各地，也就无法得出"体育产业的市场无疑更加光明"的结论。

⑥"奥运会的举办"未必一定会"带来新一轮的运动热潮"，人们可能会观看赛事，但未必亲身参与到运动中。

⑦即使体育产业有良好的市场前景，但也不一定能够"获得丰厚的利润回报"。"利润回报是否丰厚"还取决于其他影响因素，比如"成本""市场竞争"等。

参考范文

中国体育产业的发展势不可挡吗？

上述论证存在多处逻辑谬误，分析如下：

首先，材料由"大众运动理念的普及"和"国家政策的出台"，推出"中国体育产业的发展将变得势不可挡"，存在不妥。事实上，"中国体育产业的发展"可能还受到其他因素的影响，比如"消费者的消费热情""产业基础能力"等。因此，"理念的普及"和"政策的出台"未必会使"中国体育产业的发展势不可挡"。

其次，材料由"中国体育产业占GDP的比重远远小于美国等西方国家"，推出"中国体育的未来前景不可限量"，存在不妥。"体育产业占GDP的比重小"，仅能说明中国体育产业的发展空间较大，但"发展空间较大"并不等于"前景不可限量"。中国体育产业的前景是否广阔，不仅仅取决于体育产业占GDP的比重，还取决于"社会经济环境""市场需求"等其他影响因素。

再次，材料由"经济发展使消费者消费能力提高"，推出"消费者在体育领域的消费需求扩大"，存在不妥。消费者消费能力提高，未必会在体育领域扩大消费，他们也可能扩大教育、医疗、娱乐等领域的消费。此外，"上海市民对篮球、足球运动的参与程度很高"，可能仅为地域性现象，不具有全国普遍代表性。因此，无法得出"体育产业的市场无疑更加光明"的结论。

最后，"奥运会的举办"未必一定会"带来新一轮的运动热潮"。人们可能会观看赛事，但未必亲身参与到运动中。此外，即使体育产业前景广阔，也未必能够"获得丰厚的利润回报"。"利润回报是否丰厚"还受其他因素影响，比如"经济成本""市场竞争"等。

综上所述，"中国体育产业的发展将变得势不可挡"的结论难以成立。

（全文共646字）

57. 论说文

以民法典实施提升"中国之治"

管子曰："法者，天下之程式也，万事之仪表也。"民法典是新中国成立以来第一部以"法典"命名的法律，是新时代我国社会主义法治建设的重大成果，具有开创性、里程碑意义。

民法典是约束和保护企业生产经营、组织业务活动的重要标尺。作为刚性的制度约束，民法典填补了法律空白，让国家制度和国家治理体系的显著优势得到充分发挥，让制度"长出牙齿"、让执法更有力量，标定了企业和组织的行为边界，极大地约束和规范了企业的经营发展，进而促进了经济社会平稳运行。

民法典与老百姓生老病死、衣食住行都息息相关。无论是出生、死亡，还是婚姻、继承，无论是高空抛物、垃圾分类，还是网络侵权、医疗纠纷……一个人从摇篮到坟墓，各阶段的各种权利，都可以在民法典中找到答案。作为"民权保护之母"和"社会生活的百科全书"，民法典包含了公民的一切活动，为公民提供了行为规范、使民事活动有所依据、对民事权利的全方位保障，发出了保护公民权利的最强音。

实施民法典,是一项长期工程,需要各方面共同努力,常抓不懈。首先,国家要加强宣传教育、广泛开展民法典普法工作,让群众认识到,民法典既是保护自身权益的法典,也是全体社会成员都必须遵循的规范;其次,要坚持问题导向,适应技术发展进步新需要,在实践的基础上,持续推动民法典的完善和发展,使人民权益得到更好的保证;此外,个人也要养成自觉守法的意识、形成"遇事找法"的习惯、培养"解决问题靠法"的意识和能力。

"立善法于天下,则天下治;立善法于一国,则一国治。"民法典的颁布和实施,必将对我国法治国家、政府、社会的建设带来更积极、全面、规范的影响,也定将不断推进国家治理体系的民主化、现代化、法制化。

(本文部分内容摘自阿斯力格《以民法典实施提升"中国之治"》,人民日报,2020年6月10日)

(全文共681字)

绝密★启用前

全国硕士研究生招生考试
经济类专业学位联考综合能力试题
密押卷 5

（科目代码：396）
考试时间：8：30—11：30

考生注意事项

1. 答题前，考生须在试题册指定位置上填写考生姓名和考生编号；在答题卡指定位置上填写报考单位、考生姓名和考生编号，并涂写考生编号信息点。
2. 选择题的答案必须涂写在答题卡相应题号的选项上，非选择题的答案必须书写在答题卡指定位置的边框区域内。超出答题区域书写的答案无效；在草稿纸、试题册上答题无效。
3. 填(书)写部分必须使用黑色字迹签字笔或者钢笔书写，字迹工整、笔迹清楚；涂写部分必须使用2B铅笔填涂。
4. 考试结束，将答题卡和试题册按规定交回。

考生编号														
考生姓名														

一、**数学基础**：第 1～35 小题，每小题 2 分，共 70 分。下列每题给出的五个选项中，只有一个选项是最符合试题要求的。请在答题卡上将所选项的字母涂黑。

1. 已知 $f(x)$ 的定义域为 $[-1,1]$，则 $g(x)=f\left(x+\dfrac{1}{2}\right)+f\left(x-\dfrac{1}{2}\right)$ 的定义域为（　　）.

   (A) $\left[-\dfrac{3}{2},\dfrac{3}{2}\right]$　　　　(B) $[-1,1]$　　　　(C) $\left[0,\dfrac{1}{2}\right]$

   (D) $\left[-\dfrac{1}{2},\dfrac{1}{2}\right]$　　　　(E) $\left[-\dfrac{1}{2},0\right]$

2. $\lim\limits_{x\to-\infty}\dfrac{\sqrt{4x^2-x+1}+x-5}{\sqrt{x^2+\cos x}}=$（　　）.

   (A) -1　　　　(B) 1　　　　(C) 2

   (D) 3　　　　(E) 4

3. 设函数 $f(x)=\dfrac{1}{x}+e^{\frac{\sin x}{|x|}}$，则 $x=0$ 为 $f(x)$ 的（　　）.

   (A) 连续点　　　　(B) 可去间断点　　　　(C) 跳跃间断点

   (D) 振荡间断点　　　　(E) 无穷间断点

4. 函数 $f(x)=2x^3-3x^2+1$ 的单调递减且图形为凹的区间为（　　）.

   (A) $(0,1)$　　　　(B) $\left(0,\dfrac{1}{2}\right)$　　　　(C) $\left(\dfrac{1}{2},1\right)$

   (D) $\left(\dfrac{1}{2},2\right)$　　　　(E) $(1,2)$

5. 设函数 $f(x)$ 在 $x=0$ 处可导，且 $f'(0)=6$，则 $\lim\limits_{h\to 0}\dfrac{f(-2h)-f(h)}{3h}=$（　　）.

   (A) -2　　　　(B) 2　　　　(C) 0

   (D) 6　　　　(E) -6

6. 设 $f(x)=\begin{cases}\dfrac{1}{x^3}\int_0^x\tan t^2\,\mathrm{d}t,&x\neq 0,\\a,&x=0\end{cases}$ 在 $x=0$ 处连续，则 $a=$（　　）.

   (A) $\dfrac{1}{6}$　　(B) $\dfrac{1}{3}$　　(C) 1　　(D) $\dfrac{3}{2}$　　(E) 3

7. $y=(x-1)(x-2)^2(x-3)^3(x-4)^4$，则 y 有（　　）个极值点.

   (A) 1　　(B) 2　　(C) 3　　(D) 4　　(E) 5

8. 函数 $y=x^2(2\ln x-1)$ 的极值点为（　　）.

   (A) $x=1$　　　　(B) $x=2$　　　　(C) $x=3$

   (D) $x=4$　　　　(E) $x=5$

9. 设曲线 $y=\dfrac{1}{e^x-1}+1$ 的水平渐近线的条数为 a，垂直渐近线的条数为 b，则（　　）.

(A) $a=0$，$b=1$ 　　　　(B) $a=1$，$b=0$ 　　　　(C) $a=1$，$b=1$

(D) $a=2$，$b=1$ 　　　　(E) $a=1$，$b=2$

10. 设 $y=f(x)$ 由方程 $y-xe^y=1$ 确定，则 $\left.\dfrac{d^2 y}{dx^2}\right|_{x=0}=$（　　）.

(A) e^2 　　　　(B) $2e^2$ 　　　　(C) $3e^2$

(D) 0 　　　　(E) $-2e^2$

11. 某商品的需求函数 $Q=150-2p^2$，则 $p=6$ 时，需求弹性为（　　）.

(A) $\dfrac{24}{13}$ 　　　　(B) $\dfrac{22}{13}$ 　　　　(C) $\dfrac{13}{24}$

(D) $\dfrac{13}{22}$ 　　　　(E) $\dfrac{20}{13}$

12. $\displaystyle\int \dfrac{dx}{x(x^2+1)}=$（　　）.

(A) $\ln\left|\dfrac{x}{x^2+1}\right|+C$ 　　　　(B) $\dfrac{1}{2}\left|\dfrac{x}{x^2+1}\right|+C$ 　　　　(C) $\ln\left(\dfrac{x^2}{x^2+1}\right)+C$

(D) $\dfrac{1}{2}\ln\left(\dfrac{x^2}{x^2+1}\right)+C$ 　　　　(E) $\dfrac{1}{2}\ln\left|\dfrac{x}{x^2+1}\right|+C$

13. $\displaystyle\int \dfrac{\ln(2+\sqrt{x})}{x+2\sqrt{x}}dx=$（　　）.

(A) $\dfrac{1}{2+2\sqrt{x}}+C$ 　　　　(B) $\dfrac{\ln(2+\sqrt{x})}{2+2\sqrt{x}}+C$ 　　　　(C) $\ln(2+\sqrt{x})+C$

(D) $\ln^2(2+\sqrt{x})+C$ 　　　　(E) $\dfrac{2+2\sqrt{x}}{\ln(2+\sqrt{x})}+C$

14. 设 $f(x)=e^{3x}$，$g(x)=\ln x$，则 $\displaystyle\int_0^2\{f[g(x)]+g[f(x)]\}dx=$（　　）.

(A) 10 　　　　(B) 8 　　　　(C) 6

(D) 4 　　　　(E) 2

15. $\displaystyle\int_0^{\frac{\pi}{2}} \dfrac{\cos^{2021}x}{\cos^{2021}x+\sin^{2021}x}dx=$（　　）.

(A) 0 　　　　(B) 1 　　　　(C) π

(D) $\dfrac{\pi}{2}$ 　　　　(E) $\dfrac{\pi}{4}$

16. $\displaystyle\int_0^{\ln 2}\sqrt{e^x-1}\,dx=$（　　）.

(A) 2 　　　　(B) $\dfrac{\pi}{2}$ 　　　　(C) $2-\dfrac{\pi}{2}$

(D) $1-\dfrac{\pi}{2}$ 　　　　(E) $2+\dfrac{\pi}{2}$

17. 设 $f(x)=\sqrt{x}$，则 $\sqrt{x}$ 在 $[0，100]$ 上的平均值为（　　）.

(A) 1 　　　　　　　　　(B) $\dfrac{20}{3}$ 　　　　　　　　　(C) $\dfrac{40}{3}$

(D) 10 　　　　　　　　　(E) 20

18. $F(x)=\displaystyle\int_1^x\left(3-\dfrac{1}{\sqrt{t}}\right)\mathrm{d}t\,(x>0)$，则 $F(x)$ 的单调递减区间为（　　）.

(A) $\left(0,\dfrac{1}{9}\right)$ 　　　　　　　　(B) $\left(0,\dfrac{1}{3}\right)$ 　　　　　　　　(C) $\left(\dfrac{1}{9},1\right)$

(D) $\left(\dfrac{1}{9},+\infty\right)$ 　　　　　　(E) $(0,+\infty)$

19. 设函数 $z=\arcsin(\sqrt{x^2+2y^2})$，则 $\dfrac{\partial z}{\partial x}=$（　　）.

(A) $\dfrac{y}{\sqrt{(1-x^2-2y^2)(x^2+2y^2)}}$ 　　　　(B) $\dfrac{x}{\sqrt{(1-x^2-2y^2)(x^2+2y^2)}}$

(C) $\dfrac{2y}{\sqrt{(1-x^2-2y^2)(x^2+2y^2)}}$ 　　　(D) $\dfrac{2x}{\sqrt{(1-x^2-2y^2)(x^2+2y^2)}}$

(E) $\dfrac{1}{\sqrt{1-x^2-2y^2}}$

20. 已知 $z=f(x,y)$，则 $z|_{(0,1)}=0$，满足 $\displaystyle\lim_{\substack{x\to 0\\ y\to 1}}\dfrac{f(x,y)-2x-3y+3}{\sqrt{x^2+(y-1)^2}}=0$，则 $\mathrm{d}z|_{(0,1)}=$（　　）.

(A) $2\mathrm{d}x+3\mathrm{d}y$ 　　　　　(B) 0 　　　　　(C) $\mathrm{d}x-\mathrm{d}y$

(D) $-2\mathrm{d}x+3\mathrm{d}y$ 　　　　(E) $2\mathrm{d}x-3\mathrm{d}y$

21. 设 $z=\sqrt{x^2+y^2}$，则点 $(0,0)$（　　）.

(A) 为 z 的驻点且为极小值点 　　　　　　(B) 为 z 的驻点但不为极小值点

(C) 不为 z 的驻点，但为极小值点 　　　　(D) 不为 z 的驻点，也不为极小值点

(E) 不为 z 的驻点，但为极大值点

22. 设 $z=xy+\dfrac{50}{x}+\dfrac{20}{y}(x>0,y>0)$，则 z 的极小值为（　　）.

(A) 不存在 　　　　　　(B) 10 　　　　　　(C) 20

(D) 30 　　　　　　　　(E) 40

23. 设 A 为二阶可逆矩阵，且 $|A|=3$，则 $||A|A^*|=$（　　）.

(A) 81 　　　　　　　　(B) 27 　　　　　　(C) 9

(D) 3 　　　　　　　　(E) 1

24. 方程 $f(x)=\begin{vmatrix}3-x & 2 & -2\\ x & 6-x & -4\\ -4 & -4 & 4\end{vmatrix}=0$ 的全部解为（　　）.

(A) 4，5 　　　　　　　(B) 3，4 　　　　　　(C) 2，3

(D) 1，2 　　　　　　　(E) 0，4

25. 设 A，B 为 n 阶矩阵，若 $AB=O$，则（　　）.

(A) $BA=O$　　　　　　　　　　　　　　(B) $(A+B)^2=A^2+B^2$

(C) A，B 中至少有一个零矩阵　　　　　(D) $A=B=O$

(E) $|AB|=|BA|=0$

26. 设 $A=\begin{pmatrix}0&0&1\\0&2&2\\1&1&2\end{pmatrix}$，则 $A^{-1}=($　　$)$.

(A) $\begin{pmatrix}-1&-\frac{1}{2}&1\\-1&\frac{1}{2}&0\\1&0&0\end{pmatrix}$　　(B) $\begin{pmatrix}1&-\frac{1}{2}&1\\-1&-\frac{1}{2}&0\\1&0&0\end{pmatrix}$　　(C) $\begin{pmatrix}1&\frac{1}{2}&1\\-1&-\frac{1}{2}&0\\1&0&0\end{pmatrix}$

(D) $\begin{pmatrix}-1&-\frac{1}{2}&1\\1&\frac{1}{2}&0\\1&0&0\end{pmatrix}$　　(E) $\begin{pmatrix}-1&\frac{1}{2}&1\\1&-\frac{1}{2}&0\\-1&0&0\end{pmatrix}$

27. 已知向量组 $\boldsymbol{\alpha}_1=(3,1,1)$，$\boldsymbol{\alpha}_2=(1,-1,3)$，$\boldsymbol{\alpha}_3=(0,2,-4)$，$\boldsymbol{\alpha}_4=(2,-1,4)$，则向量组的秩为（　　）.

(A) 0　　　(B) 1　　　(C) 2　　　(D) 3　　　(E) 4

28. 设 A 为 $m\times n$ 矩阵，若齐次线性方程组 $Ax=0$ 有非零解，则（　　）.

(A) A 的列向量组线性无关　　　　　(B) A 的行向量组线性无关

(C) A 的列向量组线性相关　　　　　(D) A 的行向量组线性相关

(E) $m=n$

29. 设 $Ax=b$ 为三元非齐次线性方程组，$r(A)=2$，且 $\boldsymbol{\eta}_1$，$\boldsymbol{\eta}_2$ 是方程组的两个不同特解，C，C_1，C_2 为任意常数，则该方程组的全部解是（　　）.

(A) $C(\boldsymbol{\eta}_1-\boldsymbol{\eta}_2)+\dfrac{\boldsymbol{\eta}_1+\boldsymbol{\eta}_2}{2}$　　　　　(B) $C(\boldsymbol{\eta}_1+\boldsymbol{\eta}_2)+\dfrac{\boldsymbol{\eta}_1-\boldsymbol{\eta}_2}{2}$

(C) $C(\boldsymbol{\eta}_1+\boldsymbol{\eta}_2)+\boldsymbol{\eta}_1+\boldsymbol{\eta}_2$　　　　　(D) $C_1\boldsymbol{\eta}_1+C_2\boldsymbol{\eta}_2$

(E) $C(\boldsymbol{\eta}_1-\boldsymbol{\eta}_2)+\boldsymbol{\eta}_1+\boldsymbol{\eta}_2$

30. 设 A，B 为两个随机事件，且 $P(A)=0.4$，$P(A\cup B)=0.7$，若 A，B 相互独立，则 $P(B)=$（　　）.

(A) 0.2　　　(B) 0.3　　　(C) 0.4

(D) 0.5　　　(E) 0.6

31. 离散型随机变量 X 的分布函数为 $F(x)=\begin{cases}0,&x<-2,\\0.4,&-2\leqslant x<0,\\0.8,&0\leqslant x<4,\\1,&x\geqslant 4,\end{cases}$ 则 X 的分布律为（　　）.

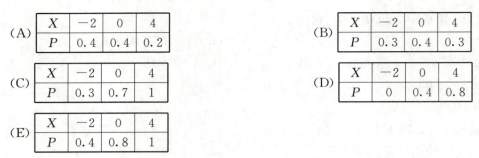

32. 设连续型随机变量 X 的概率密度函数为 $f(x)=\begin{cases}ke^{-\frac{x}{2}},&x>0,\\0,&x\leq 0,\end{cases}$ 则 $k=(\quad)$.

(A) $\dfrac{2}{3}$ (B) $\dfrac{1}{2}$ (C) $\dfrac{1}{3}$ (D) $\dfrac{1}{4}$ (E) $\dfrac{1}{5}$

33. 设随机变量 X 的分布函数为 $F(x)$,概率密度函数为 $f(x)=af_1(x)+bf_2(x)$,其中 $f_1(x)$ 是正态分布 $N(0,\sigma^2)$ 的概率密度函数,$f_2(x)$ 是参数为 λ 的指数分布的概率密度函数,已知 $F(0)=\dfrac{1}{8}$,则( ).

(A) $a=1$,$b=0$ (B) $a=0$,$b=1$ (C) $a=\dfrac{3}{4}$,$b=\dfrac{1}{4}$

(D) $a=\dfrac{1}{2}$,$b=\dfrac{1}{2}$ (E) $a=\dfrac{1}{4}$,$b=\dfrac{3}{4}$

34. 随机变量 X 服从泊松分布,且 $P\{X=1\}=P\{X=2\}$,则 $P\{X=4\}=(\quad)$.

(A) e^{-2} (B) $\dfrac{2}{3}e^{-2}$ (C) $\dfrac{3}{4}e^{-2}$ (D) $\dfrac{2}{3}e^{-1}$ (E) $\dfrac{3}{4}e^{-1}$

35. 设随机变量 X 的概率密度函数为 $f(x)=\begin{cases}ax+b,&0\leq x\leq 1,\\0,&\text{其他},\end{cases}$ 且 $E(X)=1$,则 a,b 的值为( ).

(A) 3,1 (B) 4,2 (C) 6,-2

(D) 6,-4 (E) -2,-2

二、逻辑推理:第 36~55 小题, 每小题 2 分, 共 40 分。 下列每题给出的五个选项中, 只有一个选项是最符合试题要求的。 请在答题卡上将所选项的字母涂黑。

36. 科学家对 76 位心脏病患者进行了研究,他们分别采用"一名志愿者带一只狗前去探望病人""一名志愿者前去探望病人"以及"没有志愿者"三种方法分别测试这些病人的反应。结果发现第一种情况下病人的焦虑程度下降了 24%,第二种情况下病人的焦虑程度只下降了 10%,第三种情况下病人的焦虑程度仍保持原来的水平。因此科学家认为,狗能帮助心脏病人降低焦虑情绪。

以下哪项如果为真,最能对上述科学家的观点提出质疑?

(A) 带狗和不带狗探视的试验分别选择在两个不同的时间段。

(B)在带狗的志愿者中,绝大多数喜欢并自己饲养宠物狗。

(C)在被探视的病人中,绝大多数喜欢并自己饲养宠物狗。

(D)志愿者带去探望病人的大多数狗都是性情比较温顺的。

(E)志愿者带去探望病人的大多数狗都不是性情比较温顺的。

37. 小儿哮喘是儿科常见病,目前随着城市工业化环境的进展,大气污染及粉尘的加剧,该病近年来在世界范围内呈上升趋势。气管炎为我国多发的细菌感染,而小儿哮喘发病率上升的同时却伴随着气管炎在儿童中发病率的下降。但是,气管炎仍在大量侵袭成年人,尤以已婚人士为最。

下面哪一项如果正确,最能帮助解释儿童中气管炎发病率的下降?

(A)遗传因素部分决定了一个人易患气管炎的程度。

(B)在其他国家也发现了儿童疾病的增加伴随着气管炎的减少。

(C)抗生素能治疗和防止细菌感染,小儿哮喘经常被误诊为细菌感染而导致抗生素错用。

(D)儿童时期没有得过哮喘的人到成年时可能得哮喘,在这种情况下,疾病的后果一般会更加严重。

(E)那些得了气管炎的人得哮喘的危险增加了。

38～39题基于以下题干:

2016年8月7日,孙杨在里约奥运会的400米自由泳项目中以0.13秒之差遗憾失金,对此,网友评论不一。

张珊:孙杨还是没有在400米自由泳项目上夺得金牌的实力。

王伍:我不同意。孙杨只是运气不好而已,而且他在上一届奥运会400米自由泳项目中拿了金牌。

38. 以下哪项最为确切地概括了王伍的反驳所运用的方法?

(A)提出了一个新的论据质疑对方的论据。

(B)提出了一个新的论据质疑对方的观点。

(C)提出了一个反例来反驳对方的一般性结论。

(D)构造了一个和对方类似的论证,但这个论证的结论显然是不可接受的。

(E)指出对方将原因和结果倒置。

39. 以下哪项最为恰当地概括了张珊和王伍争论的焦点?

(A)孙杨是否真的优秀?

(B)孙杨是否擅长长距离游泳?

(C)一次比赛的失败能否作为评价运动员的标准?

(D)400米自由泳项目的失败是否说明孙杨运气不好?

(E)孙杨是否具有400米自由泳项目夺金的实力?

40. 文化体现在一个人如何对待自己、对待他人、对待自己所处的自然环境。在一个文化环境厚实的社会里，人懂得尊重自己——他不苟且，不苟且才有品位；人懂得尊重别人——他不霸道，不霸道才有道德；人懂得尊重自然——他不掠夺，不掠夺才有永续的生命。

下面哪一项不能从上面这段话中推出？

(A)如果一个人苟且，则他无品位。

(B)如果一个人霸道，则他无道德。

(C)如果人类掠夺自然，则不会有永续的生命。

(D)除非一个人无道德，否则他不霸道。

(E)如果一个人无道德，则他霸道并且苟且。

41～42题基于以下题干：

在美国，医生所开的药物处方中都不包含中草药。有人说，这是因为中草药的药用价值仍然受到严重质疑。其实真正的原因不是这样的。一种药物，除非由法定机构正式批准可用于相关医学处置，否则不允许上市。一种药物要获得法定机构的批准，一般要耗费200万美元，只有专利获得者才负担得起这笔费用。虽然鉴定中草药药用价值的方法可以申请专利，但中草药本身及其使用没有专利。因此，在现有体制下，美国的医生不可能建议用中草药治病。

41. 以下哪项相关断定是上述论证所假设的？

(A)中草药没有药用价值已经得到证明。

(B)只有执照医生在处方中开出的药物才有疗效。

(C)除非中草药作为一种药物合法出售，否则执照医生不可能建议用中草药治病。

(D)中草药在美国受到质疑是由于西方社会对东方文化的偏见。

(E)美国的医生不了解中草药。

42. 以下哪项最为准确地概括了题干的论证所使用的方法？

(A)通过否定一个事件发生的必要条件，来断定这一事件不会发生。

(B)通过对某一具体事例的分析来论证一个一般性的结果。

(C)通过对某一具体事例的分析来反驳一个一般性的结果。

(D)依据准确的数量分析来论证一个质的规定。

(E)通过对某一结果的另一种解释来质疑一个关于此种结果之原因的断定。

43. 张珊、李思、王伍、赵柳四人分别来自山东、山西、广东、广西。已知：李思比张珊高；王伍最矮；山东人比山西人高；广东人最高；广西人比赵柳高。

则关于四个人的籍贯，以下哪项说法正确？

(A)张珊是山东人，李思是广东人，王伍是山西人，赵柳是广西人。

(B)张珊是广东人，李思是广西人，王伍是山西人，赵柳是山东人。

(C)张珊是广西人，李思是广东人，王伍是山东人，赵柳是山西人。

(D)张珊是山西人，李思是广东人，王伍是广西人，赵柳是山东人。

(E)张珊是广西人，李思是广东人，王伍是山西人，赵柳是山东人。

44. 研究表明，阿司匹林具有防止心脏病突发的功能。这一成果一经确认，研究者立即以论文形式向某权威医学杂志投稿。不过，一篇论文从收稿到发表，至少需要3个月。如果这一论文一收到就被发表，那么，这3个月中死于心脏病突发的患者很可能挽回生命。

    以下哪项如果为真，则最能削弱上述论证？

    (A)上述医学杂志加班加点，以尽快发表该论文。

    (B)有学者对上述关于阿司匹林的研究结论提出了不同意见。

    (C)经常服用阿司匹林容易导致胃溃疡。

    (D)一篇论文的收、审、排、印需要时间，不可能一收到就被发表。

    (E)阿司匹林只有连续服用8个月，才能产生防止心脏病突发的效果。

45. 经济学家：美国的个人所得税是累进税，税法极其复杂。想诚实纳税的人经常因理解错误而出现申报错误；而故意避税的人总能找到税法的漏洞。一般而言，避税空间的大小与税制的复杂程度成正比，避税能力的高低与纳税人的收入水平成正比。复杂税制造成的避税空间大多会被富人利用，使得累进税达不到税法规定的累进程度，其调节分配的功能也大大弱化。

    如果以下陈述为真，则哪一项对经济学家的上述论证提供了最强有力的支持？

    (A)在申报纳税时，美国有60％的人需要雇请专业人士代理申报，有22％的人需要用报税软件帮助计算。

    (B)美国人在1981年就提出了"废除累进税率，实行单一税率"的设想。

    (C)1988年至2006年，美国最富人群的收入占全国收入的比重从15％上升为22％，但他们的平均税率却从24％下降到22.8％。

    (D)2011年9月17日美国爆发了"占领华尔街运动"，示威者声称代表美国99％的民众抗议金融业的贪婪腐败及社会不公。

    (E)哈佛大学的史密斯教授认为，使用单一税率更容易避免富人避税。

46. 有一家权威民意调查机构，在世界范围内对"9·11"恐怖袭击事件的发生原因进行调查，结果发现：40％的人认为是由美国不公正的外交政策造成的，55％的人认为是由于伊斯兰文明与西方文明的冲突，23％的人认为是由于恐怖分子的邪恶本性，19％的人没有表示意见。

    以下哪项最能合理地解释上述看似矛盾的陈述？

    (A)调查样本的抽取不是随机的，因而不具有代表性。

    (B)有的被调查者后来改变了自己的观点。

    (C)有不少被调查者认为，"9·11"恐怖袭击发生的原因不是单一的，而是复合的。

    (D)调查结果的计算出现技术性差错。

    (E)在调查范围外还有人认为是由飞机的失误造成此次袭击。

47. 反核活动家：关闭这座核电站是反核事业的胜利，它表明核工业部门很迟才肯承认他们不能安全运作核电站的事实。

核电站经理：它并不表明这样的事实。从非核资源可以得到便宜的电力，再加上强制性的安全检查和安全维修，使继续经营这座核电站变得很不经济。因此，关闭这座核电站不是出于安全考虑，而是出于经济方面的考虑。

该经理的论证是有缺陷的，因为：

(A)它不承认电力公司现在可能相信核电站是不安全的，即使关闭这座核电站不是出于安全考虑。

(B)它忽略了这样的可能性：除了经济原因外，关闭这座核电站可能还有其他原因。

(C)它忽略了这样的可能性：从中可以得到便宜电力的那些资源本身也可能有安全问题。

(D)它把关闭这座核电站对公众意味着什么的问题错误地当成关闭这座核电站的理由是什么的问题。

(E)它把采取安全预防措施导致的费用上升看作单纯的经济因素。

48. 有些语词所指的东西看不见、摸不着，孩子大都很难表达清楚这些语词的意思，但这并不妨碍他们用这些语词传递自己真实的感觉或情绪。这说明，理解一个语词并不非得能表达它的意思。

以下哪项如果成立，最能加强上述论证？

(A)很难做到的事，并不意味着实际上做不到。

(B)能够准确表达一个语词的人一定理解这个词的意思。

(C)传递感觉、情绪的语词的意思一般难以表达清楚。

(D)能够恰当地运用一个语词传递某种信息的人一定理解这个词的意思。

(E)孩子对语词的理解和表达能力比成人弱。

49. 有红、蓝、黄、白、紫5种颜色的皮球，分别装在5个盒子里。甲、乙、丙、丁、戊5人猜测盒子里皮球的颜色。

甲：第2个盒子里的皮球是紫色的，第3个盒子里的皮球是黄色的。

乙：第2个盒子里的皮球是蓝色的，第4个盒子里的皮球是红色的。

丙：第1个盒子里的皮球是红色的，第5个盒子里的皮球是白色的。

丁：第3个盒子里的皮球是蓝色的，第4个盒子里的皮球是白色的。

戊：第2个盒子里的皮球是黄色的，第5个盒子里的皮球是紫色的。

猜完之后打开盒子发现，每人都只猜对了一种，并且每盒都有一个人猜对。由此可以推测：

(A)第1个盒子里的皮球是蓝色的。　　　　(B)第3个盒子里的皮球不是黄色的。

(C)第4个盒子里的皮球是白色的。　　　　(D)第5个盒子里的皮球是红色的。

(E)第2个盒子里的皮球是白色的。

50. 经济学家：如果一个企业没有政府的帮助而能获得可接受的利润，那么它就有自生能力。如果一个企业在开放的竞争市场中没办法获得正常的利润，那么它就没有自生能力。除非一个企业有政策性负担，否则得不到政府的保护和补贴。由于国有企业拥有政府的保护和补贴，即使它没有自生能力，也能够赢利。

　　如果以上陈述为真，则以下哪项陈述也一定为真？

　　(A)如果一个企业没有自生能力，它就会在竞争中被淘汰。

　　(B)如果一个企业有政府的保护和补贴，它就会有政策性负担。

　　(C)如果一个企业有政策性负担，它就能得到政府的保护和补贴。

　　(D)在开放的竞争市场中，每个企业都是有自生能力的。

　　(E)如果一个企业能够获得利润，它就有自生能力。

51. 巴勒斯坦准备在2011年9月申请加入联合国，并且已经争取到140个国家的支持。如果美国在安理会动用否决权，阻止巴勒斯坦进入联合国，则会在整个阿拉伯世界引燃"反美"情绪；如果美国不动用否决权，则会得罪以色列并使奥巴马失去一部分支持以色列的选民。

　　如果以上陈述为真，则以下哪项陈述也一定为真？

　　(A)美国在安理会动用否决权，阻止巴勒斯坦进入联合国。

　　(B)美国不会得罪以色列，却会在整个阿拉伯世界引燃"反美"情绪。

　　(C)美国会在阿拉伯世界引燃"反美"情绪，或者奥巴马失去一部分支持以色列的选民。

　　(D)即使美国动用否决权，联合国大会仍打算投票表决，让巴勒斯坦成为具有国家地位的观察员。

　　(E)美国不会在阿拉伯世界引燃"反美"情绪，但会得罪以色列。

52. 某人拟在1-5号5个抽屉里放置薯片、巧克力、果冻、辣条和面包这5种零食，每个抽屉仅放置一种零食，每种零食仅放置在一个抽屉。已知：

　　(1)只有1号抽屉放置薯片，3号抽屉才放置辣条、巧克力或面包；

　　(2)如果4号抽屉放置巧克力或面包，则2号或5号抽屉放置果冻；

　　(3)1号抽屉放置果冻。

　　根据以上信息，可以得出以下哪项：

　　(A)1号抽屉放置辣条和巧克力。　　　　(B)2号抽屉放置巧克力。

　　(C)3号抽屉放置面包。　　　　　　　　(D)4号抽屉放置辣条。

　　(E)5号抽屉放置薯片。

53. 世界卫生组织报告说，全球每年有数百万人死于各种医疗事故。在任何一个国家的医院，医疗事故致死的概率不低于0.3%。因此，即使是癌症患者也不应当去医院治疗，因为去医院治疗会增加死亡的风险。

　　为了评估上述论证，对以下哪个问题的回答最为重要？

(A)在因医疗事故死亡的癌症患者中，即使不遭遇医疗事故但最终也会死于癌症的人占多大比例？

(B)去医院治疗的癌症患者和不去医院治疗的癌症患者的死亡率分别是多少？

(C)医疗事故致死的概率是否因医院管理水平的提高而正在下降？

(D)患者能否通过自身的努力来减少医疗事故的发生？

(E)医疗事故发生的原因是什么？

54. 经济学家：中国外汇储备在过去10年的快速增长是中国经济成功的标志之一。没有外汇储备的增长，就没有中国目前的国际影响力。但是，不进行外汇储备投资，就不会有外汇储备的增长。外汇储备投资面临风险是正常的，只要投资寻求收益，就要承担风险。

以下哪项陈述能从这位经济学家的论述中合乎逻辑地推出？

(A)如果能够承担风险，就会有外汇储备的增长。

(B)如果不进行外汇储备投资，就不用承担风险。

(C)只要进行外汇储备投资，中国就能具有国际影响力。

(D)中国具有目前的国际影响力，是因为中国承担了投资风险。

(E)如果进行科学投资，中国具有当前的国际影响力，不见得必须承担风险。

55. 某公司行政部人员手机使用情况如下：

①小王拨打过行政部所有人的电话。

②小李曾经拨打过小赵的电话，但是小赵不曾拨打过其他人的电话。

③不曾接听来自行政部其他人电话的人也就不曾拨打过其他人的电话。

如果以上信息为真，可以推出以下哪项？

(A)小赵不曾接听过来自小李的电话。

(B)小李曾经接听过来自小王的电话。

(C)行政部曾有人拨打过小王的电话。

(D)小王接听过来自行政部所有人的电话。

(E)小赵曾经接听过小王的电话。

三、写作：第56～57小题，每小题20分，共40分。请答在答题纸相应的位置上。

56. 论证有效性分析：分析下述论证中存在的缺陷和漏洞，选择若干要点，写一篇600字左右的文章，对该论证的有效性进行分析和评论。（论证有效性分析的一般要点是：概念特别是核心概念的界定和使用是否准确并前后一致，有无各种明显的逻辑错误，论证的论据是否成立并支持结论，结论成立的条件是否充分等。）

大学生在校期间应该更加注重实践而不是学习理论。

首先，从大学教育的目的来看，高等教育法中指出："大学教育应该为社会主义现代化服务，培养出社会发展所需要的专业人才、科技人才。"由此可以看出，社会发展所需要的是具有动手能力、创造力的人才，而不是读书的人才。

其次，大学生们在毕业后会走入社会，在大学时代多参加社会实践来提高自己的能力，能在未来更好地适应社会。如果我们每天还都是钻在课本理论里，到了社会上就要从零开始适应社会，难免被快节奏的职场所淘汰。况且，很多企业在招聘时都非常注重"是否有工作经验"，所以在校大学生只有注重实践锻炼，才能更好地适应社会。

第三，"实践是检验理论的唯一标准"，即使学习了再多理论，没有实践来更好地发挥理论的作用，那么习得的理论就都是"纸上谈兵"，离开了实践的理论，没有任何意义。有的人学富五车，可是在实践中却表现得一塌糊涂，为什么呢？就是因为实践与理论是不一样的，光学理论没有用，必须要注重实践，理论才能发挥出其真正的价值。

此外，随着高等教育越来越普及，大学生也不再是香饽饽，很多高校毕业生出现"就业难、工资低"的现象，从工资收入和就业难易程度来说，甚至不敌农民工。学生辛苦多年，却无法在就业市场的大潮中找到自己落脚的地方，就是因为他们空有一腔学识，却不能把理论知识熟练地运用到实际操作中，不能适应社会的需要。

中国有句古话，"夏虫不可语冰"，是因为夏虫根本活不到冬天，它们自然不知道冬天是什么样的。同样的道理，大学生如果不尽早实践、锻炼能力，又怎么知道自己能不能适应社会呢？所以，在校大学生应该更注重实践锻炼，才能更好地满足市场的需求。

57. 论说文：根据下述材料，写一篇700字左右的论说文，题目自拟。

丰巢快递柜启动超时收费，这一做法备受争议。其中一个争议点在于，许多快递员不经用户同意就将快递投入丰巢，收费的同时还压缩了本该提供的上门服务。有市民认为这是快递公司在变相进行二次收费，也有市民表示能理解丰巢收费，但12小时太短，一到两天比较合理。

答案速查

一、数学基础

1~5	(D)(B)(E)(C)(E)	6~10	(B)(E)(A)(D)(B)
11~15	(A)(D)(D)(A)(E)	16~20	(C)(B)(A)(B)(A)
21~25	(C)(D)(B)(D)(E)	26~30	(A)(C)(C)(A)(D)
31~35	(A)(B)(E)(B)(C)		

二、逻辑推理

36~40	(C)(C)(B)(E)(E)	41~45	(C)(E)(E)(E)(C)
46~50	(C)(E)(D)(C)(B)	51~55	(C)(D)(B)(D)(C)

三、写作

略

答案详解

一、数学基础

1.（D）

【解析】抽象函数定义域的求解.

已知 $y=f(x)$ 的定义域为 $x\in D$，若 $y=f[u(x)]$，则有 $u(x)\in D$. 根据题意可知

$$\begin{cases} -1 \leqslant x+\dfrac{1}{2} \leqslant 1, \\ -1 \leqslant x-\dfrac{1}{2} \leqslant 1 \end{cases} \Rightarrow \begin{cases} -\dfrac{3}{2} \leqslant x \leqslant \dfrac{1}{2}, \\ -\dfrac{1}{2} \leqslant x \leqslant \dfrac{3}{2} \end{cases} \Rightarrow -\dfrac{1}{2} \leqslant x \leqslant \dfrac{1}{2},$$

故 $g(x)$ 的定义域为 $\left[-\dfrac{1}{2}, \dfrac{1}{2}\right]$.

2.（B）

【解析】根式方程求极限.

$$\lim_{x\to-\infty} \dfrac{\sqrt{4x^2-x+1}+x-5}{\sqrt{x^2+\cos x}} = \lim_{x\to-\infty} \dfrac{\sqrt{x^2\left(4-\dfrac{1}{x}+\dfrac{1}{x^2}\right)}+x-5}{\sqrt{x^2\left(1+\dfrac{\cos x}{x^2}\right)}}$$

$$= \lim_{x\to-\infty} \dfrac{|x|\sqrt{4-\dfrac{1}{x}+\dfrac{1}{x^2}}+x-5}{|x|\sqrt{1+\dfrac{\cos x}{x^2}}}$$

$$= \lim_{x \to -\infty} \frac{\sqrt{4 - \frac{1}{x} + \frac{1}{x^2}} + \frac{x}{|x|} - \frac{5}{|x|}}{\sqrt{1 + \frac{\cos x}{x^2}}}$$

$$= 1.$$

3. (E)

【解析】函数间断点类型的判断.

考虑 $x=0$ 处的左、右极限,可得

$$\lim_{x \to 0^+}\left(\frac{1}{x} + e^{\frac{\sin x}{|x|}}\right) = +\infty, \quad \lim_{x \to 0^-}\left(\frac{1}{x} + e^{\frac{\sin x}{|x|}}\right) = -\infty,$$

故 $x=0$ 为 $f(x)$ 的无穷间断点.

4. (C)

【解析】讨论函数的单调区间和凹凸性.

由 $f(x) = 2x^3 - 3x^2 + 1$,可得 $f'(x) = 6x^2 - 6x$,$f''(x) = 12x - 6$.

考虑单调递减区间,令 $f'(x) = 6x^2 - 6x < 0$,解得 $0 < x < 1$;

考虑凹凸性,可令 $f''(x) = 12x - 6 > 0$,解得 $x > \frac{1}{2}$.

综上可得,$\frac{1}{2} < x < 1$.

5. (E)

【解析】导数的定义.

若已知 $f'(x_0)$ 存在,则有 $\lim\limits_{h \to 0}\dfrac{f(x_0 + ah) - f(x_0 + bh)}{h} = \dfrac{x_0 + ah - (x_0 + bh)}{h} f'(x_0)$.

故有 $\lim\limits_{h \to 0}\dfrac{f(-2h) - f(h)}{3h} = \dfrac{-2h - h}{3h} f'(0) = -f'(0) = -6$.

6. (B)

【解析】函数的连续性及变限积分求导.

若函数在 $x=0$ 处连续,则 $\lim\limits_{x \to 0} f(x) = f(0) = a$,故有

$$\lim_{x \to 0} f(x) = \lim_{x \to 0} \frac{\int_0^x \tan t^2 \, dt}{x^3} = \lim_{x \to 0} \frac{\tan x^2}{3x^2} = \lim_{x \to 0} \frac{x^2}{3x^2} = \frac{1}{3},$$

即 $a = \dfrac{1}{3}$.

7. (E)

【解析】函数极值的判断.

由题干易知,y 的根有 4 个,分别为 $x=1$,$x=2$,$x=3$,$x=4$,由"穿线法"画出函数的图像,

从数轴的右上方开始，遇到奇次零点则穿过，遇到偶次零点则穿而不过，如图 5-1 所示.

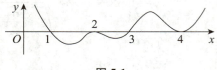

图 5-1

极值点左右两边的单调性改变，结合函数图像，可知 y 有 5 个极值点.

【注意】对于高次的连续因式相乘的函数，可以直接通过画图，观察图像，结合极值的定义，判断极值点的个数.

8.（A）

【解析】函数的极值.

函数的定义域为 $(0,+\infty)$. 对函数求一阶导数，可得 $y'=2x(2\ln x-1)+x^2\cdot\dfrac{2}{x}=4x\ln x$.

令 $y'=0$，解得 $x=1$，且函数在定义域内不存在不可导点，故函数可能的极值点只有 $x=1$，观察选项可知，选（A）.

【注意】选择题和计算题的区别在于，考生并不需要计算到最终的结果，就能得出答案. 这道题如果是计算题，则还需讨论 $x=1$ 左右的单调性，但是在本题中，可以直接选（A）.

当然，如果（E）选项改为"以上选项均不正确"，则考生仍旧需要继续计算.

9.（D）

【解析】函数渐近线的求解.

函数在正无穷与负无穷处若有极限，则有水平渐近线；函数在间断点处若无极限，则有垂直渐近线，即判断函数在间断点处的左极限和右极限是否为无穷大，若为无穷大，则有垂直渐近线.

$\lim\limits_{x\to+\infty}y=\lim\limits_{x\to+\infty}\left(\dfrac{1}{e^x-1}+1\right)=1$，故 $y=1$ 为函数的水平渐近线；

$\lim\limits_{x\to-\infty}y=\lim\limits_{x\to-\infty}\left(\dfrac{1}{e^x-1}+1\right)=0$，故 $y=0$ 为函数的水平渐近线；

本题的间断点为 $x=0$，$\lim\limits_{x\to 0}y=\lim\limits_{x\to 0}\left(\dfrac{1}{e^x-1}+1\right)=\infty$，故 $x=0$ 为函数的垂直渐近线.

故 $a=2,b=1$.

10.（B）

【解析】隐函数求二阶导数问题.

方程两边同时对 x 求导，得 $\dfrac{dy}{dx}-\left(e^y+xe^y\dfrac{dy}{dx}\right)=0\Rightarrow\dfrac{dy}{dx}=y'=\dfrac{e^y}{1-xe^y}$，则

$$\frac{d^2y}{dx^2} = \frac{e^y \cdot y' \cdot (1-xe^y) - (1-xe^y)' \cdot e^y}{(1-xe^y)^2}$$

$$= \frac{e^y \cdot y' \cdot (1-xe^y) + (e^y + xe^y \cdot y') \cdot e^y}{(1-xe^y)^2}$$

$$= \frac{e^y(y' + e^y)}{(1-xe^y)^2}.$$

将 $x=0$ 代入 $y - xe^y = 1$，可得 $y = 1$，故 $\left.\dfrac{dy}{dx}\right|_{x=0} = y'(0) = e$，$\left.\dfrac{d^2y}{dx^2}\right|_{x=0} = 2e^2$.

11. （A）

【解析】导数的经济学应用.

需求弹性函数 $E_d = \left|\dfrac{\Delta Q}{\Delta p} \cdot \dfrac{p}{Q}\right| = \left|\dfrac{dQ}{dp} \cdot \dfrac{p}{Q}\right| = \left|-4p \cdot \dfrac{p}{150 - 2p^2}\right|$，当 $p = 6$ 时，则有

$$E_d = \left|-4p \cdot \dfrac{p}{150 - 2p^2}\right| = \dfrac{4 \cdot 36}{78} = \dfrac{24}{13}.$$

12. （D）

【解析】不定积分的计算（有理函数积分）.

方法一：将有理函数进行分解，可得

$$\int \dfrac{dx}{x(x^2+1)} = \int \left(\dfrac{1}{x} - \dfrac{x}{x^2+1}\right)dx = \ln|x| - \dfrac{1}{2}\int \dfrac{dx^2 + 1}{x^2+1}$$

$$= \ln|x| - \dfrac{1}{2}\ln(x^2+1) + C = \dfrac{1}{2}\ln\left(\dfrac{x^2}{x^2+1}\right) + C.$$

方法二：凑微分，可得

$$\int \dfrac{dx}{x(x^2+1)} = \int \dfrac{x\,dx}{x^2(x^2+1)} = \dfrac{1}{2}\int \dfrac{dx^2}{x^2(x^2+1)} = \dfrac{1}{2}\int \left(\dfrac{1}{x^2} - \dfrac{1}{x^2+1}\right)dx^2 = \dfrac{1}{2}\ln\left(\dfrac{x^2}{x^2+1}\right) + C.$$

13. （D）

【解析】凑微分法求不定积分.

$$\int \dfrac{\ln(2+\sqrt{x})}{x + 2\sqrt{x}}dx = \int \dfrac{\ln(2+\sqrt{x})}{\sqrt{x}(2+\sqrt{x})}dx = 2\int \ln(2+\sqrt{x})\,d[\ln(2+\sqrt{x})]$$

$$= \ln^2(2+\sqrt{x}) + C.$$

14. （A）

【解析】牛顿—莱布尼茨公式求定积分.

由题意得，$f[g(x)] = e^{3\ln x} = x^3$，$g[f(x)] = \ln e^{3x} = 3x$.

故 $\displaystyle\int_0^2 \{f[g(x)] + g[f(x)]\}dx = \int_0^2 (x^3 + 3x)dx = \left(\dfrac{1}{4}x^4 + \dfrac{3}{2}x^2\right)\Big|_0^2 = 4 + 6 - 0 = 10.$

15. （E）

【解析】换元积分法求定积分.

设 $I = \displaystyle\int_0^{\frac{\pi}{2}} \dfrac{\cos^{2021}x}{\cos^{2021}x + \sin^{2021}x}dx$，令 $x = \dfrac{\pi}{2} - t$，得

$$I = \int_{\frac{\pi}{2}}^{0} \frac{-\cos^{2021}\left(\frac{\pi}{2}-t\right)}{\cos^{2021}\left(\frac{\pi}{2}-t\right)+\sin^{2021}\left(\frac{\pi}{2}-t\right)}dt = \int_{0}^{\frac{\pi}{2}} \frac{\sin^{2021}t}{\sin^{2021}t+\cos^{2021}t}dt,$$

则 $2I = \int_{0}^{\frac{\pi}{2}} \frac{\cos^{2021}t+\sin^{2021}t}{\sin^{2021}t+\cos^{2021}t}dt = \frac{\pi}{2}$,即 $I = \int_{0}^{\frac{\pi}{2}} \frac{\cos^{2021}x}{\cos^{2021}x+\sin^{2021}x}dx = \frac{\pi}{4}$.

16. (C)

【解析】换元积分法求定积分.

令 $\sqrt{e^x-1}=t$,则 $x=\ln(t^2+1)$, $x=0$ 时, $t=0$; $x=\ln 2$ 时, $t=1$,故有

原式 $=\int_{0}^{1} t\,d[\ln(t^2+1)] = \int_{0}^{1} \frac{2t^2}{t^2+1}dt = 2\int_{0}^{1}\left(1-\frac{1}{t^2+1}\right)dt = 2-\left(2\arctan t\Big|_{0}^{1}\right) = 2-\frac{\pi}{2}$.

17. (B)

【解析】定积分的性质.

根据定积分中值定理的推论:$\frac{1}{b-a}\int_{a}^{b}f(x)dx$ 称为连续函数 $f(x)$ 在区间 $[a,b]$ 上的平均值,

可以计算 $\sqrt{x}$ 在 $[0,100]$ 上的平均值为 $\frac{1}{100-0}\int_{0}^{100}\sqrt{x}\,dx = \frac{1}{150}x^{\frac{3}{2}}\Big|_{0}^{100} = \frac{20}{3}$.

18. (A)

【解析】积分变限函数求导.

$F'(x) = 3 - \frac{1}{\sqrt{x}}(x>0)$,令 $F'(x)<0$,可得 $3<\frac{1}{\sqrt{x}} \Rightarrow \sqrt{x}<\frac{1}{3} \Rightarrow 0<x<\frac{1}{9}$.

19. (B)

【解析】二元函数的一阶偏导数.

将 y 看作常数,根据一元函数求导法则,有

$$\frac{\partial z}{\partial x} = \frac{1}{\sqrt{1-(\sqrt{x^2+2y^2})^2}} \cdot \frac{2x}{2\sqrt{x^2+2y^2}} = \frac{x}{\sqrt{(1-x^2-2y^2)(x^2+2y^2)}}.$$

20. (A)

【解析】全微分的计算.

由全微分公式 $\Delta z = A\Delta x + B\Delta y + o(\rho)$, $\rho = \sqrt{(\Delta x)^2 + (\Delta y)^2}$,可令 $\Delta y = y-1$, $\Delta x = x-0$,

故当 $\Delta x \to 0$, $\Delta y \to 0$ 时, $\Delta z = f(x,y) - f(0,1) = f(\Delta x, \Delta y+1)$,即

$$\lim_{\substack{x \to 0 \\ y \to 1}} \frac{f(x,y) - 2x - 3y + 3}{\sqrt{x^2+(y-1)^2}} = \lim_{\substack{\Delta x \to 0 \\ \Delta y \to 0}} \frac{f(\Delta x, \Delta y+1) - 2\Delta x - 3\Delta y}{\sqrt{(\Delta x)^2 + (\Delta y)^2}} = 0$$

$$\Rightarrow \Delta z = 2\Delta x + 3\Delta y + o(\sqrt{(\Delta x)^2+(\Delta y)^2})$$

$$\Rightarrow dz = 2dx + 3dy.$$

21.（C）

【解析】多元函数的驻点、极值问题.

将 $y=0$ 代入二元函数中，则 $\dfrac{\partial z}{\partial x}\Big|_{x=0} = \lim\limits_{\Delta x \to 0}\dfrac{\sqrt{(\Delta x)^2}-0}{\Delta x} = \lim\limits_{\Delta x \to 0}\dfrac{|\Delta x|}{\Delta x}$，故 $\dfrac{\partial z}{\partial x}\Big|_{\substack{x=0\\y=0}}$ 不存在，同理 $\dfrac{\partial z}{\partial y}\Big|_{\substack{x=0\\y=0}}$ 也不存在，故（0，0）不为 z 的驻点，但因为（0，0）是 z 的不可导点，故为 z 的可能极值点.

$z=\sqrt{x^2+y^2}\geqslant 0=z(0,0)$，故（0，0）为极小值点.

22.（D）

【解析】多元函数极值.

求 z 对 x，y 的一阶偏导数，得 $\dfrac{\partial z}{\partial x}=y-\dfrac{50}{x^2}$，$\dfrac{\partial z}{\partial y}=x-\dfrac{20}{y^2}$，令 $\dfrac{\partial z}{\partial x}=0$，$\dfrac{\partial z}{\partial y}=0$，解得 $x=5$，$y=2$. 故（5，2）点为 z 的可能极值点.

求 z 对 x，y 的二阶偏导数，$\dfrac{\partial^2 z}{\partial x^2}=\dfrac{100}{x^3}$，$\dfrac{\partial^2 z}{\partial x \partial y}=1$，$\dfrac{\partial^2 z}{\partial y^2}=\dfrac{40}{y^3}$，将（5，2）点代入二阶偏导函数，可得 $\dfrac{\partial^2 z}{\partial x^2}\Big|_{(5,2)}=\dfrac{4}{5}$，$\dfrac{\partial^2 z}{\partial x \partial y}=1$，$\dfrac{\partial^2 z}{\partial y^2}\Big|_{(5,2)}=5$，即 $A=\dfrac{4}{5}$，$B=1$，$C=5$，$AC-B^2=3>0$，且 $A>0$，故由极值存在的充分条件，知（5，2）点为函数的极小值点，极小值为 $z=5\times 2+\dfrac{50}{5}+\dfrac{20}{2}=30$.

【注意】根据这个题方程的特点，可以不按照求多元函数极值的方法按部就班的进行计算，直接应用均值不等式，$z=xy+\dfrac{50}{x}+\dfrac{20}{y}\geqslant 3\sqrt[3]{xy\cdot\dfrac{50}{x}\cdot\dfrac{20}{y}}=30$. 因此做题时可根据题干特征，应用更巧妙的方法.

23.（B）

【解析】抽象行列式的计算问题.

由 A 为二阶可逆矩阵，且 $A^*=|A|\cdot A^{-1}$，可得

$$||A|A^*|=||A|\cdot A|\cdot A^{-1}|=|9A^{-1}|=9^2|A^{-1}|=9^2\dfrac{1}{|A|}=27.$$

24.（D）

【解析】具体行列式的计算.

$$f(x)=\begin{vmatrix} 3-x & 2 & -2 \\ x & 6-x & -4 \\ -4 & -4 & 4 \end{vmatrix}=4\begin{vmatrix} 3-x & 2 & -2 \\ x & 6-x & -4 \\ -1 & -1 & 1 \end{vmatrix}=4\begin{vmatrix} 1-x & 0 & 0 \\ x & 6-x & -4 \\ -1 & -1 & 1 \end{vmatrix}$$

$$=4(1-x)\begin{vmatrix} 6-x & -4 \\ -1 & 1 \end{vmatrix}=4(1-x)(2-x)=0,$$

解得方程的解为 $x_1=1$，$x_2=2$.

25.（E）

【解析】矩阵的基本运算问题．

(A)项：矩阵乘法不满足交换律，故 AB 与 BA 不一定相等，故 BA 不一定等于 O，错误；

(B)项：$(A+B)^2=(A+B)(A+B)=A^2+AB+BA+B^2=A^2+BA+B^2$，错误；

(C)、(D)项：举反例．$A=\begin{pmatrix}1&0\\0&0\end{pmatrix}$，$B=\begin{pmatrix}0&0\\1&1\end{pmatrix}$，则有 $AB=O$，但此时 $A\neq O$，$B\neq O$，并不能得到 A，B 中至少有一个零矩阵，或 $A=B=O$，错误．

(E)项：由 $AB=O$，可知 $|AB|=|A|\cdot|B|=|BA|=|O|=0$，正确．

26.（A）

【解析】求解逆矩阵．

当方阵的阶数比较低（三阶及以下）且方阵的行列式易求解时，可以采用 $A^{-1}=|A|^{-1}A^*$ 来求解逆矩阵，因为

$$A^*=\begin{pmatrix}A_{11}&A_{21}&A_{31}\\A_{12}&A_{22}&A_{32}\\A_{13}&A_{23}&A_{33}\end{pmatrix}=\begin{pmatrix}2&1&-2\\2&-1&0\\-2&0&0\end{pmatrix},$$

已知 $|A|=-2$，则 $|A|^{-1}=-\dfrac{1}{2}$，故

$$A^{-1}=-\dfrac{1}{2}A^*=-\dfrac{1}{2}\begin{pmatrix}2&1&-2\\2&-1&0\\-2&0&0\end{pmatrix}=\begin{pmatrix}-1&-\dfrac{1}{2}&1\\-1&\dfrac{1}{2}&0\\1&0&0\end{pmatrix}.$$

【注意】本题也可以通过初等行变换法，$(A\,\vdots\,E)\to(E\,\vdots\,A^{-1})$．

27.（C）

【解析】求向量组的秩．

$$(\alpha_1^T,\alpha_2^T,\alpha_3^T,\alpha_4^T)=\begin{pmatrix}3&1&0&2\\1&-1&2&-1\\1&3&-4&4\end{pmatrix}\to\begin{pmatrix}1&-1&2&-1\\3&1&0&2\\1&3&-4&4\end{pmatrix}\to\begin{pmatrix}1&-1&2&-1\\0&4&-6&5\\0&0&0&0\end{pmatrix}.$$

故 $r(\alpha_1^T,\alpha_2^T,\alpha_3^T,\alpha_4^T)=2$，即向量组 α_1，α_2，α_3，α_4 的秩为2．

28.（C）

【解析】齐次线性方程组解的判定问题．

$Ax=0\Rightarrow x_1\alpha_1+x_2\alpha_2+\cdots+x_n\alpha_n=0$，其中 α_1，α_2，$\cdots$，α_n 为 A 的列向量．

由 $Ax=0$ 有非零解，即上述 $x_1,x_2,\cdots,x_n$ 不全为0，由线性相关性定义，可知 α_1，α_2，$\cdots$，α_n 线性相关，即 A 的列向量线性相关．

29.（A）

【解析】非齐次线性方程组通解的结构．

非齐次线性方程组解的结构是由其对应的齐次线性方程组（导出组）的通解加上一个特解构成．

解此类问题，一般用排除法，先观察各选项解的结构，再考虑导出组的通解，最后代入特解验证，即可排除所有错误选项．

由 $r(A)=2$ 可知，$Ax=0$ 的基础解系只有一个解向量，观察选项排除(D)项；

$A(\eta_1+\eta_2)\neq 0$，$A(\eta_1-\eta_2)=0$，故 $C(\eta_1-\eta_2)$ 是 $Ax=0$ 的通解，排除(B)、(C)项；

$A\left(\dfrac{\eta_1+\eta_2}{2}\right)=b$，$A(\eta_1+\eta_2)=2b$，故 $\dfrac{\eta_1+\eta_2}{2}$ 是 $Ax=b$ 的一个特解，故选(A)项．

【注意】特解选取时，要使原先两个解向量的系数和为 1 即可．

30.（D）

【解析】利用独立性求概率．

A，B 相互独立，则 $P(AB)=P(A)P(B)$．由加法公式可得
$$P(A\cup B)=P(A)+P(B)-P(A)P(B)=0.4+P(B)-0.4P(B)=0.7,$$
解得 $P(B)=0.5$．

31.（A）

【解析】离散型随机变量的分布律．

离散型随机变量的分布律 $P\{X=a\}=F(a)-F(a-0)$，则有

$P\{X=-2\}=F(-2)-F(-2-0)=0.4-0=0.4$；

$P\{X=0\}=F(0)-F(0-0)=0.8-0.4=0.4$；

$P\{X=4\}=F(4)-F(4-0)=1-0.8=0.2$．

故 X 的分布律为

X	-2	0	4
P	0.4	0.4	0.2

32.（B）

【解析】求概率密度函数中的未知参数．

根据概率密度函数的正则性，可知
$$\int_0^{+\infty}k\mathrm{e}^{-\frac{x}{2}}\mathrm{d}x=k\int_0^{+\infty}\mathrm{e}^{-\frac{x}{2}}\mathrm{d}x=2k=1,$$
解得 $k=\dfrac{1}{2}$．

33.（E）

【解析】常见分布的性质及计算．

由连续型随机变量的概率密度函数的性质可得，$\int_{-\infty}^{+\infty}f_1(x)\mathrm{d}x=1$，$\int_{-\infty}^{+\infty}f_2(x)\mathrm{d}x=1$，故
$$\int_{-\infty}^{+\infty}[af_1(x)+bf_2(x)]\mathrm{d}x=a+b=1.$$

由正态分布的对称性，可知 $\int_{-\infty}^{0}f_1(x)\mathrm{d}x=\dfrac{1}{2}$；指数分布在区间 $(-\infty,0)$ 上，概率密度为 0，

故有
$$F(0) = \int_{-\infty}^{0} [af_1(x) + bf_2(x)]dx = \frac{1}{2}a + 0 = \frac{1}{8} \Rightarrow a = \frac{1}{4},$$

即 $b = 1 - a = \frac{3}{4}$.

34.（B）

【解析】泊松分布的定义.

$X \sim P(\lambda)$, $P\{X=k\} = \frac{\lambda^k}{k!}e^{-\lambda}$. 因为 $P\{X=1\} = P\{X=2\}$, 即 $\frac{\lambda^1}{1!}e^{-\lambda} = \frac{\lambda^2}{2!}e^{-\lambda}$, 故 $\lambda = 2$, 因此 $P\{X=4\} = \frac{2^4}{4!}e^{-2} = \frac{2}{3}e^{-2}$.

35.（C）

【解析】求概率密度函数中的未知参数.

根据概率密度函数的正则性可知, $\int_0^1 (ax+b)dx = \left(\frac{1}{2}ax^2 + bx\right)\Big|_0^1 = \frac{1}{2}a + b = 1$;

又由 $E(X) = 1$ 可得, $\int_0^1 x(ax+b)dx = \left(\frac{1}{3}ax^3 + \frac{1}{2}bx^2\right)\Big|_0^1 = \frac{1}{3}a + \frac{1}{2}b = 1$;

联立可得, $a = 6$, $b = -2$.

二、逻辑推理

36.（C）

【解析】母题 24·因果关系的削弱

题干：

  第一种情况：一名志愿者带一只狗前去探望病人，病人的焦虑程度下降了 24%；
  第二种情况：一名志愿者前去探望病人，病人的焦虑程度只下降了 10%；
  第三种情况：没有志愿者去探望病人，病人的焦虑程度仍保持原来的水平；
  科学家的结论：狗能帮助心脏病人降低焦虑情绪。

(A)项，因为无法断定不同时间段探视是否会影响心脏病人的焦虑程度，故此项不能削弱。
(B)项，无关选项，志愿者是否喜欢狗与病人无关。
(C)项，指出样本之间有差异，第一组病人本身喜欢狗，所以才降低了他们的焦虑情绪，削弱题干。
(D)、(E)项，无关选项，狗是否温顺与狗是否可以帮助心脏病人降低焦虑情绪无关。

37.（C）

【解析】母题 36·数量关系的解释

待解释的现象：小儿哮喘发病率上升的同时却伴随着气管炎在儿童中发病率的下降。

(A)项，此项只能说明遗传因素会影响气管炎的发病率，但无法说明发病率下降的原因，不能解释。

(B)项，其他国家是否发现了类似的情况，与该情况发生的原因无关，不能解释。

(C)项，小儿哮喘发病率上升使得抗生素用得更多，抗生素能治疗和防止细菌感染，从而降低了儿童的气管炎发病率，可以解释。

(D)项，无关选项，题干不涉及成年以后的情况。

(E)项，题干仅涉及哮喘对气管炎的影响，不涉及气管炎对哮喘的影响，不能解释。

38. (B)

【解析】母题22·论证的评价

张珊：孙杨没有在400米自由泳项目上夺得金牌的实力。

王伍：孙杨只是运气不好而已，而且他在上一届奥运会400米自由泳项目中拿了金牌，因此，我不同意你的观点(孙杨有夺得金牌的实力)。

王伍提出新论据，反驳了张珊的论点，故(B)项正确。

39. (E)

【解析】母题23·论证的争议：争论焦点题

由上题的分析可知，双方的争论焦点是孙杨是否具有夺得金牌的实力，故(E)项正确。

40. (E)

【解析】母题1·充分与必要

将题干信息形式化：

①不苟且←有品位=苟且→无品位。

②不霸道←有道德=霸道→无道德。

③不掠夺←有永续的生命=掠夺→不会有永续的生命。

(A)项，苟且→无品位，符合题干信息①。

(B)项，霸道→无道德，符合题干信息②。

(C)项，掠夺→不会有永续的生命，符合题干信息③。

(D)项，有道德→不霸道，符合题干信息②。

(E)项，无法由题干推出。

故正确答案为(E)项。

41. (C)

【解析】母题8·隐含三段论

将前提形式化：

①¬法定机构正式批准→¬允许上市。

②法定机构正式批准→耗费200万美元→有专利=¬有专利→¬耗费200万美元→¬法定机构正式批准。

③中草药没有专利。

将③、②、①串联可得：中草药没有专利→¬耗费200万美元→¬法定机构正式批准→¬允许上市。

题干中的结论：不可能建议用中草药。

因此，隐含假设为：¬允许上市→不可能建议用中草药，即(C)项正确。

42．(E)

【解析】母题22·论证的评价

他人的观点：中草药的药用价值仍然受到严重质疑 —导致→ 美国医生所开的药物处方中都不包含中草药。

真正的原因：中草药没有专利，不允许上市。

所以，反驳方式为另有他因，即提出新的解释，故(E)项正确。

43．(E)

【解析】母题13·排序题

题干已知下列信息：

①李思＞张珊。

②王伍最矮。

③山东人＞山西人。

④广东人最高。

⑤广西人＞赵柳。

由题干信息①、②知：李思＞张珊＞王伍。

由题干信息⑤广西人＞赵柳，可知赵柳不是最高的，故李思最高，再结合题干信息④可知，李思是广东人。

由题干信息③、④知：广东人＞山东人＞山西人。

由题干信息⑤广西人＞赵柳，可知广西人不是最矮的，故山西人最矮，再结合题干信息②可知，王伍是山西人。

由题干信息⑤广西人＞赵柳，可知赵柳不是广西人，故赵柳是山东人。

故：李思——广东人，王伍——山西人，赵柳——山东人，张珊——广西人。

故(E)项正确。

44．(E)

【解析】母题18·论证的削弱

题干：如果这一论文一收到就被发表，那么，这3个月中死于心脏病突发的患者很可能挽回生命。

(A)项，无关选项，题干中"论文一收到就被发表"是一种假设情况，与"医学杂志加班加点，以尽快发表该论文"无关。

(B)项，诉诸权威，削弱力度弱。

(C)项，措施有副作用，但相对于挽回生命来说，这一副作用是可以接受的，削弱力度弱。

(D)项，不能削弱题干，题干中"论文一收到就被发表"仅仅是一种假设。

(E)项，削弱题干，说明即使论文一收到就被发表，也无法迅速挽回心脏病突发的患者的生命。

45.（C）

【解析】母题19·论证的支持

经济学家：避税空间的大小与税制的复杂程度成正比，避税能力的高低与纳税人的收入水平成正比 —证明→ 复杂税制造成的避税空间大多会被富人利用，使得累进税达不到税法规定的累进程度，其调节分配的功能也大大弱化。

（C）项，补充论据，富人的收入增加而平均税率却减少，说明累进税的调节分配功能被弱化。其余各项均为无关选项。

46.（C）

【解析】母题36·数量关系的解释

题干：40%的人认为是由美国不公正的外交政策造成的，55%的人认为是由于伊斯兰文明与西方文明的冲突，23%的人认为是由于恐怖分子的邪恶本性，19%的人没有表示意见。

题干中调查的结果总比例超过100%，说明有的人认为"9·11"恐怖袭击事件发生的原因是多样的，故（C）项能够解释题干中看似矛盾的陈述。

47.（E）

【解析】母题22·论证的评价

核电站经理：①从非核资源可以得到便宜的电力，②强制性的安全检查和安全维修，使继续经营这座核电站变得很不经济 —证明→ 关闭这座核电站不是出于安全考虑，而是出于经济方面的考虑。

显然，出于对核电站的安全考虑，才会有强制性的安全检查和安全维修，这些费用的上升不是单纯的经济因素。因此，（E）项正确。

48.（D）

【解析】母题19·论证的支持

题干：有些语词所指的东西看不见、摸不着，孩子大都很难表达清楚这些语词的意思，但这并不妨碍他用这些语词传递自己真实的感觉或情绪 —证明→ 理解一个语词并不非得能表达它的意思。

题干指出，孩子虽然无法"表达"清楚一些语词的意思，但他们能"使用"这些语词，这说明他们"理解"了这些语词。因此，要支持题干，需要搭桥，指出能"使用"则能"理解"。故（D）项正确。

（A）项，无关选项。

（B）项，题干的意思是"不能清楚表达的语词，也可以被理解"，此项的意思是"能准确表达的，一定理解"，与题干不同，不能支持题干。

（C）项，没有指出"表达""使用"与"理解"的关系，不能支持题干。

（E）项，题干不涉及孩子与成人的比较，无关选项。

49. (C)

【解析】母题15·简单匹配题

只有丙说"第1个盒子里的皮球是红色的",由"每盒都有一个人猜对"可知,第1个盒子里的皮球一定是红色的。

又由"每人都只猜对了一种"可知,丙所说的"第5个盒子里的皮球是白色的"为假。

由"第1个盒子里的皮球是红色的",得出乙所说的"第4个盒子里的皮球是红色的"为假,故"第2个盒子里的皮球是蓝色的"为真。

故戊说的"第2个盒子里的皮球是黄色的"为假,则"第5个盒子里的皮球是紫色的"为真。

故甲说的"第2个盒子里的皮球是紫色的"为假,则"第3个盒子里的皮球是黄色的"为真。

即:第1个盒子里的皮球是红色的,第2个盒子里的皮球是蓝色的,第3个盒子里的皮球是黄色的,第5个盒子里的皮球是紫色的,故第4个盒子里的皮球只能是白色的。

故(C)项正确。

50. (B)

【解析】母题1·充分与必要

将题干信息符号化:

①¬政府帮助∧获得利润→有自生能力。

②开放的市场∧¬获得利润→¬有自生能力。

③¬有政策性负担→¬政府的保护和补贴。

④政府的保护和补贴→获得利润。

(A)项,题干没有涉及"淘汰",故此项可真可假。

(B)项,政府的保护和补贴→有政策性负担,是题干信息③的逆否命题,故此项为真。

(C)项,有政策性负担→政府的保护和补贴,此项可真可假。

(D)项,根据题干信息②,在开放的竞争市场中没办法获得正常的利润的企业没有自生能力,故此项为假。

(E)项,获得利润→有自生能力,根据题干信息④可知,"获得利润"后无箭头指向,故此项可真可假。

51. (C)

【解析】母题5·二难推理

题干:

①美国在安理会动用否决权→会在整个阿拉伯世界引燃"反美"情绪。

②¬美国在安理会动用否决权→使奥巴马失去一部分支持以色列的选民。

根据二难推理的公式,由题干①、②得:会在整个阿拉伯世界引燃"反美"情绪∨使奥巴马失去一部分支持以色列的选民。

因此,(C)项正确。

其余各项均可真可假。

52.（D）

【解析】 母题 16·复杂匹配题

题干中有以下信息：

①3 号抽屉放置辣条、巧克力或面包→1 号抽屉放置薯片。

②4 号抽屉放置巧克力或面包→2 号或 5 号抽屉放置果冻。

③1 号抽屉放置果冻。

④每个抽屉仅放置一种零食，每种零食仅放置在一个抽屉。

已知③1 号抽屉放置果冻，由于每个抽屉仅放置一种零食，每种零食仅放置在一个抽屉，可知 1 号抽屉没有放置薯片，及 2 号且 5 号抽屉都没有放置果冻。

对①进行逆否可得：⑤1 号抽屉没有放置薯片→3 号抽屉没有放置辣条、巧克力和面包。

对②进行逆否可得：⑥2 号且 5 号抽屉都没有放置果冻→放置巧克力和面包的不是 4 号抽屉。

根据 1 号抽屉没有放置薯片和⑤可知：3 号抽屉没有放置辣条、巧克力和面包，又知 1 号抽屉放置果冻，所以 3 号抽屉只能放置薯片。根据 2 号且 5 号抽屉都没有放置果冻和⑥可知：放置巧克力和面包的不是 4 号抽屉，又知 1 号抽屉放置果冻、3 号抽屉放置薯片，所以 4 号抽屉只能放置辣条。

53.（B）

【解析】 母题 22·论证的评价

题干：在任何一个国家的医院，医疗事故致死的概率不低于 0.3‰ ——证明→ 即使是癌症患者也不应当去医院治疗，因为去医院治疗会增加死亡的风险。

(A)项，无关选项，"不遭遇医疗事故但最终也会死于癌症的人的比例"与"因为医疗事故而致死的概率"无关。

(B)项，使用求异法，若去医院治疗的癌症患者的死亡率低于不去医院治疗的癌症患者的死亡率，则削弱题干；反之，则支持题干。故(B)项对评估上述论证最为重要。

其余各项均为无关选项。

54.（D）

【解析】 母题 3·串联推理

将题干信息形式化：

①¬外汇储备增长→¬国际影响力＝国际影响力→外汇储备增长。

②¬外汇储备投资→¬外汇储备增长＝外汇储备增长→外汇储备投资。

③外汇储备投资→承担风险。

将题干信息①、②、③串联得：国际影响力→外汇储备增长→外汇储备投资→承担风险，逆否得：¬承担风险→¬外汇储备投资→¬外汇储备增长→¬国际影响力。

故有：中国目前的国际影响力→承担风险，即(D)项正确。

其余各项均不正确。

55. (C)

【解析】母题3·串联推理

题干有以下信息：

①小王拨打过行政部所有人的电话。

②小李拨打过小赵的电话。

③小赵没拨打过其他人的电话。

④¬接听来自行政部其他人电话→¬拨打过其他人的电话。

由题干信息④逆否得：⑤拨打过其他人的电话→接听来自行政部其他人电话。

(A)项，由题干信息②可知，小李拨打过小赵的电话，但是不能得知小赵是否接听过小李的电话，不能推出。

(B)项，由题干信息①可知，小王拨打过小李的电话，但是不能得知小李是否接听过小王的电话，不能推出。

(C)项，由题干信息①、⑤可知，小王拨打过行政部所有人的电话→拨打过其他人的电话→接听来自行政部其他人电话，可以推出。

(D)项，由题干信息③可知，小王没有接听过小赵的电话，因此，小王不可能接听过行政部所有人的电话，故此项为假。

(E)项，由题干信息①可知，小王拨打过行政部所有人的电话，但是不能得知行政部所有人都接听了小王的电话，故也无法得知小赵是否接听过小王的电话。

三、写作

56. **论证有效性分析**

【谬误分析】

①材料由"高等教育法中指出：大学教育应该培养社会发展所需要的专业人才、科技人才"，就得出"社会发展需要的是具有动手能力、创造力的人才，而非读书的人才"的结论，存在不妥。"马能行千里，耕地不如牛"，社会需要各方面素质的人才，并非只有"有动手能力、创造能力"的人，才是社会发展需要的人才。

②材料认为"如果每天都钻在课本理论里，到了社会上就要从零开始适应社会，难免被职场淘汰"未免过于绝对。事实上，"学习理论"和"付诸实践"并不是非此即彼的矛盾关系，二者可以相辅相成。况且，"被职场淘汰"是诸多因素造成的，比如"性格、工作态度"等等，"缺乏实践经验"只是其中一个因素。所以，"掌握理论知识"不代表就需要从零开始适应社会，也未必会被职场淘汰。

③材料认为只有"注重实践锻炼"，才能"更好地适应社会"，未免过于绝对。事实上，"是否能够更好地适应社会"还取决于其他因素，比如"个人的适应能力、沟通交流能力、抗压能力"等等。所以，对于适应能力强的大学生来说，可能即使没有过多的实践经验，也可以"更好地适应社会"。

④材料认为"离开了实践的理论"就是"完全没有意义的理论"，未免过于绝对。我们习得的一些数学方程、物理公式，可能我们没有机会运用于实践当中，但它们对我们有一定的"参考价值"

和"指导作用",难道说我们不去实践,这些方程公式就没有学习的意义了吗?

⑤材料认为"有的人学富五车,却在实践中表现得一塌糊涂",就是因为这些人"光学了理论、不注重实践",存在不妥。事实上,"在实践中表现得一塌糊涂"也有可能是这些人的"表达能力、知识转化能力"存在欠缺,并非是他们"不注重实践"。

⑥材料认为"高校毕业生无法在就业市场中找到自己落脚的地方",就是因为"空有学识,没有实践",存在不妥。高校毕业生的"就业难易程度"不仅仅取决于他们的"实践能力",还取决于"高校应聘人数、人才招聘数量、当下就业形势"等等。

⑦材料把"不尽早实践"的大学生比作"没见过冬天的夏虫",存在不妥。"虫子"和"人"本身就是不同的生物,二者在自然属性和社会属性上都存在非常大的差异,不能把生物的行为一般化地类推到人的行为上。

参考范文

大学生应更注重实践而非理论吗?

材料通过一系列推理,断定"大学生应更注重实践而非学习理论"。其论证存在多处不当,分析如下:

首先,材料认为只有"具有动手能力、创造力的人才",才是"社会发展需要的人才",存在不妥。"马能行千里,耕地不如牛",社会需要各方面素质的人才,并非只有"有动手能力、创造能力"的人,才是社会发展需要的人才。

其次,材料认为"如果每天都钻在课本理论里,到了社会上就要从零开始适应社会,难免被职场淘汰",未免过于绝对。"被职场淘汰"是诸多因素造成的,比如"性格、工作态度"等等,"缺乏实践经验"只是其中一个因素。所以,"掌握理论知识"不代表就需要"从零开始适应社会",也未必会"被职场淘汰"。

再次,材料认为只有"注重实践锻炼",才能"更好地适应社会",过于绝对。事实上,"是否能够更好地适应社会"还取决于其他因素,比如"个人的适应能力、抗压能力"等。对于适应能力强的大学生来说,可能即使没有过多的实践经验,也可以"更好地适应社会"。

又次,材料认为"有的人学富五车,却在实践中表现得一塌糊涂",就是因为这些人"光学了理论、不注重实践",存在不妥。事实上,"在实践中表现得一塌糊涂"也有可能是这些人的"表达能力、知识转化能力"存在欠缺,并非是他们"不注重实践"。

最后,材料把"不尽早实践"的大学生比作"没见过冬天的夏虫",存在不妥。"虫子"和"人"本身就是不同的生物,二者在自然属性和社会属性上都存在极大差异,不能把生物的行为简单地类推到人的行为上。

综上所述,由于上文存在诸多逻辑错误,"大学生应更注重实践而非学习理论"的结论难以成立。

(全文共657字)

57. 论说文

参考范文

丰巢收费应有"更优解"

老吕助教 张英俊

前日，丰巢启动超时收费，非会员用户被要求收取快递滞留费用。盲目收费不是丰巢获利的唯一途径，丰巢收费应有"更优解"。

丰巢顶着舆论向用户收费，主要有两个原因。首先，利益是主要的推手。面向用户收费后，丰巢通过收取会员费、消费者逾期取件所支付的费用、打赏费等等，能够快速缓解成本压力、赚取更多利润。其次，收费可以提高快递柜运转效率。向用户收费，可以倒逼用户加快取出快递，降低快件滞留率，避免快递柜被长期占用。

但是，"丰巢收费"的这一做法，却侵犯到了消费者的权益。现实生活中，很多快递员在未经用户同意的前提下，私自将快递放到丰巢快递柜中，而且通知不及时，难免让人有种就是要"取件付费"的感觉；此外，仅免费保管12小时，这对于频繁加班、出差的用户来说，快递柜毫无便利性可言。目前已有一众小区由于超时收费联合抵制丰巢，暂停了快递柜的使用，如果丰巢对用户的声音无动于衷，不改革收费制度，恐怕解除合作只是时间问题。

那么，何为快递柜使用的"更优解"？

首先，丰巢在制定收费标准时，应更加充分地倾听用户声音、考虑消费者感受，适当地延长免费保管时长、降低快递滞留费用，并提升后续服务质量；其次，丰巢要深刻认识到，"割韭菜式"的盈利模式，只会对自身行业地位产生消极影响，不要自以为有足够的流量，在行业中占据了垄断地位，就能主导行业、自由定价、无视消费者的感受肆意涨价；第三，市场监管部门要深度参与，确保消费者的知情权和选择权，形成"自律与他律"的闭环，为消费者带来实实在在的红利；最后，对于消费者来说，消费者要加强维权意识，面对"店大欺客"的乱象，可以采用联合行动，合理、合法地表达诉求。

"顾客至上"从不是一句空洞的口号，必须落实在企业经营管理的每个细节当中。"丰巢事件"更是给企业敲响了警钟，唯有真正尊重消费者、深入了解用户诉求，才能让企业走得更远。

（全文共759字）

绝密★启用前

全国硕士研究生招生考试
经济类专业学位联考综合能力试题
密押卷 6

（科目代码：396）

考试时间：8：30—11：30

考生注意事项

1. 答题前，考生须在试题册指定位置上填写考生姓名和考生编号；在答题卡指定位置上填写报考单位、考生姓名和考生编号，并涂写考生编号信息点。

2. 选择题的答案必须涂写在答题卡相应题号的选项上，非选择题的答案必须书写在答题卡指定位置的边框区域内。超出答题区域书写的答案无效；在草稿纸、试题册上答题无效。

3. 填(书)写部分必须使用黑色字迹签字笔或者钢笔书写，字迹工整、笔迹清楚；涂写部分必须使用 2B 铅笔填涂。

4. 考试结束，将答题卡和试题册按规定交回。

考生编号														
考生姓名														

一、**数学基础**：第 1～35 小题，每小题 2 分，共 70 分。下列每题给出的五个选项中，只有一个选项是最符合试题要求的。请在答题卡上将所选项的字母涂黑。

1. $\lim\limits_{x \to 0}\left(\dfrac{2+e^{\frac{1}{x}}}{1+e^{\frac{3}{x}}}+\dfrac{\sin x}{|x|}\right)=($).

   (A) 0　　　　(B) 1　　　　(C) 2　　　　(D) -1　　　　(E) 不存在

2. 设函数 $f(x)$ 连续，则下列函数中必为偶函数的是( ).

   (A) $\int_0^x t[f(t)+f(-t)]dt$　　　(B) $\int_0^x t[f(t)-f(2t)]dt$　　　(C) $\int_0^x f(t^2)dt$

   (D) $\int_0^x [f(t)]^2 dt$　　　(E) $\int_0^x t^2 dt$

3. 已知 $f(x)=\dfrac{\arctan(x+1)}{x^2-1}$，则( ).

   (A) $x=1$，$x=-1$ 都是 $f(x)$ 的可去间断点
   (B) $x=1$，$x=-1$ 不是 $f(x)$ 的可去间断点
   (C) $x=1$ 是 $f(x)$ 的可去间断点，$x=-1$ 不是 $f(x)$ 的可去间断点
   (D) $x=1$ 不是 $f(x)$ 的可去间断点，$x=-1$ 是 $f(x)$ 的可去间断点
   (E) 若补充定义，则 $f(x)$ 在 $x=1$，$x=-1$ 均可连续

4. 函数 $f(x)=(e^{x-2}-1)(3-\cos x)$ 在其定义域内是( ).

   (A) 有界的偶函数　　　　(B) 无界的偶函数　　　　(C) 有界的奇函数
   (D) 无界的奇函数　　　　(E) 无界的非奇非偶函数

5. $\lim\limits_{n \to \infty}\left(\dfrac{1}{n^2+1}+\dfrac{2}{n^2+2}+\dfrac{3}{n^2+3}+\cdots+\dfrac{n}{n^2+n}\right)=($).

   (A) 0　　　　(B) $\dfrac{1}{2}$　　　　(C) 1　　　　(D) 2　　　　(E) 不存在

6. 函数 $f(x)=\dfrac{e^{2x}-1}{x(x^2-1)}$ 的可去间断点为( ).

   (A) $x=0$，$x=1$　　(B) $x=1$　　(C) $x=0$　　(D) $x=-1$　　(E) $x=-1$，$x=1$

7. 曲线 $y=x^4-2x^3+3$ 的拐点是( ).

   (A) $(0,3)$　　　　(B) $(1,2)$　　　　(C) $(0,3)$ 和 $(1,2)$
   (D) $(0,2)$ 和 $(1,3)$　　　(E) $(1,3)$

8. 已知方程 $xy-\sin(\pi y^2)=0$，则 $y'\big|_{\substack{x=0\\y=1}}=($).

   (A) $-\dfrac{1}{2\pi}$　　(B) $-\dfrac{1}{\pi}$　　(C) $-\dfrac{1}{2}$　　(D) $\dfrac{2}{2\pi}$　　(E) $\dfrac{1}{\pi}$

9. $y=\sqrt[3]{x}$ 的凹弧区间是( ).

   (A) $(-\infty,+\infty)$　　　　(B) $(0,+\infty)$　　　　(C) $(-\infty,0)$
   (D) $(0,1)$　　　　(E) 不存在

10. 函数 $y=x^3+3x^2-1$ 在 $x=1$ 处的法线方程为( ).

(A) $x+9y-26=0$ (B) $x+9y-27=0$ (C) $x+9y-28=0$

(D) $9x+y-27=0$ (E) $9x+y-28=0$

11. 设 $f(x)=\cos 2x$，则 $f^n(x)=$( ).

(A) 0 (B) $\sin^n 2x$ (C) $2^n \cos^n 2x$

(D) $2^n \cos\left(2x+\dfrac{n\pi}{2}\right)$ (E) $2^n \sin\left(2x+\dfrac{n\pi}{2}\right)$

12. 已知 $F(x)$ 是 $f(x)$ 的原函数，则( ).

(A) $dF(x)=f(x)$ (B) $\int f(x)dx=F(x)$ (C) $\dfrac{dF(x)}{dx}=f(x)$

(D) $\int dF(x)=F(x)$ (E) $d\left(\int f(x)dx\right)=f(x)$

13. $\int \dfrac{1}{e^x+e^{-x}}dx=$( ).

(A) $\arcsin e^x+C$ (B) $\arccos e^x+C$ (C) $\arctan e^x+C$

(D) $\operatorname{arccot} e^x+C$ (E) $\arctan e^{-x}+C$

14. $\int x\cos x\,dx=$( ).

(A) $x\sin x-\cos x+C$ (B) $\sin x-x\cos x+C$ (C) $x\sin x+\cos x+C$

(D) $\sin x+x\cos x+C$ (E) $x\sin x+\sin x+C$

15. 设 $f(x)=e^{-x^2}$，则 $\int f'(x)f''(x)dx=$( ).

(A) $e^{-x^2}+C$ (B) $-2xe^{-x^2}+C$ (C) $xe^{-x^2}+C$

(D) $4x^2 e^{-x^2}+C$ (E) $2x^2 e^{-2x^2}+C$

16. $\int_0^2 \sqrt{4x-x^2}\,dx=$( ).

(A) $\dfrac{\pi}{2}$ (B) π (C) 2π (D) 4π (E) 0

17. 设 $f'(\sqrt{2x-1})=2x-1$，且 $f(0)=0$，则 $f(x)=$( ).

(A) $\dfrac{1}{2}x$ (B) $\dfrac{1}{2}x^2$ (C) $\dfrac{1}{3}x^3$ (D) $\dfrac{1}{3}x^2$ (E) $\dfrac{1}{3}x$

18. 由抛物线 $x=5y^2$ 与 $x=1+y^2$ 围成的图形面积 $S=$( ).

(A) 1 (B) $\dfrac{1}{2}$ (C) $\dfrac{2}{3}$ (D) $\dfrac{3}{4}$ (E) $\dfrac{4}{5}$

19. $\lim\limits_{n\to\infty}\sum\limits_{k=1}^{n}\dfrac{n}{n^2+k^2}=$( ).

(A) 0 (B) 1 (C) $\dfrac{\pi}{2}$ (D) $\dfrac{\pi}{4}$ (E) π

20. 设函数 $z=z(x,y)$ 由方程 $z=e^{2x-3z}+2y$ 确定，则 $3\dfrac{\partial z}{\partial x}+\dfrac{\partial z}{\partial y}=$（ ）．

(A) 2   (B) -1 (C) 1

(D) 0   (E) -2

21. 二元函数 $z=(x^2-1)^2+y^2$，则下列说法正确的是（ ）．

(A) $(0,0)$ 是极值点   (B) $(-1,0)$ 是极大值点

(C) $(1,0)$ 是极小值点   (D) 有三个极值点

(E) 极小值为 1

22. 设可微函数 $z=f(x,y)$ 在 (x_0,y_0) 处取得最小值，则（ ）．

(A) $f(x_0,y)$ 在 $y=y_0$ 处的导数等于 0

(B) $f(x_0,y)$ 在 $y=y_0$ 处的导数大于 0

(C) $f(x_0,y)$ 在 $y=y_0$ 处的导数小于 0

(D) $f(x,y_0)$ 在 $x=x_0$ 处的导数大于 0

(E) $f(x,y_0)$ 在 $x=x_0$ 处的导数小于 0

23. 如果 $D=\begin{vmatrix} a_{11} & a_{12} & a_{13} \\ a_{21} & a_{22} & a_{23} \\ a_{31} & a_{32} & a_{33} \end{vmatrix}=1$，$D_1=\begin{vmatrix} 4a_{11} & 2a_{11}-3a_{12} & 2a_{13} \\ 4a_{21} & 2a_{21}-3a_{22} & 2a_{23} \\ 4a_{31} & 2a_{31}-3a_{32} & 2a_{33} \end{vmatrix}$，则 $D_1=$（ ）．

(A) 8   (B) -12 (C) 12

(D) -24 (E) 24

24. 设 A 为 n 阶可逆矩阵，A^* 为其伴随矩阵，则下列结论不正确的是（ ）．

(A) A 与 A^* 可交换   (B) A 与 A^T 可交换   (C) A 与 A^{-1} 可交换

(D) A 与 A^2 可交换   (E) A 与 E 可交换

25. 已知三阶矩阵 A 的逆矩阵 $A^{-1}=\begin{pmatrix} 1 & 1 & 1 \\ 1 & 2 & 1 \\ 1 & 1 & 3 \end{pmatrix}$，则 $A^*=$（ ）．

(A) $\begin{pmatrix} \dfrac{1}{2} & \dfrac{1}{2} & \dfrac{1}{2} \\ \dfrac{1}{2} & 1 & \dfrac{1}{2} \\ \dfrac{1}{2} & \dfrac{1}{2} & \dfrac{3}{2} \end{pmatrix}$ (B) $\begin{pmatrix} 1 & 1 & 1 \\ 1 & 2 & 1 \\ 1 & 1 & 3 \end{pmatrix}$ (C) $\begin{pmatrix} 2 & 2 & 2 \\ 2 & 4 & 2 \\ 2 & 2 & 6 \end{pmatrix}$

(D) $\begin{pmatrix} \dfrac{1}{2} & \dfrac{1}{2} & \dfrac{1}{2} \\ \dfrac{1}{2} & 1 & \dfrac{1}{2} \\ \dfrac{1}{2} & \dfrac{1}{2} & \dfrac{1}{2} \end{pmatrix}$ (E) $\begin{pmatrix} 1 & 1 & 3 \\ 1 & 2 & 1 \\ 1 & 1 & 1 \end{pmatrix}$

26. 设 A 为 $m\times n$ 矩阵，$r(A)=n-2$，$\boldsymbol{\alpha}_1$，$\boldsymbol{\alpha}_2$，$\boldsymbol{\alpha}_3$ 是非齐次线性方程组 $Ax=b$ 的三个线性无关的解向量，k_1，k_2 是任意常数，则此方程组的通解是（　　）.

(A) $k_1(\boldsymbol{\alpha}_1-\boldsymbol{\alpha}_2)+k_2(\boldsymbol{\alpha}_2+\boldsymbol{\alpha}_3)+\boldsymbol{\alpha}_1$　　　　(B) $k_1(\boldsymbol{\alpha}_1-\boldsymbol{\alpha}_3)+k_2(\boldsymbol{\alpha}_2+\boldsymbol{\alpha}_1)+\boldsymbol{\alpha}_1$

(C) $k_1(\boldsymbol{\alpha}_1-\boldsymbol{\alpha}_3)+k_2(\boldsymbol{\alpha}_2-\boldsymbol{\alpha}_3)+\boldsymbol{\alpha}_2$　　　　(D) $k_1(\boldsymbol{\alpha}_1-\boldsymbol{\alpha}_3)+\boldsymbol{\alpha}_2$

(E) $k_1(\boldsymbol{\alpha}_2-\boldsymbol{\alpha}_3)+\boldsymbol{\alpha}_1$

27. 设 $\boldsymbol{\alpha}_1$，$\boldsymbol{\alpha}_2$，$\boldsymbol{\alpha}_3$，$\boldsymbol{\alpha}_4$ 是一个四维向量组，若已知 $\boldsymbol{\alpha}_4$ 可以表示为 $\boldsymbol{\alpha}_1$，$\boldsymbol{\alpha}_2$，$\boldsymbol{\alpha}_3$ 的线性组合，且表示法唯一，则向量组 $\boldsymbol{\alpha}_1$，$\boldsymbol{\alpha}_2$，$\boldsymbol{\alpha}_3$，$\boldsymbol{\alpha}_4$ 的秩为（　　）.

(A) 0　　　　(B) 1　　　　(C) 2　　　　(D) 3　　　　(E) 4

28. 设 A 为 $m\times n$ 矩阵，且 $r(A)=r$，若齐次线性方程组 $Ax=0$ 有非零解，则（　　）.

(A) $m>n$　　(B) $m<n$　　(C) $m>r$　　(D) $m<r$　　(E) $r<n$

29. 已知线性方程组 $\begin{cases} x_1+x_2+x_3=4,\\ x_1+ax_2+x_3=3,\\ 2x_1+2ax_2=4 \end{cases}$ 无解，则 $a=$（　　）.

(A) $-\dfrac{1}{2}$　　(B) 0　　(C) $\dfrac{1}{2}$　　(D) 1　　(E) -1

30. 设 A，B 是两个互不相容的随机事件，$P(A)=\dfrac{1}{2}$，$P(B)=\dfrac{1}{3}$，则 $P(A\mid\overline{B})=$（　　）.

(A) 0　　(B) $\dfrac{1}{4}$　　(C) $\dfrac{1}{2}$　　(D) $\dfrac{3}{4}$　　(E) $\dfrac{2}{3}$

31. 已知随机变量 X 的分布律为 $P\{X=k\}=\dfrac{c\lambda^k}{k!}$，$k=1,2,\cdots;\lambda>0$，则常数 $c=$（　　）.

(A) $\dfrac{1}{e^\lambda}$　　(B) $\dfrac{1}{e^\lambda+1}$　　(C) $\dfrac{1}{e^\lambda-1}$　　(D) $\dfrac{1}{e^\lambda-2}$　　(E) $\dfrac{1}{e^\lambda+2}$

32. $\displaystyle\int_2^{+\infty} e^{-\frac{(x-2)^2}{2}}\,dx=$（　　）.

(A) $\dfrac{\sqrt{2\pi}}{2}$　　(B) $\dfrac{\sqrt{2}}{2}\pi$　　(C) $\dfrac{1}{2}$　　(D) $\dfrac{\sqrt{2\pi}}{4}$　　(E) $\dfrac{\sqrt{2}}{4}\pi$

33. 设随机变量 X 服从参数为 1 的泊松分布，则 $P\{X=D(X)\}=$（　　）.

(A) $\dfrac{1}{e}$　　(B) $\dfrac{1}{2e}$　　(C) $\dfrac{1}{3e}$　　(D) $\dfrac{1}{4e}$　　(E) $\dfrac{1}{5e}$

34. 已知 $X\sim B(10,0.4)$，$Y\sim U(1,3)$，则 $E(2X-Y)=$（　　）.

(A) 3　　(B) 4　　(C) 5　　(D) 6　　(E) 7

35. 设连续型随机变量 X 的概率密度为 $f(x)=\begin{cases} ax^2+bx+c, & 0<x<1,\\ 0, & \text{其他}, \end{cases}$ 且 $E(X)=0.5$，$D(X)=0.15$，则下列说法正确的是（　　）.

(A) $a=12$　　(B) $a=-12$　　(C) $b=10$　　(D) $b=-10$　　(E) $c=0$

二、逻辑推理：第36～55小题，每小题2分，共40分。下列每题给出的五个选项中，只有一个选项是最符合试题要求的。请在答题卡上将所选项的字母涂黑。

36. 在《反省的生命》一书中，诺齐克写道："我不会像苏格拉底一样，说未经反省的生命是不值得过的——那是过分严苛了。但是，如果我们的人生是由深思熟虑的反省所引导的，那么，它就是我们为自己活的生命，而不是别人的。从某种意义上说，未经反省的生命是不完整的生命。"
以下各项都能从诺齐克的陈述中推出，除了：

(A) 诺齐克认为，值得过的生命都是经过反省的生命。

(B) 诺齐克认为，只有为自己活的生命才是完整的生命。

(C) 诺齐克认为，完整的生命都是经过反省的生命。

(D) 诺齐克认为，未经反省的生命不是完整的生命。

(E) 诺齐克认为，除非经过反省，否则生命不完整。

37. 拥有一个国家的国籍，意味着就是这个国家的公民，这二者是同一个意思。有的国家允许本国公民有双重国籍，但中国的法律规定，中国公民不能拥有双重国籍。欧洲H国公民查尔斯拥有中国国籍。

如果上述断定为真，则以下哪项也一定为真？

Ⅰ．中国有关双重国籍的法律没有得到严格实施。

Ⅱ．H国允许本国公民有双重国籍。

Ⅲ．H国有关双重国籍的法律没有得到严格实施。

(A) 只有Ⅰ。　　　　　　(B) 只有Ⅰ和Ⅱ。　　　　　　(C) 只有Ⅰ和Ⅲ。

(D) 只有Ⅱ和Ⅲ。　　　　(E) Ⅰ、Ⅱ和Ⅲ。

38. 据调查，某地90%以上有过迷路经历的司机都没有安装车载卫星导航系统。这表明，车载卫星导航系统能有效防止司机迷路。

以下哪项如果为真，最能对上述论证过程提出质疑？

(A) 很多老司机没有安装车载卫星导航系统，却很少迷路。

(B) 车载卫星导航系统的使用效果不理想，对防止迷路没有多大作用。

(C) 当地目前只有不足10%的汽车安装了车载卫星导航系统。

(D) 安装了车载卫星导航系统的司机，90%以上经常使用。

(E) 有一些安装了车载卫星导航系统的司机也会迷路。

39. 一次聚会上，麦吉遇到了汤姆、卡尔和乔治三个人，他想知道他们三人分别是干什么的，但三人只提供了以下信息：三人中一位是律师，一位是推销员，一位是医生；乔治比医生年龄大，汤姆和推销员不同岁，推销员比卡尔年龄小。

根据上述信息，麦吉可以推出的结论是：

(A) 汤姆是律师，卡尔是推销员，乔治是医生。

(B) 汤姆是推销员，卡尔是医生，乔治是律师。

(C) 汤姆是医生，卡尔是律师，乔治是推销员。

(D)汤姆是医生,卡尔是推销员,乔治是律师。

(E)汤姆是推销员,卡尔是律师,乔治是医生。

40. 《圣经·马太福音》中有这样一句话:"……凡有的,还要加给他,叫他多余;没有的,连他所有的也要夺过来。"有人用"马太效应"这一术语去指涉下面的社会心理现象:科学家荣誉越高,越容易得到新荣誉,成果越少,越难创造新成果。"马太效应"造成各种社会资源(如研究基金、荣誉性职位)向少数科学家集中。由此可知,出类拔萃的科学家总是少数的,他们对科学技术发展所作出的贡献比一般科学家大得多。

为使上述论证成立,需要补充下面哪一项假设?

(A)有些出类拔萃的科学家,其成就生前未得到承认。

(B)科学奖励制度在实施时也常出错,甚至诺贝尔奖有时也颁发给了不合格的人。

(C)在绝大多数情形下,对科学家所做的奖励是有充分根据的,合情合理。

(D)张爱玲说过:"出名要趁早。"这一说法很有智慧,是对"马太效应"的隐含表达。

(E)一般科学家的数量很多,贡献之和要大于出类拔萃的科学家。

41. 《拯救地球》这本书极有说服力,以至每个读完这本书的人都不可能拒绝它的环保主义见解。据统计,世界环保组织上个月在全球各地散发了2 000份该书的复印本,因此,今年上个月至少有2 000人转变为环保主义者。

为使上述论证有说服力,以下哪项最不可能是这一论证的假设?

(A)不拒绝《拯救地球》一书环保主义见解的人,一定是环保主义者。

(B)环保主义者一定同意《拯救地球》一书的所有见解。

(C)上述复印本的读者在之前都不是环保主义者。

(D)上述复印本的读者中,至少有2 000人第一次阅读该书。

(E)上述复印本的统计数据是准确的。

42. 去年,有6 000人死于醉酒,有4 000人死于开车,但只有500人死于醉酒开车。因此,醉酒开车比单纯的醉酒或者单纯的开车更安全。

以下哪项陈述如果为真,则将最有力地削弱上述论证?

(A)不能仅从死亡绝对数量的多少判断某种行为方式的安全性。

(B)醉酒导致意识模糊,醉酒开车大大增加了酿成交通事故的危险性。

(C)醉酒开车死亡的数目已分别包含在醉酒死亡的数目和开车死亡的数目之中。

(D)相对于酒驾来说,毒驾的危险性更大。

(E)醉酒死亡的概率不到0.01%,开车死亡的概率是0.015%,醉酒开车死亡的概率是33%。

43. 当代一位犹太思想家的问题困扰了罗马教廷30年:一个基督教神职人员和一个普通信徒的灵魂是否都能进天堂?一个基督徒和一个其他宗教信徒的灵魂是否都能进天堂?一个有宗教信仰的人和一个无神论者的灵魂是否都能进天堂?如果有人的灵魂不能进天堂,则"上帝之爱"就不是普适的;如果"上帝之爱"不是普适的,则上帝的存在就不是合理的。如果所有人的灵魂都能进天堂,那么,信教与不信教、信仰不同宗教之间还有什么重大区别呢?

如果接受以上陈述,则必须接受下面哪项陈述?

(A)如果"上帝之爱"是普适的,则上帝的存在就是合理的。

(B)"上帝之爱"是普适的,但信教与不信教、信仰不同宗教之间有重大区别。

(C)如果上帝的存在是合理的,则信上帝与不信上帝之间就没有重大区别。

(D)"上帝之爱"是普适的,神职人员、普通信徒和无神论者都是上帝关爱的对象。

(E)"上帝之爱"不是普适的,不信教的人灵魂不能进天堂。

44. 如果贯彻绝对公平,那么必然导致按劳分配。若按劳分配,将出现贫富不均。除非贫富均等,否则不能贯彻绝对公平。

如果上述断定都是真的,那么以下哪项也一定是真的?

(A)必须实行按劳分配。

(B)必须实行按需分配。

(C)必须贯彻绝对公平。

(D)不能贯彻绝对公平。

(E)不能实行按劳分配。

45. 北京师范大学2017年秋季入学的学生中有些是免费师范生。所有的免费师范生都是家境贫寒的。凡家境贫寒的学生都参加了勤工助学活动。

如果以上陈述为真,则以下各项必然为真,除了:

(A)2017年秋季入学的学生中有人家境贫寒。

(B)凡没有参加勤工助学活动的学生都不是免费师范生。

(C)有些参加勤工助学活动的学生是2017年秋季入学的。

(D)有些参加勤工助学活动的学生不是免费师范生。

(E)有些家境贫寒的学生是2017年秋季入学的。

46. 有人问甲、乙、丙三人的年龄。甲说:"我22岁,比乙小2岁,比丙大1岁。"乙说:"我不是年龄最小的,丙和我差3岁,丙25岁。"丙说:"我比甲年龄小,甲23岁,乙比甲大3岁。"

以上每人所说的三句话中,都有一句是故意说错的,你知道三个人的年龄到底是多大吗?

(A)甲22岁,乙25岁,丙21岁。

(B)甲23岁,乙22岁,丙25岁。

(C)甲22岁,乙23岁,丙21岁。

(D)甲23岁,乙25岁,丙22岁。

(E)甲21岁,乙23岁,丙22岁。

47. 某汽车在传统车型的基础上新增了自动上锁装置,能保证汽车和车内财产的安全性。因此,这款自动上锁车型的销售量将大大高于传统车型。

以下哪项如果为真,则最能对上述推理提出质疑?

(A)传统车型中有一些最常用的功能并没有在新车型中体现。

(B)新车型使用者与传统车型使用者的生活环境不同。
(C)无论是装有自动上锁装置的新车型还是传统车型，使用习惯都是因人而异的。
(D)该企业生产的这款自动上锁装置获得了专利权，这是目前市面上其他汽车所不具备的。
(E)新车型与传统车型在外形上并没有什么不同。

48. 某交友节目上，有5对男女嘉宾牵手成功。已知下列条件：
    (1)立伟的女友不是教师，教师的名字也不叫晓雪。
    (2)会计员的男友来自上海，他不是小杰。
    (3)小杰来自广州。
    (4)志国与一位护士牵手成功。
    (5)银行职员的名字叫媛媛。
    (6)玉龙来自西安，与他牵手的是一位漂亮的空姐。
    (7)来自广州的男士的女友是一位银行职员。
    (8)小杰的女友不是那位名叫宁宁的空姐。
    (9)小雯及她的男友都来自上海。
    (10)大刚不是从北京来的。
    (11)志国不是从南宁来的。
    (12)爱琳和她的男友来自同一个城市，但不是来自西安。
    根据以上信息，可以推知以下哪项一定为真？
    (A)玉龙的女友是媛媛。　　　　　　(B)小杰的女友是宁宁。
    (C)立伟的女友是宁宁。　　　　　　(D)大刚的女友是晓雪。
    (E)志国的女友是晓雪。

49. 所有文学爱好者都爱好诗词，所有诗词爱好者对中国历史都有较深的了解。有些数学爱好者同时也爱好文学。所有痴迷于游戏机者对中国历史都不甚了解，有些未成年人痴迷于游戏机。如果上述断定都是真的，则以下哪项也一定是真的？
    (A)有些数学爱好者不了解中国历史。
    (B)有些未成年人不是文学爱好者。
    (C)有些数学爱好者是痴迷于游戏机者。
    (D)有些痴迷于游戏机者可能爱好文学。
    (E)有些文学爱好者不爱好数学。

50. 心理学家进行了一系列实验，以测试电影中的暴力镜头对中小学生的影响。在第一个实验中，初中的孩子观看了男性少年采取暴力行为对他人殴打场景的电影。观看电影后，42%的孩子被观察到出现类似于电影中的打人行为。在第二个实验中，不同组的儿童观看了类似的女性少年暴力行为的电影。观看电影后，该组只有14%的孩子出现电影中类似的暴力行为。因此，心理学家得出结论，相对电影中女性的暴力行为，儿童更容易模仿电影中男性的暴力行为。

以下哪项如果为真,将最严重地削弱心理学家的结论?

(A)第一组包括19名男学生和20名女学生,第二组包括20名男学生和21名女学生。

(B)在第一组中,影片的放映过程中58%的孩子显现出无聊,12%的孩子睡着了。

(C)实验前在第一组中有违纪问题的儿童比在第二组中的比例更大。

(D)在这两个实验中,拍摄暴力的受害者都包括男性和女性。

(E)在第二个实验中,28%的孩子在观看暴力电影场景时表现出心烦意乱。

51. 在本届运动会上,所有参加4×100米比赛的田径运动员都参加了100米比赛。再加上以下哪项陈述,可以合乎逻辑地推出"有些参加200米比赛的田径运动员没有参加4×100米比赛"?

(A)有些参加200米比赛的田径运动员也参加了100米比赛。

(B)有些参加4×100米比赛的田径运动员没有参加200米比赛。

(C)所有参加200米比赛的田径运动员都参加了100米比赛。

(D)有些没有参加200米比赛的田径运动员也没有参加100米比赛。

(E)有些没有参加100米比赛的田径运动员参加了200米比赛。

52. 维生素E是抗氧化剂,能够清除体内的自由基。于是,保健品商家把维生素E作为提高免疫力、抗癌、抗衰老的灵丹妙药来宣传。科学家通过实验发现:如果食物中维生素E的含量为每毫升5微克,能显著延长果蝇的寿命;但是如果食物中维生素E的含量增加到每毫升25微克,果蝇的寿命反而缩短了。其实,细胞中的自由基参与了许多重要的生命活动,比如细胞增殖、细胞间通讯、细胞凋亡、免疫反应等。

如果以上信息为真,最不能推出以下哪项?

(A)自由基有其独特的作用,对机体而言是不可或缺的。

(B)科学家对果蝇的实验揭示了过犹不及的道理。

(C)维生素E的含量超过25微克时,会危及人的生命。

(D)维生素是维持人体生命的必要物质,但过量服用时也会威胁生命。

(E)维生素E不一定是灵丹妙药。

53. 为了对付北方夏季的一场罕见干旱,某市对居民用水量严格限制。不过,该市目前的水库蓄水量与8年前该市干旱期间的蓄水量持平。既然当时居民用水量并未受到限制,那么现在也不应该受到限制。

如果以下陈述为真,则哪一项将最严重地削弱上述主张?

(A)自上次干旱以来,该市并没有建造新的水库。

(B)自上次干旱以来,该市总人口有了极大的增长。

(C)居民用水量占总用水量的50%还多。

(D)按计划,对居民用水量的限制在整个夏天仅仅持续两个月。

(E)自上次干旱以来,居民节约用水的意识逐渐增强。

54～55题基于以下题干：

明天的报纸里家庭、都市、体育三个板块中一共会出现6张照片，每个板块2张。每张可用的照片是由：甲、乙、丙这3位摄影师中的一位拍摄的。照片的筛选要遵循以下规则：

(1)每位摄影师可以登报的照片不能少于一张，也不能超过三张。

(2)家庭板块至少有一张照片的摄影师在都市板块登报的照片的数量不少于一张。

(3)丙在家庭板块登报的照片数量要和甲在体育板块登报的照片数量一样。

(4)乙的照片不能出现在体育板块。

54. 如果家庭板块的两张照片都是丙拍的，那么下列哪种说法一定是正确的？
   (A)明天的报纸用了一张甲的照片。
   (B)明天的报纸用了三张甲的照片。
   (C)明天的报纸用了一张乙的照片。
   (D)明天的报纸用了两张乙的照片。
   (E)明天的报纸用了两张丙的照片。

55. 三个板块中，如果有一个板块的两张照片都是乙拍的，那么下列哪种说法可能是正确的？
   (A)家庭板块的两张照片都是丙拍的。
   (B)家庭板块的两张照片分别是甲和丙拍的。
   (C)都市板块的两张照片都是甲拍的。
   (D)都市板块的两张照片分别是乙和丙拍的。
   (E)体育板块的两张照片是丙拍的。

三、写作：第56～57小题，每小题20分，共40分。请答在答题纸相应的位置上。

56. 论证有效性分析：分析下述论证中存在的缺陷和漏洞，选择若干要点，写一篇600字左右的文章，对该论证的有效性进行分析和评论。（论证有效性分析的一般要点是：概念特别是核心概念的界定和使用是否准确并前后一致，有无各种明显的逻辑错误，论证的论据是否成立并支持结论，结论成立的条件是否充分等。）

电脑包括软件和硬件，它具有分析、储存和传播资料等卓越功能，而书本——根据《汉语大词典》的定义——是装订成册的著作，保存和传播知识是书本的主要功能。这也正是电脑的其中一项功能，所以电脑和书本在功能上是重叠的，所以，书本终将被电脑所取代。

而且，无论电脑还是书本，都是一种载体和工具。相比于书本，电脑是一种新工具，具有更快、更多、更省的强大功能和庞大的发展潜力，如果我们不能及时地让新工具替代旧工具，会付出沉重的代价，那就是在经济和科技上的落后，面对欧美列强以高超的科技力量迈进新的知识形态、经济形态，我们如果不及时更新工具，国家和社会就将面临巨大的危机，这种后果又岂是我们所承担得起的呢？

另外，电脑相比于书本，优势在于便捷：便于携带、便于储存信息等等，总之电脑比书本用起来方便。在这个高效率的年代,时间比任何东西都来得贵,仅仅是"使用便捷"这一项,就足以让电脑取代书本了,所以电脑取代书本也是无可厚非的。

最后,1991年到1997年,中国大陆私人电脑销售量增长了35倍之多,在经济尚不发达的20世纪末,销量涨幅都尚且如此,我们又有什么理由怀疑"电脑将取代书本"呢?所以,只要电脑在未来继续被普及,就一定可以取代书本。

总之,随着时间的推移和科学的进步,信息的保存和传播越来越重要,但书本无法满足我们在这方面的需要,电脑必将取代书本,成为知识传播的主要媒体。

57. 论说文:根据下述材料,写一篇700字左右的论说文,题目自拟。

这两年,网红经济发展迅猛。李子柒、李佳琪、薇娅、辛巴等大网红们一跃成为举国皆知的带货明星。与此同时,李佳琪的不粘锅事件、辛巴的糖水燕窝事件等不良现象也不时被爆出。网红经济到底该鼓励还是该限制,网友众说纷纭。

答案速查

一、数学基础

1~5	(B)(A)(D)(B)(B)	6~10	(C)(C)(A)(C)(C)
11~15	(D)(C)(C)(C)(E)	16~20	(B)(C)(C)(D)(A)
21~25	(C)(A)(D)(B)(A)	26~30	(C)(D)(E)(D)(D)
31~35	(C)(A)(A)(D)(A)		

二、逻辑推理

36~40	(A)(A)(C)(C)(C)	41~45	(B)(E)(C)(D)(D)
46~50	(D)(A)(E)(B)(C)	51~55	(E)(C)(B)(C)(E)

三、写作

略

答案详解

一、数学基础

1.（B）

【解析】函数极限存在的充要条件.

当 $x \to 0$ 时，$e^{\frac{1}{x}}$ 和 $\frac{\sin x}{|x|}$ 的左右极限均不相同，应该分开计算，故有

$$\lim_{x \to 0^+}\left(\frac{2+e^{\frac{1}{x}}}{1+e^{\frac{3}{x}}} + \frac{\sin x}{|x|}\right) = \lim_{t \to +\infty}\frac{2+e^t}{1+e^{3t}} + 1 = \lim_{t \to +\infty}\frac{\frac{2}{e^t}+1}{\frac{1}{e^t}+e^{2t}} + 1 = 0+1=1,$$

$$\lim_{x \to 0^-}\left(\frac{2+e^{\frac{1}{x}}}{1+e^{\frac{3}{x}}} + \frac{\sin x}{|x|}\right) = \lim_{t \to -\infty}\frac{2+e^t}{1+e^{3t}} - 1 = \lim_{t \to -\infty}\frac{2+0}{1+0} - 1 = 1,$$

函数的左右极限存在且相等，故函数极限存在，极限值为1.

【注意】常见的左右极限不相等的函数有

①绝对值函数：例如，当 $x \to 0$ 时，$\lim\limits_{x \to 0^+}\frac{1}{|x|} = +\infty$，$\lim\limits_{x \to 0^-}\frac{1}{|x|} = -\infty$；

②反三角函数：例如，当 $x \to +\infty$ 时，$\lim\limits_{x \to +\infty}\arctan x = \frac{\pi}{2}$，$\lim\limits_{x \to -\infty}\arctan x = -\frac{\pi}{2}$；

③指数函数：例如，当 $x \to 0$ 时，$\lim\limits_{x \to 0^+}e^{\frac{1}{x}} = +\infty$，$\lim\limits_{x \to 0^-}e^{\frac{1}{x}} = 0$.

2.（A）

【解析】 积分变限函数的奇偶性判定.

方法一：令 $F(x)=\int_0^x t[f(t)+f(-t)]\mathrm{d}t$，则

$$F(-x)=\int_0^{-x} t[f(t)+f(-t)]\mathrm{d}t \xrightarrow[\mathrm{d}t=-\mathrm{d}u]{t=-u} \int_0^x (-u)[f(-u)+f(u)](-\mathrm{d}u)=F(x),$$

即 $F(x)$ 为偶函数，故（A）项中函数为偶函数.

方法二：若 $F(x)$ 为偶函数，则 $F'(x)$ 为奇函数，故只需观察被积函数是否为奇函数即可.

由于（A）项中 $f(t)+f(-t)$ 为偶函数，则 $t[f(t)+f(-t)]$ 为奇函数，故 $\int_0^x t[f(t)+f(-t)]\mathrm{d}t$ 为偶函数，（A）项正确；而（C）、（D）、（E）中被积函数均为偶函数，（B）中被积函数为非奇非偶函数，故均不正确.

3.（D）

【解析】 判断间断点及间断点的类型.

因为 $f(x)$ 在 $x=1$，$x=-1$ 处没有定义，故 $f(x)$ 在 $x=1$，$x=-1$ 处间断，不连续.

$\lim\limits_{x\to 1}f(x)=\lim\limits_{x\to 1}\dfrac{\arctan(x+1)}{(x+1)(x-1)}=\infty$，故 $x=1$ 是 $f(x)$ 的无穷间断点，不是 $f(x)$ 的可去间断点；

$\lim\limits_{x\to -1}f(x)=\lim\limits_{x\to -1}\dfrac{\arctan(x+1)}{(x+1)(x-1)}=-\dfrac{1}{2}$，故 $x=-1$ 是 $f(x)$ 的可去间断点.

4.（B）

【解析】 函数的特性（奇偶性、有界性）.

观察选项，讨论函数的奇偶性和有界性.

函数 $f(x)$ 定义域为 $(-\infty, 0)\cup(0,+\infty)$，是对称区间，故满足讨论奇偶性的前提. 因为 $\mathrm{e}^{x-2}=\mathrm{e}^{(-x)-2}$，$\cos x=\cos(-x)$，可知 $f(-x)=f(x)$，故 $f(x)$ 为偶函数.

$\lim\limits_{x\to 0}f(x)=\lim\limits_{x\to 0}(\mathrm{e}^{x-2}-1)(3-\cos x)=+\infty$，故 $f(x)$ 为无界函数.

5.（B）

【解析】 利用夹逼定理求解数列极限.

因为 $\dfrac{1+2+\cdots+n}{n^2+n}\leqslant \dfrac{1}{n^2+1}+\dfrac{2}{n^2+2}+\dfrac{3}{n^2+3}+\cdots+\dfrac{n}{n^2+n}\leqslant \dfrac{1+2+\cdots+n}{n^2+1}$，且有

$$\lim_{n\to\infty}\dfrac{1+2+\cdots+n}{n^2+1}=\lim_{n\to\infty}\dfrac{(1+n)n}{2(n^2+1)}=\dfrac{1}{2},\quad \lim_{n\to\infty}\dfrac{1+2+\cdots+n}{n^2+n}=\lim_{n\to\infty}\dfrac{(1+n)n}{2(n^2+n)}=\dfrac{1}{2},$$

根据夹逼定理，可知 $\lim\limits_{n\to\infty}\left(\dfrac{1}{n^2+1}+\dfrac{2}{n^2+2}+\dfrac{3}{n^2+3}+\cdots+\dfrac{n}{n^2+n}\right)=\dfrac{1}{2}$.

6.（C）

【解析】 判断间断点及间断点的类型.

观察函数可知，$f(x)$ 无定义的点有 3 个，为 0，-1，1.

在 $x=0$ 处，$\lim\limits_{x\to 0}\dfrac{\mathrm{e}^{2x}-1}{x(x^2-1)}=\lim\limits_{x\to 0}\dfrac{2x}{x(x^2-1)}=-2$，函数极限存在且在 $x=0$ 处无定义，故 $x=0$ 为可去间断点；

在 $x=\pm 1$ 处，$\lim\limits_{x\to\pm 1}\dfrac{\mathrm{e}^{2x}-1}{x(x^2-1)}=\infty$，函数极限不存在，故 $x=\pm 1$ 为无穷间断点，不是可去间断点．

综上所述，函数 $f(x)=\dfrac{\mathrm{e}^{2x}-1}{x(x^2-1)}$ 的可去间断点为 $x=0$．

7. (C)

【解析】函数的拐点．

拐点是函数二阶导数为 0，但三阶导数不为 0 的点，对方程求导可得
$$y'=4x^3-6x^2,\ y''=12x^2-12x,\ y'''=24x-12,$$
令 $y''=0$，得 $x=0$ 或 $x=1$，而 $y'''(0)\neq 0$，$y'''(1)\neq 0$，故函数在 $x=0$ 和 $x=1$ 处有拐点．

将 $x=0$，$x=1$ 分别代入曲线 $y=x^4-2x^3+3$ 中，可知曲线的拐点为点 $(0,3)$ 和 $(1,2)$．

8. (A)

【解析】隐函数求导．

在方程两边同时对 x 求导，得 $y+xy'-\cos(\pi y^2)\cdot 2\pi y\cdot y'=0$，解得 $y'=\dfrac{y}{2\pi y\cos(\pi y^2)-x}$，

所以 $y'\big|_{\substack{x=0\\y=1}}=-\dfrac{1}{2\pi}$．

【注意】求隐函数在某点的导数同求显函数在某点的导数一样，先求导函数，再将点坐标代入．

9. (C)

【解析】函数的凹凸性．

根据函数凹凸性的判定法，可知在区间 $[a,b]$ 上，$f(x)$ 连续且二阶可导，则当 $f''(x)\geqslant 0$ 时，$f(x)$ 的图形是凹的．

因此对 y 求导，可得 $y'=\dfrac{1}{3}x^{-\frac{2}{3}}$，$y''=-\dfrac{2}{9}x^{-\frac{5}{3}}$，令 $y''\geqslant 0$，故 $x^{-\frac{5}{3}}<0\Rightarrow x<0$，凹弧区间为 $(-\infty,0)$．

10. (C)

【解析】导数的几何意义．

方法一：当 $x=1$ 时，$y=3$，则法线方程过 $(1,3)$．对 y 求导，可得 $y'=3x^2+6x$，所以 $y'(1)=9$，由法线方程的计算公式 $y-y_0=-\dfrac{1}{y'(x_0)}(x-x_0)$，可得函数在 $x=1$ 处的法线方程为 $y-3=-\dfrac{1}{9}(x-1)$，即 $x+9y-28=0$．

方法二：当 $x=1$ 时，$y=3$，则函数在点 $(1,3)$ 处的切线斜率为 $y'\big|_{x=1}=(3x^2+6x)\big|_{x=1}=9$．

由于法线的斜率和切线的斜率乘积为 -1，故法线斜率为 $-\dfrac{1}{9}$，法线方程为 $x+9y-28=0$．

11.（D）

【解析】求函数的 n 阶导数．

$$f'(x) = -2\sin 2x = 2\cos\left(2x + \frac{\pi}{2}\right),$$

$$f''(x) = -2^2\cos 2x = 2^2\cos(2x + \pi),$$

$$f'''(x) = 2^3\sin 2x = 2^3\cos\left(2x + \frac{3\pi}{2}\right),$$

$$\vdots$$

综上，由归纳法可得，$f^n(x) = 2^n\cos\left(2x + \frac{n\pi}{2}\right)$.

【注意】本题可作为结论进行记忆，$\cos ax$ 的 n 阶导数为 $a^n\cos\left(ax + \frac{n}{2}\pi\right)$，高阶导数题目可以赋值计算．

12.（C）

【解析】微分、不定积分的性质．

不定积分的运算结果一定有常数 C，故排除（B）、（D）项；

微分的运算结果一定有 $\mathrm{d}x$，故排除（A）、（E）项，故本题选（C）．

13.（C）

【解析】第一换元法求解不定积分．

由第一换元积分法（凑微分法）和不定积分公式，可得

$$\int\frac{1}{\mathrm{e}^x + \mathrm{e}^{-x}}\mathrm{d}x = \int\frac{\mathrm{e}^x}{\mathrm{e}^{2x} + 1}\mathrm{d}x = \int\frac{\mathrm{d}\mathrm{e}^x}{(\mathrm{e}^x)^2 + 1} = \arctan\mathrm{e}^x + C.$$

14.（C）

【解析】不定积分的分部积分法．

由分部积分法，可得

$$\int x\cos x\,\mathrm{d}x = \int x\,\mathrm{d}(\sin x) = x\sin x - \int\sin x\,\mathrm{d}x = x\sin x + \cos x + C.$$

15.（E）

【解析】第一换元积分法求解不定积分．

根据第一换元积分法，得 $\int f'(x)f''(x)\mathrm{d}x = \int f'(x)\mathrm{d}f'(x) = \frac{1}{2}[f'(x)]^2 + C$.

因为 $f'(x) = -2x\mathrm{e}^{-x^2}$，得 $\int f'(x)f''(x)\mathrm{d}x = 2x^2\mathrm{e}^{-2x^2} + C$.

16.（B）

【解析】定积分的概念、几何意义．

$\int_0^2\sqrt{4x - x^2}\,\mathrm{d}x = \int_0^2\sqrt{4 - (x-2)^2}\,\mathrm{d}x$，结合定积分的定义，可知该定积分表示阴影部分面

积,如图 6-1 所示.

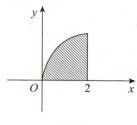

图 6-1

则有 $\int_0^2 \sqrt{4-(x-2)^2}\,dx = \frac{1}{4} \cdot \pi \cdot 2^2 = \pi$.

17.（C）

【解析】原函数的求解.

由于 $f'(\sqrt{2x-1}) = 2x-1 = (\sqrt{2x-1})^2$,可知 $f'(x) = x^2$,则 $f(x) = \frac{1}{3}x^3 + C$.

又因为 $f(0) = 0$,解得 $C = 0$,故 $f(x) = \frac{1}{3}x^3$.

18.（C）

【解析】利用定积分计算平面图形面积.

根据题意画出抛物线所围图形,如图 6-2 所示.

联立两方程 $\begin{cases} x = 5y^2, \\ x = 1+y^2, \end{cases}$ 可得 $5y^2 = 1+y^2 \Rightarrow 4y^2 = 1 \Rightarrow y = \pm\frac{1}{2}$.

故所围成图形的面积为

$$S = \int_{-\frac{1}{2}}^{\frac{1}{2}} (1+y^2-5y^2)\,dy = 2\int_0^{\frac{1}{2}} (1-4y^2)\,dy$$

$$= \left(2y - \frac{8}{3}y^3\right)\bigg|_0^{\frac{1}{2}} = 1 - \frac{1}{3} = \frac{2}{3}.$$

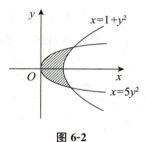

图 6-2

19.（D）

【解析】利用定积分的定义求数列和.

$$\lim_{n\to\infty}\sum_{k=1}^n \frac{n}{n^2+k^2} = \lim_{n\to\infty}\sum_{k=1}^n \frac{1}{n}\cdot\frac{n^2}{n^2+k^2} = \lim_{n\to\infty}\sum_{k=1}^n \frac{1}{n}\cdot\frac{1}{1+\left(\frac{k}{n}\right)^2},$$

在定积分定义中,$\frac{1}{n} \to dx$,$\frac{k}{n} \to x$,变量范围 $1 \leqslant k \leqslant n \Rightarrow \frac{k}{n} \in (0, 1]$,故有

$$\lim_{n\to\infty}\sum_{k=1}^n \frac{n}{n^2+k^2} = \int_0^1 \frac{1}{1+x^2}\,dx = \arctan x\bigg|_0^1 = \frac{\pi}{4}.$$

20.（A）

【解析】多元隐函数求一阶偏导数．

对方程两边关于 x 求偏导数，得 $\dfrac{\partial z}{\partial x} = e^{2x-3z}\left(2 - 3\dfrac{\partial z}{\partial x}\right)$，解得 $\dfrac{\partial z}{\partial x} = \dfrac{2e^{2x-3z}}{1+3e^{2x-3z}}$.

同理，对方程两边关于 y 求偏导数，得 $\dfrac{\partial z}{\partial y} = e^{2x-3z}\left(-3\dfrac{\partial z}{\partial y}\right) + 2$，解得 $\dfrac{\partial z}{\partial y} = \dfrac{2}{1+3e^{2x-3z}}$.

所以，$3\dfrac{\partial z}{\partial x} + \dfrac{\partial z}{\partial y} = \dfrac{6e^{2x-3z}+2}{1+3e^{2x-3z}} = 2$.

21.（C）

【解析】求多元函数的极值．

$\dfrac{\partial z}{\partial x} = 4x(x^2-1)$，$\dfrac{\partial z}{\partial y} = 2y$，$A = \dfrac{\partial^2 z}{\partial x^2} = 12x^2-4$，$B = \dfrac{\partial^2 z}{\partial x \partial y} = 0$，$C = \dfrac{\partial^2 z}{\partial y^2} = 2$.

令 $\dfrac{\partial z}{\partial x} = 0$，$\dfrac{\partial z}{\partial y} = 0$，解得 $x = 0$ 或 ± 1，$y = 0$，可知函数的可能极值点为 $(0,0)$、$(-1,0)$ 和 $(1,0)$.

当 $x = \pm 1$，$y = 0$ 时，$A = 8$，$B = 0$，$C = 2$，$AC - B^2 > 0$ 且 $A > 0$，故点 $(-1,0)$ 和点 $(1,0)$ 是极小值点，极小值为 0，故（C）项正确．

当 $x = 0$，$y = 0$ 时，$A = -4$，$B = 0$，$C = 2$，$AC - B^2 < 0$，故点 $(0,0)$ 不是极值点．

22.（A）

【解析】多元函数的极值点判定问题．

由可微函数极值存在的必要条件可知，$f'_x(x_0, y_0) = 0$，$f'_y = (x_0, y_0) = 0$，即
$$\dfrac{\mathrm{d}}{\mathrm{d}x}[f(x, y_0)]\bigg|_{x=x_0} = 0,\ \dfrac{\mathrm{d}}{\mathrm{d}y}[f(x_0, y)]\bigg|_{y=y_0} = 0,$$

显然（A）项正确．

23.（D）

【解析】具体行列式的计算问题．

根据行列式的性质，提取第一列和第三列的公因子，再把第一列的 -2 倍加到第二列，可得

$$D_1 = \begin{vmatrix} 4a_{11} & 2a_{11}-3a_{12} & 2a_{13} \\ 4a_{21} & 2a_{21}-3a_{22} & 2a_{23} \\ 4a_{31} & 2a_{31}-3a_{32} & 2a_{33} \end{vmatrix} = 4\times 2 \times \begin{vmatrix} a_{11} & -3a_{12} & a_{13} \\ a_{21} & -3a_{22} & a_{23} \\ a_{31} & -3a_{32} & a_{33} \end{vmatrix}$$

$$= 4\times 2 \times (-3) \times \begin{vmatrix} a_{11} & a_{12} & a_{13} \\ a_{21} & a_{22} & a_{23} \\ a_{31} & a_{32} & a_{33} \end{vmatrix} = -24D = -24.$$

24.（B）

【解析】矩阵的性质．

矩阵的乘法交换律不是普遍成立的，当 $\boldsymbol{AB} = \boldsymbol{BA}$ 时，称 $\boldsymbol{A}$ 与 $\boldsymbol{B}$ 可交换．

分析选项可知 $AA^* = A^*A = |A|E$，$AA^{-1} = A^{-1}A = E$，$AA^2 = A^2A = A^3$，$AE = EA = A$，均可交换．$AA^T \neq A^TA$，即 A 与 A^T 不可交换，故(B)项不正确．

25. (A)

【解析】伴随矩阵的计算．

已知 $|A^{-1}| = \begin{vmatrix} 1 & 1 & 1 \\ 1 & 2 & 1 \\ 1 & 1 & 3 \end{vmatrix} = \begin{vmatrix} 1 & 1 & 1 \\ 0 & 1 & 0 \\ 0 & 0 & 2 \end{vmatrix} = 2$，可知 $|A| = \dfrac{1}{2}$，故有 $A^* = |A|A^{-1} = \dfrac{1}{2}A^{-1}$．

观察选项，可知选(A)．

26. (C)

【解析】非齐次线性方程组的通解．

非齐次线性方程组的通解为其导出组的通解加上它的一个特解．

由 $r(A) = n - 2$ 可知，导出组 $Ax = 0$ 的基础解系中有两个解向量，故排除(D)、(E)；观察选项可知，$\alpha_1 - \alpha_3$，$\alpha_2 - \alpha_3$ 为 $Ax = 0$ 的两个线性无关的解．故选(C)．

27. (D)

【解析】向量组线性相关性的概念、秩的基本性质．

因为 α_4 可以表示为 α_1，α_2，α_3 的线性组合，且表示法唯一，即 $(\alpha_1, \alpha_2, \alpha_3)\begin{pmatrix} x_1 \\ x_2 \\ x_3 \end{pmatrix} = \alpha_4$ 有唯

一解，故 $r(\alpha_1, \alpha_2, \alpha_3) = 3$，则必有 α_1，α_2，α_3 线性无关，所以 $r(\alpha_1, \alpha_2, \alpha_3, \alpha_4) \geq 3$；$\alpha_4$ 可表示为 α_1，α_2，α_3 的线性组合，设 $\alpha_4 = k_1\alpha_1 + k_2\alpha_2 + k_3\alpha_3$，移项可得 $k_1\alpha_1 + k_2\alpha_2 + k_3\alpha_3 - \alpha_4 = 0$，故由线性相关的定义，可知 α_1，α_2，α_3，α_4 线性相关，即 $r(\alpha_1, \alpha_2, \alpha_3, \alpha_4) < 4$．综上所述，$r(\alpha_1, \alpha_2, \alpha_3, \alpha_4) = 3$．

28. (E)

【解析】齐次线性方程组解的判定问题．

(E)项：已知 A 为 $m \times n$ 矩阵，即 $Ax = 0$ 有 n 个未知数，若 $Ax = 0$ 有非零解，则 $r(A) = r < n$；当 $m > n$ 时，若 $Ax = 0$ 有非零解，则 $r(A) = r < n < m$；当 $m < n$ 时，若 $Ax = 0$ 有非零解，则 $r(A) = r < n$，此时 $r(A) = r \leq m$，故(A)(B)(C)(D)项均不正确．

29. (D)

【解析】非齐次线性方程组解的判定．

对增广矩阵进行初等行变换化为阶梯形矩阵，可得

$$\overline{A} = \begin{pmatrix} 1 & 1 & 1 & 4 \\ 1 & a & 1 & 3 \\ 2 & 2a & 0 & 4 \end{pmatrix} \to \begin{pmatrix} 1 & 1 & 1 & 4 \\ 0 & a-1 & 0 & -1 \\ 0 & 2a-2 & -2 & -4 \end{pmatrix} \to \begin{pmatrix} 1 & 1 & 1 & 4 \\ 0 & a-1 & 0 & -1 \\ 0 & 0 & -1 & -1 \end{pmatrix},$$

根据线性方程组 $Ax = b$ 无解的充要条件：$r(A) \neq r(\overline{A})$，则必有 $a - 1 = 0$，即 $a = 1$．

30.（D）

【解析】 求解条件概率.

由于 A 与 B 互不相容,可知 $P(AB)=0$,则

$$P(A\mid \overline{B})=\frac{P(A\overline{B})}{P(\overline{B})}=\frac{P(A)-P(AB)}{1-P(B)}=\frac{\frac{1}{2}}{\frac{2}{3}}=\frac{3}{4}.$$

31.（C）

【解析】 分布律的性质.

根据分布律的正则性,可知 $\sum\limits_{k=1}^{\infty}P\{X=k\}=c\sum\limits_{k=1}^{\infty}\frac{\lambda^k}{k!}=1$,利用泊松分布分布律的正则性,有

$$\mathrm{e}^{-\lambda}\sum_{k=0}^{\infty}\frac{\lambda^k}{k!}=\mathrm{e}^{-\lambda}\left(1+\frac{\lambda}{1}+\frac{\lambda^2}{2}+\cdots\right)=1\Rightarrow\lambda+\frac{\lambda^2}{2}+\cdots=\sum_{k=1}^{\infty}\frac{\lambda^k}{k!}=\mathrm{e}^{\lambda}-1,$$

可得 $c\sum\limits_{k=1}^{\infty}\frac{\lambda^k}{k!}=c(\mathrm{e}^{\lambda}-1)=1\Rightarrow c=\frac{1}{\mathrm{e}^{\lambda}-1}.$

32.（A）

【解析】 正态分布.

若 $X\sim N(\mu,\sigma^2)$,则 $\int_{\mu}^{+\infty}\frac{1}{\sqrt{2\pi}\sigma}\mathrm{e}^{-\frac{(x-\mu)^2}{2\sigma^2}}\mathrm{d}x=\frac{1}{2}.$

当 $X\sim N(2,1)$,则 $\int_{2}^{+\infty}\frac{1}{\sqrt{2\pi}}\mathrm{e}^{-\frac{(x-2)^2}{2}}\mathrm{d}x=\frac{1}{2}.$

所以,$\int_{2}^{+\infty}\mathrm{e}^{-\frac{(x-2)^2}{2}}\mathrm{d}x=\frac{\sqrt{2\pi}}{2}.$

【注意】 考试中出现被积函数 $\mathrm{e}^{-\frac{(x-\mu)^2}{2\sigma^2}}$ 的形式,要考虑利用正态分布来求解.

33.（A）

【解析】 常见的离散型分布.

由于 $X\sim P(1)$,可知 $P\{X=k\}=\frac{\mathrm{e}^{-1}}{k!}$ 且 $D(X)=1$,则

$$P\{X=D(X)\}=P\{X=1\}=\frac{\mathrm{e}^{-1}}{1!}=\frac{1}{\mathrm{e}}.$$

34.（D）

【解析】 常见分布的期望以及期望的性质.

由 $X\sim B(10,0.4)$,可得 $E(X)=10\times 0.4=4$;由 $Y\sim U(1,3)$,可得 $E(Y)=\frac{1+3}{2}=2.$

根据期望的性质,有 $E(2X-Y)=2E(X)-E(Y)=2\times 4-2=6.$

35.（A）

【解析】期望和方差的计算．

根据概率密度的性质，期望、方差的计算公式，可知

$$\int_0^1 (ax^2+bx+c)\mathrm{d}x = \frac{1}{3}a+\frac{1}{2}b+c=1 \text{①};$$

$$\int_0^1 x(ax^2+bx+c)\mathrm{d}x = \frac{1}{4}a+\frac{1}{3}b+\frac{1}{2}c=\frac{1}{2} \text{②};$$

由 $D(X)=0.15$，可得 $E(X^2)=D(X)+[E(X)]^2=0.4$，故

$$\int_0^1 x^2(ax^2+bx+c)\mathrm{d}x = \frac{1}{5}a+\frac{1}{4}b+\frac{1}{3}c=\frac{2}{5} \text{③}.$$

联立式①②③，解得 $a=12, b=-12, c=3$．

二、逻辑推理

36.（A）

【解析】母题1·充分与必要

诺齐克：①经过反省的生命→为自己活的生命。

②¬经过反省的生命→¬完整的生命＝完整的生命→经过反省的生命。

由②、①串联得：完整的生命→经过反省的生命→为自己活的生命。

逆否得：¬为自己活的生命→¬经过反省的生命→¬完整的生命。

(A)项，是苏格拉底的观点，而不是诺齐克的观点，因此，不能从诺齐克的陈述中推出。

(B)项，完整的生命→为自己活的生命，可以推出。

(C)项，完整的生命→经过反省的生命，可以推出。

(D)项，¬经过反省的生命→¬完整的生命，可以推出。

(E)项，¬经过反省的生命→¬完整的生命，可以推出。

37.（A）

【解析】母题1·充分与必要

将题干信息形式化：

①国籍↔公民。

②有的国家允许本国公民有双重国籍。

③所有的中国公民不能拥有双重国籍。

④H国公民查尔斯拥有中国国籍。

由题干信息④、①可知，查尔斯拥有H国和中国双重国籍，与题干信息③矛盾。因此，中国有关双重国籍的法律没有得到严格实施，故Ⅰ项为真。

H国公民查尔斯拥有中国国籍的原因有两种可能性：H国允许本国公民有双重国籍；H国有关双重国籍的法律没有得到严格实施。所以，Ⅱ、Ⅲ项都有可能为真，但不是一定为真。

故正确答案为(A)项。

38. (C)

【解析】母题 24·因果关系的削弱

题干：某地 90％以上有过迷路经历的司机都没有安装车载卫星导航系统。这表明，车载卫星导航系统能有效防止司机迷路。

(A)项，无关选项，有的"老司机"不会迷路不能削弱"车载导航"的有效性。

(B)项，直接质疑论点，但要注意题干问的是哪项最能质疑"论证过程"，故此项不选。

(C)项，题干指出，90％以上的迷路者没有安装车载导航，即，只有不到 10％的迷路者安装了车载导航，此项指出，当地只有不足 10％的汽车安装了车载导航，那就说明迷路者和不迷路者中，安装车载导航的比例是一样的，即安装车载导航并没有使迷路者的比例下降，故此项削弱题干。

(D)项，无关选项，"经常用"不代表"有效果"。

(E)项，干扰项，有的安装了车载卫星导航系统的司机也会迷路，只能说明车载卫星导航系统并不能完全解决迷路问题，但不能削弱车载卫星导航系统是"有效"的。

39. (C)

【解析】母题 13·排序题

根据"汤姆和推销员不同岁，推销员比卡尔年龄小"可知，汤姆和卡尔都不是推销员，所以乔治是推销员。

故排除(A)、(B)、(D)、(E)项，(C)项正确。

40. (C)

【解析】母题 20·论证的假设

论据：

①科学家荣誉越高，越容易得到新荣誉，成果越少，越难创造新成果。

②"马太效应"造成各种社会资源(如研究基金、荣誉性职位)向少数科学家集中。

论点：出类拔萃的科学家总是少数的，他们对科学技术发展所作出的贡献比一般科学家大得多。

(A)项，削弱题干，说明存在未得到承认的出类拔萃的科学家。

(B)项，削弱题干，说明诺贝尔奖得主也未必有卓越贡献。

(C)项，搭桥法，说明得到荣誉和奖励越多的科学家，社会贡献就越大，必须假设。

(D)项，无关选项，题干的论证与"出名要趁早"无关。

(E)项，直接削弱题干的结论。

41. (B)

【解析】母题 20·论证的假设

题干：①每个读完《拯救地球》这本书的人都不可能拒绝它的环保主义见解；②世界环保组织上个月散发了 2 000 份该书的复印本 —证明→ 今年上个月至少有 2 000 人转变为环保主义者。

(A)项，必须假设，搭桥法，搭建前提中"不拒绝《拯救地球》一书中的环保主义见解"，与结论中"环保主义者"的桥梁。

(B)项,不必假设,环保主义者只需要同意其中的环保主义见解即可,无须同意所有见解。

(C)项,必须假设,否则就不能得出 2 000 人转变为环保主义者。

(D)项,必须假设,否则转变为环保主义者的人数就会低于 2 000 人。

(E)项,必须假设,肯定了题干的论据。

42.（E）

【解析】母题 18·论证的削弱

题干:有 6 000 人死于醉酒,有 4 000 人死于开车,但只有 500 人死于醉酒开车 $\xrightarrow{证明}$ 醉酒开车比单纯的醉酒或者单纯的开车更安全。

(A)项,"不能仅从"死亡绝对数量判断某种行为方式的安全性,说明死亡绝对数量也是判断方式之一,故此项削弱力度弱。

(B)项,可以削弱题干,但此项论据是定性判断,而(E)项的论据指出了详细数据,故此项力度不如(E)项。

(C)项,此项指出了题干论证中的一个逻辑漏洞,但并不能使题干的结论不成立。

(D)项,无关选项,出现了与题干无关的新比较。

(E)项,要比较哪种开车方式更安全,仅比较死亡人数没有意义,还要比较死亡概率。此项指出醉酒开车死亡的概率远大于醉酒死亡和开车死亡的概率,有力地削弱了题干。

43.（C）

【解析】母题 4·假言命题的负命题

将题干信息形式化:

①有人的灵魂不能进天堂→"上帝之爱"不是普适的＝"上帝之爱"是普适的→所有人的灵魂都能进天堂。

②"上帝之爱"不是普适的→上帝的存在不合理＝上帝的存在合理→"上帝之爱"是普适的。

③所有人的灵魂都能进天堂→信教与不信教、信仰不同宗教之间就没有重大区别。

由题干信息②、①、③串联得:上帝的存在合理→"上帝之爱"是普适的→所有人的灵魂都能进天堂→信教与不信教、信仰不同宗教之间就没有重大区别,故(C)项正确。

(A)项,无箭头指向,可真可假。

(B)项,是题干的结论"'上帝之爱'是普适的→信教与不信教、信仰不同宗教之间就没有重大区别"的负命题,为假。

(D)、(E)项,题干仅仅是对"上帝之爱"的普适性作了假设,并没有断定"上帝之爱"是否普适,故这两项可真可假。

44.（D）

【解析】母题 5·二难推理

将题干信息形式化:

①绝对公平→按劳分配。

②按劳分配→贫富不均。

③贫富不均→￢绝对公平。

由题干信息①、②串联得：绝对公平→按劳分配→贫富不均，逆否得：贫富均等→￢按劳分配→￢绝对公平。

联合题干信息③，由二难推理可得：￢绝对公平。

故(D)项正确。

45. (D)

【解析】母题3·串联推理

将题干信息形式化：

①有的秋季入学的学生→免费师范生。

②免费师范生→家境贫寒。

③家境贫寒→参加勤工助学。

由题干信息①、②、③串联可得：④有的秋季入学的学生→免费师范生→家境贫寒→参加勤工助学。

逆否得：⑤￢参加勤工助学→￢家境贫寒→￢免费师范生。

(A)项，根据"④有的秋季入学的学生→家境贫寒"可知，此项为真。

(B)项，根据"⑤￢参加勤工助学→￢免费师范生"可知，此项为真。

(C)项，根据"④有的秋季入学的学生→参加勤工助学，等价于：有的参加勤工助学→秋季入学的学生"可知，此项为真。

(D)项，根据题干信息④可得：免费师范生→参加勤工助学；根据"推理关系"可知：有的参加勤工助学的是免费师范生，(D)项与之构成下反对关系，故(D)项可真可假。

(E)项，根据题干信息"④有的秋季入学的学生→家境贫寒，等价于：有的家境贫寒→秋季入学的学生"可知，此项为真。

46. (D)

【解析】母题15·简单匹配题

选项代入法：

将(A)项代入，乙有两句话错误，不符合题意，所以(A)项错误。

将(B)项代入，甲有三句话错误，丙有两句话错误，不符合题意，所以(B)项错误。

将(C)项代入，乙、丙各有两句话错误，不符合题意，所以(C)项错误。

将(D)项代入，甲、乙、丙三人各有一句话错误，符合题意。

将(E)项代入，甲、乙各有两句话错误，丙有三句话错误，不符合题意，所以(E)项错误。

故正确答案是(D)项。

47. (A)

【解析】母题24·因果关系的削弱

题干：自动上锁装置能保证汽车和车内财产的安全性 —推测→ 自动上锁车型的销售量将大大高

于传统车型。

题干是对未来结果的一种预期，我们只要说这种预期达不到即可。

(A)项，说明新型汽车缺少一些最常用的功能，因此，销量未必能达到预期。

(B)、(C)项，"使用者的生活环境不同""使用习惯都是因人而异"，对题干中两种车型的销售量的影响无法确定，无法削弱。

(D)、(E)项，支持题干。

48.（E）

【解析】母题16·复杂匹配题

由题干条件可知：

5位男士：立伟、小杰、志国、玉龙、大刚。

男士的地理位置：上海、广州、西安、北京、南宁。

5位女士：晓雪、媛媛、宁宁、小雯、爱琳。

女士的职业：教师、会计员、银行职员、空姐、护士。

由题干条件(6)、(8)知：玉龙——西安——宁宁——空姐。

由题干条件(3)、(5)、(7)知：小杰——广州——媛媛——银行职员。

此时，剩余元素为：

3位男士：立伟、志国、大刚。

男士的地理位置：上海、北京、南宁。

3位女士：晓雪、小雯、爱琳。

女士的职业：教师、会计员、护士。

由题干条件(2)、(9)知：小雯——会计员——上海。

结合题干条件(1)知：爱琳——教师。

结合题干条件(4)知：志国——晓雪——护士。

由题干条件(1)知：立伟的女友不是教师，由上面分析可知也不是护士，故只能是会计员。

故有：立伟——上海——小雯——会计员。

由题干条件(10)知：大刚不是北京的，故只能是南宁的：大刚——南宁——爱琳——教师。

所以，志国——北京——晓雪——护士。

故(E)项正确。

49.（B）

【解析】母题3·串联推理

将题干信息形式化：

①爱好文学→爱好诗词，等价于：¬爱好诗词→¬爱好文学。

②爱好诗词→了解中国历史，等价于：¬了解中国历史→¬爱好诗词。

③有些数学爱好者→爱好文学。

④痴迷于游戏机→¬了解中国历史，等价于：了解中国历史→¬痴迷于游戏机。

⑤有些未成年人→痴迷于游戏机。

由题干信息⑤、④、②、①串联得：⑥有些未成年人→痴迷于游戏机→￢了解中国历史→￢爱好诗词→￢爱好文学。

故有：有些未成年人不是文学爱好者，即(B)项为真。

由题干信息③、①、②、④串联可得：有些数学爱好者→爱好文学→爱好诗词→了解中国历史→￢痴迷于游戏机。

故有：有些数学爱好者了解中国历史，与(A)项为"下反对关系"，因此，(A)项可真可假；有些数学爱好者不是痴迷于游戏机者，与(C)项为"下反对关系"，因此，(C)项可真可假。

由题干信息⑥可知，痴迷于游戏机→￢爱好文学，故(D)项为假。

由题干信息③可知，有些爱好文学→数学爱好者，与(E)项为"下反对关系"，因此，(E)项可真可假。

50. (C)

【解析】母题24·因果关系的削弱

题干使用求异法：

观看男性少年采取暴力行为的电影后，42%的孩子被观察到出现类似于电影中的打人行为；

观看女性少年暴力行为的电影后，14%的孩子出现电影中类似的暴力行为；

结论：相对电影中女性的暴力行为，儿童更容易模仿电影中男性的暴力行为。

(A)项，不能削弱，两组实验中学生人数差不多。

(B)项，不能削弱，因为无法得知第二组中是否有类似的情况。

(C)项，另有他因，说明第一组儿童在观影前本身就有更大比例的问题儿童，可以削弱。

(D)项，支持题干，说明两组实验无差异。

(E)项，不能削弱，因为无法得知第一组中是否有类似的情况。

51. (E)

【解析】母题8·隐含三段论

题干中的前提：参加4×100米比赛→参加100米比赛，等价于：￢参加100米比赛→￢参加4×100米比赛。

题干中的结论：有的参加200米比赛→￢参加4×100米比赛。

只需要补充一个前提：有的参加200米比赛→￢参加100米比赛。

即可串联得：有的参加200米比赛→￢参加100米比赛→￢参加4×100米比赛。

(E)项，有的没参加100米比赛→参加200米比赛，等价于：有的参加200米比赛→￢参加100米比赛，故(E)项正确。

52. (C)

【解析】母题21·论证的推论

由题干信息可知，如果食物中维生素E的含量增加到每毫升25微克，"果蝇"的寿命反而缩短了，但这样的剂量是否会"危及人的生命"则无法确定，故(C)项正确。

其余各项均符合题干信息。

53．(B)

【解析】母题 18·论证的削弱

题干采用的是类比论证，将某市"目前的水库蓄水量"与"8 年前干旱期间的蓄水量"作类比。

某市 8 年前：干旱期间，居民用水量并未受到限制；

该市目前：干旱且水库蓄水量与 8 年前干旱期间的蓄水量持平；

所以，现在居民用水量也不应该受到限制。

(A)项，支持题干，此项指出类比对象无差异。

(B)项，可以削弱，类比对象有差异，说明与 8 年前相比，现在的人口有了极大增长，那么居民用水量也会显著增多，故现在必须对居民用水量严格限制。

(C)项，无关选项，题干不涉及居民用水量占总用水量的比例。

(D)项，无关选项，对居民用水量的限制时间与是否应该对居民用水量严格限制无关。

(E)项，支持题干，现在比以前更节约用水了，那么之前不用限制居民用水，现在就更不用了。

54．(C)

【解析】母题 16·复杂匹配题

因为"家庭板块的两张照片都是丙拍的"，根据题干条件(2)，都市板块中至少有一张照片是丙拍的。

因为三个板块中，每个板块有 2 张照片，根据题干条件(1)、(4)，乙的照片只出现在都市板块中，且只有一张。

故，(C)项正确。

55．(E)

【解析】母题 16·复杂匹配题

"如果有一个板块的两张照片都是乙拍的"，根据题干条件(4)，两张照片都是乙拍的，板块要么是都市板块要么是家庭板块。

假设，都市板块的两张照片都是乙拍的，情况如下表 6-1：

表 6-1

	都市	家庭	体育
甲	0		
乙	2		0
丙	0		

根据题干条件(1)和(2)，家庭板块中有一张是乙拍的，另外一张是甲或者丙拍的。

如果家庭板块中另外一张照片是甲拍的，根据题干条件(3)，体育板块的两张照片都是丙拍的，情况如下表 6-2。

表 6-2

	都市	家庭	体育
甲	0	1	0
乙	2	1	0
丙	0	0	2

如果家庭板块中另外一张照片是丙拍的,根据题干条件(3),体育板块的两张照片一张是甲拍的,另一张是丙拍的,情况如下表 6-3。

表 6-3

	都市	家庭	体育
甲	0	0	1
乙	2	1	0
丙	0	1	1

假设,家庭板块的两张照片都是乙拍的,根据题干条件(1)和(2),都市板块中有一张是乙拍的,情况如下表 6-4:

表 6-4

	都市	家庭	体育
甲			
乙	1	2	0
丙			

如果都市板块中另外一张照片是甲拍的,根据题干条件(3),体育板块的两张照片都是丙拍的,情况如下表 6-5。

表 6-5

	都市	家庭	体育
甲	1	0	0
乙	1	2	0
丙	0	0	2

如果都市板块中另外一张照片是丙拍的,根据题干条件(3),体育板块的两张照片都是丙拍的。此时甲登报的照片数量为 0,不符合题干条件(1)。

故,(E)项正确。

三、写作

56. 论证有效性分析

【谬误分析】

①材料由"保存和传播知识是书本的主要功能,而这也正是电脑的其中一项功能"推出"书本终将被电脑所取代",存在不妥。"主要功能"不等于书本的"全部功能",除了能够保存和传播知识,书本更是艺术的表现形式和文化传承的载体,而这些功能都是电脑无法完全复刻的,所以,电脑未必就会取代书本。

②材料认为如果"电脑不取代书本",一定会导致"经济和科技的落后",从而导致"国家和社会就会面临巨大的危机",这未必成立。电脑等新兴科技的发展,只是影响"国家经济和科技实力"的其中一个因素,并不能完全决定国家经济和科技的未来走势,所以也未必一定会导致"国家和社会面临巨大的危机"。材料存在滑坡谬误。

③材料由"电脑使用便捷"推出"电脑必将取代书本",存在不妥。电动缝纫机高速快捷,但人类原有的缝纫针线在当今社会依然未被取代。书本与电脑信息传载方式各有所长,"电脑用起来方便"无法成为"电脑必将取代书本"的充分理由。

④材料由"1991年到1997年,中国大陆私人电脑销售量增长了35倍之多"推出"电脑必将取代书本",未免过于绝对。材料中调查的对象仅仅是"1991年到1997年的私人电脑销量",并不能以这六年的数据,就得出电脑销量的未来趋势。况且,现在已经是2021年,数十年前的数据未必具有代表性,这中间数十年的销量也未必是持续上涨的趋势。所以材料通过局限的样本数据,就得出"电脑必将取代书本",存在以偏概全之嫌。

⑤材料认为"只要电脑在未来继续被普及,就一定可以取代书本",存在不妥。"电脑是否可以取代书本"不仅仅只受"电脑普及程度"的影响,可能还受"个人喜好""使用习惯"等其他因素的影响。此外,在未来,也可能会出现除了电脑、书本之外的其他的知识传播和储存的媒介。即使电脑普及程度很高,也未必会取代书本,也有可能出现二者共存,甚至是多种方式共同发展的局面。

参考范文

电脑必将取代书本吗?

材料通过一系列推理,断定"电脑必将取代书本"。其论证存在多处不当,分析如下:

首先,材料由"保存和传播知识是书本的主要功能,而这也正是电脑的其中一项功能"推出"书本终将被电脑所取代",存在不妥。"主要功能"不等于书本的"全部功能",除了能够保存和传播知识,书本更是艺术的表现形式和文化传承的载体,而这些功能都是电脑无法完全复刻的,所以,电脑未必就会取代书本。

其次，材料认为如果"电脑不取代书本"，一定会导致"经济和科技的落后"，从而导致"国家和社会就会面临巨大的危机"，这未必成立。电脑等新兴科技的发展，只是影响"国家经济和科技实力"的其中一个因素，并不能完全决定国家经济和科技的未来走势，所以也未必一定会导致"国家和社会面临巨大的危机"。材料存在滑坡谬误。

第三，材料由"电脑使用便捷"推出"电脑必将取代书本"，存在不妥。电动缝纫机高速快捷，但人类原有的缝纫针线在当今社会依然未被取代。书本与电脑信息传载方式各有所长，"电脑用起来方便"无法成为"电脑必将取代书本"的充分理由。

最后，材料由"1991年到1997年，中国大陆私人电脑销售量增长了35倍之多"推出"电脑必将取代书本"，未免过于绝对。材料中调查的对象仅仅是"1991年到1997年的私人电脑销量"，并不能以这六年的数据得出电脑销量的未来趋势，况且，现在已经是2021年，数十年前的数据未必具有代表性，这中间数十年的销量也未必是持续上涨的趋势。所以材料通过局限的样本数据，就得出"电脑必将取代书本"，存在以偏概全之嫌。

综上所述，由于上文存在诸多逻辑错误，"电脑必将取代书本"的结论难以成立。

（全文共667字）

57. 论说文

网红经济，规范发展方有未来

老吕助教　张英俊

近年来，"网红经济"的发展如火如荼。作为一种新的商业模式，它具有极大的发展潜力。不过，对于网红经济的未来发展不能放任不管，需要规范先行。

毋庸置疑，网红经济可以促进经济发展、缓解就业压力。一方面，网红通过自媒体渠道，打破了以往靠传统媒体进行信息传播的格局，既能促进行业竞争、唤醒传统产业活力，又能带动服务业的壮大和产业结构的升级；另一方面，"网红经济"的繁荣发展，催生出了许多新的就业形式，比如电商主播、网红孵化机构等等，为社会提供了诸多就业岗位。

但同时，网红经济的消极影响也很突出。一些网红为了利益打起"擦边球"：或弄虚作假，"刷单"买评论；或为劣质商品代言，做起"一锤子买卖"。更有甚者，被眼前的利益蒙蔽了双眼，明知"红糖馒头"违规使用甜蜜素、"儿童水晶泥"含有毒性化学物质硼砂，却依然选择忽略产品质量的甄别，向消费者推销问题产品，最终导致消费者权益受损。

无疑，网络是开放、共享的新兴平台，开辟了与传统经济截然不同的商业模式，为国家创造与输出了巨大财富。但是每一个网红都有"保鲜期"，"网红们"也要清醒地认识到，只有以"诚信、规范、可持续"的商业模式为保障，让人们"愿消费、敢消费"，才能让消费更好地成为收益增长的压舱石。

　　想要让"网红经济"红得更久，需要多方共同发力。首先，监管部门应尽快出台相关法律制度，对网红和平台作出有力的约束，为市场主体营造稳定、透明、可预期的市场环境；同时，网红和商家应规范自身的经济行为，保障推销产品质量，坚决杜绝低俗、消极内容的传播；此外，消费者也要树立起维权意识，在自身权益受到侵犯时，要敢于通过法律手段维护自己的合法权益。

　　随着"网红经济"下半场的开局，流量红利逐渐消失，想要让"网红经济"行得更稳、走得更远，"网红们"还需重视用户体验、诚信规范经营，否则终将成为互联网商业大潮中的泡沫。

（全文共771字）

写作

56、论证有效性分析

考生姓名：_____

57、论说文

全国硕士研究生招生考试
经济类专业学位联考综合能力答题卡（396）

报考单位

考生编号（左对齐）

考生姓名

注意事项

1、填（书）写必须使用黑色字迹签字笔，笔迹工整、字迹清楚；涂写部分必须使用 2B 铅笔填涂。
2、选择题答案必须用 2B 铅笔涂在答题卡相应题号的选项上，非选择题答案必须用黑色签字笔书写在答题卡指定位置的边框区域内。超出答题区域书写的答案无效；在草稿纸、试题册上答题无效。
3、保持答题卡整洁、不要折叠，严禁在答题卡上做任何标记，否则按无效答卷处理。
4、考生须把试题册上的试题信息条形码粘贴在答题卡标有"试题信息条形码"的框内。

正确涂卡 ■
缺考标记 □

错误涂卡 ✓ ✗ ▯ ● ⊘ ╱ ▬

缺考考生信息由监考员填涂并加盖缺考章，盖章不要遮盖考生信息。

阴影部分请勿作答或做任何标记

写作

56、论证有效性分析

考生姓名：_____

57、论说文

全国硕士研究生招生考试
经济类专业学位联考综合能力答题卡（396）

报考单位

考生姓名

考生编号（左对齐）

注意事项

1、填（书）写必须使用黑色字迹签字笔，笔迹工整、字迹清楚；涂写部分必须使用2B铅笔填涂。
2、选择题答案必须用2B铅笔涂在答题卡相应题号的选项上，非选择题答案必须用黑色签字笔书写在答题卡指定位置的边框区域内。超出答题区域书写的答案无效；在草稿纸、试题册上答题无效。
3、保持答题卡整洁、不要折叠，严禁在答题卡上做任何标记，否则按无效答卷处理。
4、考生须把试题册上的试题信息条形码粘贴在答题卡标有"试题信息条形码"的框内。

正确涂卡 ■ **错误涂卡** ☑ ☒ ▯ ● ◩ ⧅ ▬

缺考标记 □ 缺考考生信息由监考员填涂并加盖缺考章，盖章不要遮盖考生信息。

1 2 3 4 5	6 7 8 9 10	11 12 13 14 15	16 17 18 19 20	21 22 23 24 25
[A][A][A][A][A]	[A][A][A][A][A]	[A][A][A][A][A]	[A][A][A][A][A]	[A][A][A][A][A]
[B][B][B][B][B]	[B][B][B][B][B]	[B][B][B][B][B]	[B][B][B][B][B]	[B][B][B][B][B]
[C][C][C][C][C]	[C][C][C][C][C]	[C][C][C][C][C]	[C][C][C][C][C]	[C][C][C][C][C]
[D][D][D][D][D]	[D][D][D][D][D]	[D][D][D][D][D]	[D][D][D][D][D]	[D][D][D][D][D]
[E][E][E][E][E]	[E][E][E][E][E]	[E][E][E][E][E]	[E][E][E][E][E]	[E][E][E][E][E]
26 27 28 29 30	31 32 33 34 35	36 37 38 39 40	41 42 43 44 45	46 47 48 49 50
[A][A][A][A][A]	[A][A][A][A][A]	[A][A][A][A][A]	[A][A][A][A][A]	[A][A][A][A][A]
[B][B][B][B][B]	[B][B][B][B][B]	[B][B][B][B][B]	[B][B][B][B][B]	[B][B][B][B][B]
[C][C][C][C][C]	[C][C][C][C][C]	[C][C][C][C][C]	[C][C][C][C][C]	[C][C][C][C][C]
[D][D][D][D][D]	[D][D][D][D][D]	[D][D][D][D][D]	[D][D][D][D][D]	[D][D][D][D][D]
[E][E][E][E][E]	[E][E][E][E][E]	[E][E][E][E][E]	[E][E][E][E][E]	[E][E][E][E][E]

51 52 53 54 55
[A][A][A][A][A]
[B][B][B][B][B]
[C][C][C][C][C]
[D][D][D][D][D]
[E][E][E][E][E]

阴影部分请勿作答或做任何标记

写作

56、论证有效性分析

考生姓名：_____

57、论说文

全国硕士研究生招生考试
经济类专业学位联考综合能力答题卡（396）

报考单位

考生姓名

考生编号（左对齐）

注意事项

1、填（书）写必须使用黑色字迹签字笔，笔迹工整、字迹清楚；涂写部分必须使用 2B 铅笔填涂。
2、选择题答案必须用 2B 铅笔涂在答题卡相应题号的选项上，非选择题答案必须用黑色签字笔书写在答题卡指定位置的边框区域内。超出答题区域书写的答案无效；在草稿纸、试题册上答题无效。
3、保持答题卡整洁、不要折叠，严禁在答题卡上做任何标记，否则按无效答卷处理。
4、考生须把试题册上的试题信息条形码粘贴在答题卡标有"试题信息条形码"的框内。

正确涂卡 ■   **错误涂卡** ☑ ☒ ▯ ● ⊘ ▬

缺考标记 □   缺考考生信息由监考员填涂并加盖缺考章，盖章不要遮盖考生信息。

阴影部分请勿作答或做任何标记

写作

56、论证有效性分析

考生姓名：_____

57、论说文

全国硕士研究生招生考试
经济类专业学位联考综合能力答题卡（396）

报考单位

考生编号（左对齐）

考生姓名

注意事项

1、填（书）写必须使用黑色字迹签字笔，笔迹工整、字迹清楚；涂写部分必须使用 2B 铅笔填涂。
2、选择题答案必须用 2B 铅笔涂在答题卡相应题号的选项上，非选择题答案必须用黑色签字笔书写在答题卡指定位置的边框区域内。超出答题区域书写的答案无效；在草稿纸、试题册上答题无效。
3、保持答题卡整洁、不要折叠，严禁在答题卡上做任何标记，否则按无效答卷处理。
4、考生须把试题册上的试题信息条形码粘贴在答题卡标有"试题信息条形码"的框内。

正确涂卡 ■
错误涂卡 ✓ ✗ ▯ ● ◯ ▬
缺考标记 □
缺考考生信息由监考员填涂并加盖缺考章，盖章不要遮盖考生信息。

1	2	3	4	5		6	7	8	9	10		11	12	13	14	15		16	17	18	19	20		21	22	23	24	25
[A]	[A]	[A]	[A]	[A]		[A]	[A]	[A]	[A]	[A]		[A]	[A]	[A]	[A]	[A]		[A]	[A]	[A]	[A]	[A]		[A]	[A]	[A]	[A]	[A]
[B]	[B]	[B]	[B]	[B]		[B]	[B]	[B]	[B]	[B]		[B]	[B]	[B]	[B]	[B]		[B]	[B]	[B]	[B]	[B]		[B]	[B]	[B]	[B]	[B]
[C]	[C]	[C]	[C]	[C]		[C]	[C]	[C]	[C]	[C]		[C]	[C]	[C]	[C]	[C]		[C]	[C]	[C]	[C]	[C]		[C]	[C]	[C]	[C]	[C]
[D]	[D]	[D]	[D]	[D]		[D]	[D]	[D]	[D]	[D]		[D]	[D]	[D]	[D]	[D]		[D]	[D]	[D]	[D]	[D]		[D]	[D]	[D]	[D]	[D]
[E]	[E]	[E]	[E]	[E]		[E]	[E]	[E]	[E]	[E]		[E]	[E]	[E]	[E]	[E]		[E]	[E]	[E]	[E]	[E]		[E]	[E]	[E]	[E]	[E]

26	27	28	29	30		31	32	33	34	35		36	37	38	39	40		41	42	43	44	45		46	47	48	49	50
[A]	[A]	[A]	[A]	[A]		[A]	[A]	[A]	[A]	[A]		[A]	[A]	[A]	[A]	[A]		[A]	[A]	[A]	[A]	[A]		[A]	[A]	[A]	[A]	[A]
[B]	[B]	[B]	[B]	[B]		[B]	[B]	[B]	[B]	[B]		[B]	[B]	[B]	[B]	[B]		[B]	[B]	[B]	[B]	[B]		[B]	[B]	[B]	[B]	[B]
[C]	[C]	[C]	[C]	[C]		[C]	[C]	[C]	[C]	[C]		[C]	[C]	[C]	[C]	[C]		[C]	[C]	[C]	[C]	[C]		[C]	[C]	[C]	[C]	[C]
[D]	[D]	[D]	[D]	[D]		[D]	[D]	[D]	[D]	[D]		[D]	[D]	[D]	[D]	[D]		[D]	[D]	[D]	[D]	[D]		[D]	[D]	[D]	[D]	[D]
[E]	[E]	[E]	[E]	[E]		[E]	[E]	[E]	[E]	[E]		[E]	[E]	[E]	[E]	[E]		[E]	[E]	[E]	[E]	[E]		[E]	[E]	[E]	[E]	[E]

51	52	53	54	55
[A]	[A]	[A]	[A]	[A]
[B]	[B]	[B]	[B]	[B]
[C]	[C]	[C]	[C]	[C]
[D]	[D]	[D]	[D]	[D]
[E]	[E]	[E]	[E]	[E]

阴影部分请勿作答或做任何标记

写作

56、论证有效性分析

考生姓名：_____

57、论说文

全国硕士研究生招生考试
经济类专业学位联考综合能力答题卡（396）

报考单位

考生姓名

考生编号（左对齐）

注意事项

1、填（书）写必须使用黑色字迹签字笔，笔迹工整、字迹清楚；涂写部分必须使用 2B 铅笔填涂。
2、选择题答案必须用 2B 铅笔涂在答题卡相应题号的选项上，非选择题答案必须用黑色签字笔书写在答题卡指定位置的边框区域内。超出答题区域书写的答案无效；在草稿纸、试题册上答题无效。
3、保持答题卡整洁、不要折叠，严禁在答题卡上做任何标记，否则按无效答卷处理。
4、考生须把试题册上的试题信息条形码粘贴在答题卡标有"试题信息条形码"的框内。

正确涂卡 ■　　　　**错误涂卡** ✓ ✗ ▭ ● ╲ ▬

缺考标记 ▭　　　　缺考考生信息由监考员填涂并加盖缺考章，盖章不要遮盖考生信息。

阴影部分请勿作答或做任何标记

写作

56、论证有效性分析

57、论说文

全国硕士研究生招生考试
经济类专业学位联考综合能力答题卡（396）

报考单位

考生姓名

考生编号（左对齐）

注意事项

1、填（书）写必须使用黑色字迹签字笔，笔迹工整、字迹清楚；涂写部分必须使用 2B 铅笔填涂。
2、选择题答案必须用 2B 铅笔涂在答题卡相应题号的选项上，非选择题答案必须用黑色签字笔书写在答题卡指定位置的边框区域内。超出答题区域书写的答案无效；在草稿纸、试题册上答题无效。
3、保持答题卡整洁、不要折叠，严禁在答题卡上做任何标记，否则按无效答卷处理。
4、考生须把试题册上的试题信息条形码粘贴在答题卡标有"试题信息条形码"的框内。

正确涂卡 ■
错误涂卡 ✓ ✗ ━ ● ◢ ▬
缺考标记 □
缺考考生信息由监考员填涂并加盖缺考章，盖章不要遮盖考生信息。

阴影部分请勿作答或做任何标记